Lama Govinda

Die innere Struktur des I Ging

Lama Anagarika Govinda

Lama Anagarika Govinda

Die innere Struktur des I Ging

Das Buch der Wandlungen

Einführung von John Blofeld
Vorwort von Zentatsu Baker-Roshi
Kalligraphien von Al Chung-Liang Huang

Aurum Verlag · Freiburg im Breisgau

Mit 6 Farbtafeln, 22 Schwarzweiß-Abbildungen und 57 Diagrammen und Tabellen.

Alle Zeichnungen stammen von der Hand des Autors; die farbige Abbildung auf Seite 83 gibt eine Zeichnung von Michael Sawyer nach einer tibetischen Vorlage wieder.

CIP-Kurztitelaufnahme der Deutschen Bibliothek

Govinda, Lama Anagarika:
Die innere Struktur des I-Ging: d. Buch d. Wandlungen /
Anagarika Govinda. Vorw. von Zentatsu Baker-Roshi. Einf.
von John Blofeld. Kalligr. von Al Chung-Liang Huang. –
Freiburg im Breisgau: Aurum-Verlag, 1983.
ISBN 3-591-08191-4

1983
ISBN 3 591 08191 4
© Lama Anagarika Govinda, 1983.
© der deutschen Ausgabe 1983 by Aurum Verlag GmbH & Co KG, Freiburg im Breisgau.
Alle Rechte, auch die des auszugsweisen Nachdrucks, der fotomechanischen Wiedergabe und der Übersetzung, vorbehalten.
Satz und Druck: Zobrist & Hof AG, Liestal/Schweiz.
Bindung: Walter Verlag GmbH, Buchbinderei, Heitersheim.
Printed in Switzerland.

Dem Gedächtnis des großen Übersetzers und Interpreten
Richard Wilhelm
gewidmet
sowie in Dankbarkeit
dem San Francisco Zen-Center
und der
Alan Watts Society für vergleichende Philosophie.

Der Autor dankt allen Ordensangehörigen und Freunden der Buddhistischen Religionsgemeinschaft
ĀRYA MAITREYA MAṆḌALA, die bei der Fertigstellung des deutschen Manuskripts halfen.
Der besondere Dank aber gilt Vajramala, Generalsekretär des Ordens ĀRYA MAITREYA MAṆḌALA,
für ihre Geduld und die viele Arbeit, die sie sich mit dem Lesen und Korrigieren des Manuskripts machte.

INHALT

Die Angaben im kleinen Schriftgrad betreffen die
Illustrationen und Diagramme

Geleitwort von Zentatsu Baker-Roshi 9

Vorwort von Lama Anagarika Govinda 11

Einführung von John Blofeld 15

    I   Das Wesen des Buches der Wandlungen 21

   II   Die zwei Ebenen der Wirklichkeit 27

  III   Das abstrakte oder vorweltliche System des Fu Hi 35
        Die Systeme des Fu Hi und des Königs Wen Wang (grafische Darstellung) (42) · Die Systeme des Fu Hi
        und des Königs Wen Wang (tabellarische Darstellung) (43)

  IV   Die Unterschiede zwischen den Systemen des Fu Hi und des Königs Wen Wang . . 45

   V   Das zeitbedingte System des Königs Wen Wang 55

  VI   Überbleibsel früherer Traditionen 63

 VII   Die acht grundlegenden Symbole der Wandlung 67
        Die Bedeutung der Trigramme auf verschiedenen Ebenen (72)

VIII   Die Symbolik der Elemente und des chinesischen Tierkreises 75
        Die Elemente und ihre Entsprechungen (Tabelle) (82) · Die sino-tibetische Schildkröte mit Tierkreiszeichen, Trigrammen und dem magischen Quadrat (83) · Die Tiersymbole des sino-tibetischen Zodiak sowie Farben der Elemente, die Trigramme und magisches Quadrat (84) · Sino-tibetischer Tierkreis, Trigramme und magisches Quadrat (85) · Die fünf Elemente und ihre Entsprechungen (grafische Darstellung) (86) · Bemerkungen zu den nachfolgenden Jahrestabellen, ihren Farben, Elementen und Tiersymbolen (87) · Tabelle der Elemente und Tiersymbole, bezogen auf die Jahre 1690 bis 1869 (88) · Tabelle der Elemente und Tiersymbole, bezogen auf die Jahre von 1870 bis 2049 (89)

  IX   Die grundlegende Bedeutung der Bewegung im *Buch der Wandlungen* 91
        Der genetische Code, dargestellt durch Hexagramme (95) · Der Wandel von der abstrakten zur zeitlichen Ordnung: Die Systeme des Fu Hi und des Königs Wen Wang (erste Version) (100)

X	Die Bedeutung der Linien und Richtungen	101
XI	Die acht Häuser der Grundsymbole	107

Das abstrakte und das zeitbedingte System (axial und peripher) (114) · Die Aufteilung der vierundsechzig Hexagramme auf acht Häuser (115)

XII	Die traditionelle Anordnung der acht Häuser entsprechend dem zeitlichen System des Königs Wen Wang	117

Das Haus Kiän (120) · Das Haus Kan (122) · Das Haus Gen (124) · Das Haus Jen (126) · Das Haus Sun (128) · Das Haus Li (130) · Das Haus Kun (132) · Das Haus Dui (134) · Die traditionelle Anordnung der vierundsechzig Hexagramme (136) · Die lunaren Monate im Verhältnis zum zu- und abnehmenden Licht (137) · Die Umwandlung der abstrakten Ordnung (zweite Version): Axiale oder polare Anordnung (139) · Kreative und rezeptive Beziehungen (140)

XIII	Die acht Häuser der Hexagramme nach der abstrakten Ordnung des Fu Hi (Bewegungsabläufe in Kurven)	141

Die acht Häuser in kalligraphischer Darstellung (143) · Das Haus Kiän (144) · Das Haus Gen (145) · Das Haus Kun (146) · Das Haus Dui (147) · Das Haus Jen (148) · Das Haus Kan (149) · Das Haus Sun (150) · Das Haus Li (151) · Spiegelbildliche Umkehrung von Bewegung und Struktur; weitere Beobachtungen (152)

XIV	Untersuchungen zur Struktur	155

Tabelle der Permutationswerte (158) · Die abstrakte Ordnung: koordinierte Werte (160) · Die abstrakte Ordnung: Parallelwerte und komplementäre Gegensätze (161) · Die Struktur des *I Ging*: Die abstrakte, zeitliche und elementare Ordnung (162)

XV	Die acht Häuser entsprechend der abstrakten Ordnung des Fu Hi (dargestellt in geraden Linien)	165

Das Haus Kiän (168) · Das Haus Kun (169) · Das Haus Jen (170) · Das Haus Sun (171) · Das Haus Li (172) · Das Haus Kan (173) · Das Haus Dui (174) · Das Haus Gen (175)

XVI	Bewegungsabläufe vor und nach der Zentralbewegung	177
XVII	Synopsis der Hexagrammanordnungen	187

Traditionelle Anordnung entsprechend der zeitlichen Ordnung (190) · Traditionelle Anordnung entsprechend der abstrakten Ordnung (191) · Traditionelle Anordnung und die fehlgestellten Hexagramme (194) · Rekonstruierte Anordnung der 64 Hexagramme (abstrakte Ordnung) (195) · Kommentar zu den vorangehenden Diagrammen (197) · Projektion aller Hexagramme auf eine Kreisfläche (abstrakte Ordnung) (198) · Der vielfacettige Diamant (199)

XVIII	Synchronizität	201
XIX	Zusammenfassung	209
XX	Charakterologische Studien	217

Die Feuer-Schlange (220) · Der Holzdrache (224) · Der Eisen-Stier (227) · Der Feuer-Affe (231) · Das Feuer-Pferd (234) · Der Löwe Tibets (236)

Nachwort	239
Anhang	247

Anmerkungen (249) · Transkriptionstabelle (251) · Die Kapitel des Buches der Wandlungen: traditionelle Ordnung (253); alphabetische Ordnung (254) · Tabelle der Kapitelnummern (256)

Zum Geleit

Vorliegendes Werk von Lama Anagarika Govinda ist eine außergewöhnliche Arbeit, wie sie nur aus liebevoller Hingabe und unter Einsatz aller intellektuellen Kräfte entstehen konnte, um für uns Grundlage und Mittel eines direkten Zugangs zum Verständnis des I Ging zu werden.

Alle westlichen Untersuchungen, Deutungen und Übersetzungen basierten bisher auf der Kenntnis und den Aussagen der Masse der chinesischen Kommentare, nicht aber auf Untersuchungen der Struktur des I Ging selbst, nämlich auf dessen Trigrammen und Hexagrammen sowie deren Permutationen entsprechend der ihnen zugrundeliegenden Systematik.

Das I Ging ist wohl die subtilste Darstellung jener Strukturen, die die wirksamen Interrelationen zwischen dem menschlichen Geist und der Erscheinungswelt aufzeigen.

Obwohl uns die Sprache befähigt, alle Möglichkeiten des Denkens zu entwickeln, so bleibt dennoch das durch sprachliche Begriffe bestimmte Denken im Bereich des Voraussehbaren und des sich Wiederholenden gefangen.

Das I Ging hingegen stimuliert unseren Geist, die ihm innewohnenden Möglichkeiten ohne Zuhilfenahme von Begriffen, Benennungen und Syntax zu gebrauchen. Denn während Sprache immer im Bereich des Deskriptiven verbleibt, vermittelt uns das I Ging unmittelbare Einsichten, gibt uns Anregungen und führt uns zu dem, was Sprache nicht auszudrücken vermag: zu dem, das wir weder je denken konnten, noch je gedacht haben würden. Damit verweist es unseren Geist auf die ihm eigenen emotionalen und mathematischen Funktionen, die bereits vor allem begrifflichen und sachlichen Ausdrucksvermögen der Sprache bestanden.

Wenn wir mit Hilfe vorliegenden Werkes die Strichsymbole und deren Wandlungen studieren und verstehen lernen, kann das I Ging uns all das bewußt machen, was wir wirklich fühlen, denken und tun können. Denn während die Sprache unserer Verständigung mit anderen Menschen dient, ermöglicht uns das I Ging die Kommunikation mit uns selbst.

Zentatsu Baker-Roshi
Abt des Zen-Center San Francisco

Vorwort

Es mag anmaßend erscheinen, über ein Buch zu schreiben, das nicht nur in vielen Übersetzungen erschienen ist, sondern das in den letzten Jahrzehnten eine Flut kommentierender und interpretierender Literatur hervorbrachte.

Wenn ich das I Ging trotzdem zum Gegenstand weiterer Forschung machte, so geschah dies, weil selbst die gelehrtesten und fachwissenschaftlich anerkannten Übersetzungen ausschließlich auf die verschiedenen chinesischen Kommentare zurückgreifen[1], darüber aber versäumten, die innere Struktur dieses Werkes analytisch zu ergründen. Denn allein eine solche Strukturanalyse kann uns Wege eröffnen, um die dem Werk zugrundeliegenden Absichten der Schöpfer dieses Systems aufzudecken. Nur so können wir die Deutung und den Wert der Aussagen jener ursprünglichen Strichsymbole des *Buches der Wandlungen* rekonstruieren und überprüfen, um sie dann in ihrem ursprünglichen Sinn zu verstehen.

Was wir jedoch bisher hörten und lasen, war nur das, was die verschiedenen chinesischen und abendländischen Gelehrten über dieses Buch gedacht haben, das etwa vor 5000 Jahren, d. h. lange vor der Erschaffung der chinesischen Schrift, als ein System geschaffen wurde, das offensichtlich nur zwei Werte in verschiedenen Anordnungen enthielt, die durch gebrochene – – und ungebrochene Linien — dargestellt wurden. Diese wurden vermutlich schon früh zu Dreierkombinationen (Trigrammen) zusammengestellt, so daß sich acht Varianten ergaben, Guas genannt. Durch Verdoppelung (bzw. durch Koppelung von je zwei Trigrammen zu einem Zeichen) und durch deren systematische Permutation entstanden dann die $8 \times 8 = 64$ Hexagramme, die heute noch die Symbole des I Ging ausmachen.

Aufgabe und Zielsetzung dieser Arbeit ist es nun, die systematische Permutation dieser Zeichen aufzuzeigen und den Nachweis zu erbringen, daß dieser Vorgang nichts mit den Spekulationen späterer Denker und Kommentatoren zu tun hat, die im Grunde nur darauf aus waren, ihren eigenen Ansichten Gewicht zu verschaffen, indem sie ihre jeweiligen Theorien einem durch Alter ehrwürdig gewordenen und allgemein anerkannten Werk unterschoben. Die so entstandenen Kommentare enthalten vieles, was von historischem Interesse ist und die Entwicklung des chinesischen Denkens beleuchtet – so vor allem die frühen Kommentare, die uns wertvolle Hinweise zum Verständnis der großen chinesischen Weisen Laotse und Konfutse geben, die beide in ihrer Weltsicht dem Geist des *Buches der Wandlungen* sehr nahestehen – ja, darin zu wurzeln scheinen. Die späteren Kommentare hingegen entfernen sich mehr und mehr von den Grundlagen des I Ging und versickern schließlich im Gestrüpp unhaltbarer Theorien und müßiger Spekulationen, indem sie von der Analyse der weitaus später entstandenen Ideogramme ausgingen – also von den Namen, die man den Tri- und Hexagrammen populär-sinndeutend gab – und nicht von den ursprünglichen Strichzeichnungen selbst.

Diese Interpretationen der Ideogramme sind mehr oder weniger alle sehr volkstümlich und anschaulich und teilweise auch dichterisch sehr schön. Andere Deutungen sind offensichtlich zeitpolitisch zu verstehen, während dritte auf spezifisch menschliche Lebenssituationen eingehen. Doch haben sie alle wenig oder gar nichts mit dem Sinn der ursprünglichen Grundsymbole (Guas) gemeinsam, und wir müssen daher da, wo wir auf sie zurückgreifen, jede willkürliche Anwendung bzw. »Übersetzung« in die eine oder andere Begriffskategorie vermeiden. Auch sollten wir uns stets dessen bewußt bleiben, daß im Ideogramm und seiner Übersetzung nur e i n e Anwendungsmöglichkeit deutlich hervortritt, keineswegs aber die ganze Fülle der Bedeutung des jeweiligen Grundsymbols (Gua) erschöpft wird. Ferner ist zu beachten, daß die Namen der Grundsymbole selbst auch immer vielschichtig gesehen und verstanden werden müssen: Was uns beispielsweise in der Natur als Dui erscheint, wirkt sich im psychischen Bereich als Triebkraft oder Anregung aus, im Physiologischen als Beweglichkeit, im Organischen als Vitalität, im Ethischen als Wille usf., wobei zu beachten ist, daß wir bei der Aufstellung irgendwelcher Beziehungen immer in derselben Begriffskategorie bleiben müssen.

Besser jedoch ist es, immer von der Bedeutung der Guas selber auszugehen, aus denen sich die Hexagramme zusammensetzen. Da es schwer ist, sie auseinanderzuhalten, haben bereits die Chinesen des Altertums die Strichkombinationen der Trigramme durch einfache, augenfällige Figuren ersetzt, die als Gedächtnisstütze dienen. Durch sie ist es möglich, willkürliche Anwendungen oder »Übersetzungen« in wechselnde Begriffskategorien zu vermeiden, und es erschließt uns zugleich eine vielseitige Anwendungsmöglichkeit, wie ich auf Seite 72/73 demonstriert habe.

Richard Wilhelm war einer der wenigen, denen es gelungen ist, durch all den angehäuften Wust der Jahrtausende die wesentlichen Gedanken des I Ging wieder durchscheinend zu machen. Ihm fühle ich mich daher zu besonderem Dank verpflichtet. Auf meiner ersten Europareise, nach langjährigem Aufenthalt in den Ländern des Ostens, hatte ich das Glück, diesen großen Gelehrten persönlich kennenzulernen. Das Gespräch mit ihm gab mir den entscheidenden Impuls zu meinen Studien, die mich von der Tiefe der ursprünglichen Konzeptionen des I Ging überzeugten, so daß ich mich entschloß, den noch lebendigen Spuren dieser Weltanschauung in Tibet nachzugehen. Dabei erschloß sich mir die Symbolik des tibetischen (ursprünglich chinesischen) Tierkreises und der damit verbundenen Farben und Elemente, die auch entsprechend den tibetischen Originalen auf den Tafeln in diesem Buch mit tibetischer Beschriftung dargestellt sind. – Die anderen Diagramme wurden mit der von Richard Wilhelm übernommenen Transkription chinesischer Benennungen[2] versehen, obwohl heute die meisten Werke zu unserem Thema – vor allem im englischen Sprachbereich – das Wade-System benutzen. Um jenen Lesern, die sich an das Wade-System gewöhnt haben, entgegenzukommen, habe ich eine vergleichende Transkriptionstabelle beigefügt (siehe Anhang Seite 249). Die Chinesen selbst haben vor kurzem erst das sehr wissenschaftliche und komplizierte Wade-System zur Transkription ihrer Ideogramme aufgegeben und sich für eine Umschrift entschieden, die die wirkliche und volkstümliche Aussprache besser wiedergibt. Denn die uns so vertrauten Worte wie *Tao* oder *Mao Tse Tung* werden im heutigen Chinesisch wie *Dao* oder *Dau*, bzw. *Mao* oder *Mau Dse Dung* ausgesprochen. (Die wissenschaftliche Transkription tibetischer Wörter ist noch verwirrender, spielt aber im hier vorliegenden Buch keine Rolle.)

Als ich vor über vierzig Jahren das *Buch der Wandlungen* zu studieren begann, so nur, um mich selbst damit vertraut zu machen. Ich hatte keineswegs die Absicht, die Ergebnisse dieser Arbeit als Buch herauszubringen, denn ich fühlte, daß selbst ein lebenslanges Studium nicht ausreichen würde, um die geistigen Schätze dieses alten Werkes auch nur annähernd ausschöpfen zu können.

Freunde machten mich in den letzten Jahren schwankend in meinem Entschluß. Als ich mich durch die liebevolle Pflege und Ermutigung meiner Frau Li Gotami sowie durch die ärztliche Kunst und ständige Betreuung von Dr. Bailen von einem Schlaganfall wieder ausreichend erholte, habe ich – von meinen Freunden immer erneut stimuliert – dann doch diese Arbeit aufgenommen, um sie der Öffentlichkeit zugänglich zu machen.

Mein Dank an dieser Stelle gebührt den Leitern und technischen Beratern der Wheelwright Press für die freundliche und verständnisvolle Zusammenarbeit während der Drucklegung dieses drucktechnisch schwierigen Buches und ebenso dem deutschen Aurum Verlag, der der deutschen Ausgabe eine so gute Ausstattung zuteil werden ließ.

Möge dieser bescheidene Beitrag viele Menschen dazu veranlassen, tiefer in die Geheimnisse des I GING einzudringen! Für mich war es eine unerschöpfliche Quelle tiefer Erkenntnis und wurde deshalb zum dauernden Begleiter meines Lebens.

Lama Anagarika Govinda
Kasar Devi Ashram, Kumaon Himalaya, Indien, 1980

EINFÜHRUNG

Das I GING beinhaltet zum einen jene Trigramme, die vor nahezu fünftausend Jahren durch Fu Hi geschaffen wurden, zum anderen den Haupttext, der von König Wen Wang und dessen Sohn, dem Herzog von Chou, vor etwa dreitausend Jahren geschrieben wurde, und zum dritten die weitaus späteren Texte mit Kommentaren der Konfuzianer. Darüber hinaus gibt es noch viele andere Kommentare, die als die »Flügel« des I GING bezeichnet werden, von denen Richard Wilhelm einige übersetzte, die ich aber in meiner eigenen Ausgabe nicht übersetzt habe. Die GUAS, d.h. die Trigramme und Hexagramme, werden bekanntlich sehr oft für Voraussagen und Wahrsagerei benutzt, was als eine ihrer wesentlichen Funktionen gilt. Aber ihre Hauptfunktion, meine ich, hat nichts mit Wahrsagerei zu tun. Ich bin der Überzeugung, daß König Wen Wang und der Herzog von Chou große Weise waren, die ein hervorragend intuitives Wissen um die natürlichen Prinzipien hatten und die GUAS als Hilfsmittel benutzten, um uns in die Gesetzmäßigkeit der Natur Einblick zu gewähren und uns zu lehren, uns unter diese Gesetzmäßigkeit zu stellen, statt zu versuchen, die Natur zu erobern und Macht über sie zu gewinnen. Durch das I GING lernen wir, wie wir uns anpassen müssen, um uns ohne Widerstand in die Natur einzufügen. Denn es entspricht dem taoistischen Prinzip, immer mit dem Strom und nie gegen ihn zu schwimmen. Aber selbst wenn man mit dem Strom schwimmt, ist ein gewisses Wissen um die Unregelmäßigkeiten des Flusses erforderlich. Schwimmt man in einem unbekannten Fluß, so kann man nicht voraussagen, was einem passieren wird. So lehrt uns das I GING, wie die Ströme der Natur fließen, und macht es uns leichter, uns ihnen anzupassen.

Das Ziel des I GING ist ein außerordentlich erhabenes. Dennoch ist es in keiner Weise ehrgeizig. Die alten Weisen, die das I GING beherrschten, taten dies nicht aus Ehrgeiz, etwa um große Führer oder Herrscher der Menschen zu werden. Im Gegenteil! Ihr Ziel war Selbstbeherrschung. Und warum bemühten sie sich nun, sich selbst zu beherrschen? Etwa um übernatürliche Wesen zu werden? – Auch das nicht. Sie lernten, sich selbst zu beherrschen, um sowohl der Gemeinschaft, in der sie lebten, wie auch den Menschen ganz allgemein immer besser dienen zu können.

Jener von König Wen Wang und dem Herzog von Chou geschaffene Teil des I GING läßt erkennen, wie tief die Intuitionen waren, die diesen beiden Männern als Ergebnis einer ungeheuer kraftvollen Meditation zuwuchsen, die mit einem logisch-schlußfolgernden Studium der Natur einherging. Konfutse sah in ihrer Weisheit einen Führer für Staatsmänner, Politiker und Menschen des öffentlichen Lebens. So drehen sich seine Kommentare hauptsächlich darum, wie ein Mensch, der das I GING und sich selbst meistern lernte, seinem Kaiser oder Herrscher von Nutzen sein kann, indem er ihm bei der Staatsführung hilft. Aber auch wir als Individuen können das I GING benutzen, auch wenn wir keine Staatsmänner und Diplomaten sind. Jedes menschliche Wesen stellt in sich einen Mikrokosmos dar, der dem Makrokosmos, d. h. dem ganzen Universum entspricht. So ist jeder von uns in sich ein Spiegelbild des Universums. So aber sind die Prinzipien des I GING, die auf der höchsten Ebene der großen Planeten und Sterne, die Jahrmillionen ihre Bahnen ziehen, anwendbar sind, genauso auf der Ebene jedes Individuums gültig.

Welche Prinzipien liegen nun aber dem I GING zugrunde?

Seine fundamentale Aussage ist, daß nichts statisch oder beharrend ist. Alles in der Natur ist dauerndem Wandel unterworfen. Jedoch vollzieht sich dieser Wandel in regelmäßigen Zyklen und wird von gewissen unveränderlichen Gesetzen beherrscht, die jedoch flexibel genug sind, um dem Menschen einen genügend weiten Freiraum für sein Handeln – zum Besseren wie zum Schlechteren – zu lassen. Wenn wir die Gesetze durchschauen, die die Bewegung des Universums beherrschen, können wir daraus erkennen, was im weiteren Verlauf geschehen wird. Und wenn wir dies wissen, können wir auch erkennen, wie wir uns jeder zukünftigen Situation anpassen können. Das formlose TAO erschafft alle Formen des Daseins durch das Zusammenspiel der Archetypen oder Polaritäten von Yin und Yang – dem Schattenhaften oder Dunklen und dem Sonnigen oder Lichthaften. Durch das Zusammenspiel dieser beiden Kräfte hat das TAO alles hervorgebracht, was auch immer existiert. In den taoistischen Werken wird das TAO in seiner reinen, noch undifferenzierten Form als die »Mutter« bezeichnet. So gebrauchen wir auch das Wort »Mutter«, wenn wir über das I GING sprechen, im Sinne des formlosen Grundes, aus dem alle Formen hervorgehen. Formen werden »Söhne« und »Töchter« oder »Kinder« der »Mutter« genannt, weil sie durch das TAO geschaffen wurden. Deshalb werden von den acht Trigrammen des I GING die Trigramme von »Himmel« und »Erde« mit »Vater« und »Mutter« bezeichnet, und die sechs anderen werden die drei »Söhne« und die drei »Töchter« genannt. Jede einzelne Existenzform ist ein »Sohn« oder eine »Tochter« des TAO. Doch obwohl das TAO diese Myriaden von Formen hervorbrachte, ist es seinem Wesen nach nichtsubstantiell. Und da alle Formen ihrem Wesen nach TAO sind (und daher nicht vom TAO zu trennen, sondern in Wirklichkeit essentiell eins mit ihrem Erschaffer sind), können wir sagen, daß alle Formen – obwohl sie in einem gewissen Sinne völlig real sind – essentiell aus nichts anderem bestehen als der *Nichtsubstantialität* des TAO. Das TAO, der Erschaffer und das bewegende Moment des Universums, ist sich seines Vorranges nicht bewußt. Es gibt kein TAO, das irgendwo aufsteht und sagt: »Aha! Ich bin das TAO! All diese Wesen sind meine Geschöpfe, und sie müssen jetzt gut zuhören, was ich ihnen zu sagen habe, müssen sich mir gegenüber anständig verhalten und mir Lobeshymnen singen.« Laotse führt aus, daß das TAO sich seines eigenen Ranges nicht bewußt ist. Es erhebt keine Ansprüche. Es begehrt weder Achtung noch Anerkennung. Daher brauchen wir Taoisten oder Anhänger der I GING-Philosophie nichts anderes zu tun, als uns in Einklang mit dem TAO zu bringen, d. h. die Rhythmen der Natur zu entdecken und uns mit Hilfe der Ratschläge des I GING mit ihnen, allmählich angepaßt, in Einklang zu bringen.

Das Trigramm »Himmel« – KIÄN – bedeutet nicht Himmel im üblichen Sinne. Es steht für die unsichtbare Welt, in der die Yin- und Yang-Archetypen zusammenwirken, um die Formen hervorzubringen, die primär durch das sogenannte »Erd«-Trigramm repräsentiert werden, das für den Formenbereich steht. So ist »Himmel« der Bereich des Formlosen und »Erde« der Bereich des Formhaften, in dem wir uns jetzt befinden. Wir benutzen das I GING, um entstehende Situationen auf ihren Ursprung zurückzuverfolgen und/oder um ihre künftige Weiterentwicklung zu erkennen. So beginnen wir, um die Wege von Leben und Tod zu wissen.

Die Gesetze, die auf den Makrokosmos Anwendung finden, betreffen in gleicher Weise den Mikrokosmos, d. h. auch die kleinstmögliche Daseinsform. In gleicher Weise wird menschliches Dasein aus Yang (hier in der Bedeutung »Same« oder »Saat«) und aus Yin (hier im Sinne von »Energie«) geboren. Solange nun »Same« und »Energie« in harmonischem Einklang sind, bewegt sich unser Leben vorwärts, und wir wachsen in unserer Kraft. Wenn aber Disharmonie einsetzt, werden wir krank und alt, und wenn das Gleichgewicht völlig gestört ist, sterben wir. Aber weder unser Entstehen bei der Geburt noch unsere Desintegration im Tode ist etwas Absolutes. Nur in einem relativen Sinn gibt es Geburt und Tod. Das wirklich Wesenhafte in uns ist ungeboren und unsterblich.

Alle unsere Leiden und Schwierigkeiten entstehen aus dem Mangel an Übereinstimmung mit dem TAO. Ein Mensch, der sich in Einklang und Harmonie mit dem TAO bringt, wird ein Weiser. Er erfreut sich an allem, so wie es ist, und heißt alles willkommen, was auf ihn zukommt. Er ist frei von Angst, ist ruhig und ausgeglichen, hat keine Vorurteile und keine Abneigungen. Er sieht alles und jedes als TAO. Er wird sich mit Freude, und ohne sich in den Vordergrund zu drängen, dem Wohle aller widmen. Alles, was er erfährt, benutzt er, um das Los seiner Mitmenschen zu verbessern. Als Resultat seiner Übereinstimmung mit dem TAO ist er vom »Himmel« mit der Macht begabt, das zu tun, was gut ist, wobei das I GING ihm ein sicherer Führer in seinem Handeln ist. Wenn wir nun erkennen, daß alles dem Wandel unterworfen ist, können wir zwei Arten des Wechsels feststellen: den zyklischen (oder den sich wiederholenden) Wandel einerseits und den geradlinig vorwärtsschreitenden (oder sich nicht wiederholenden) Wechsel andererseits. Aber man beachte, daß sich der zyklische Wechsel auf unterschiedlich fortschreitenden Ebenen vollzieht. In diesem Sinne ist er also evolutionär und zyklisch zugleich, und in seinem Lichte erkennen wir die Dinge als sich gleichzeitig entwickelnd und wiederholend. Doch das sich Wiederholende ist niemals exakt das gleiche, und so erfahren wir zyklischen Wandel immer als etwas Evolutionäres, da – trotz der stets gleichen Art des Wandels – seine Ergebnisse niemals genau die gleichen sind. Anders ausgedrückt: es gibt eine weitgehende Wiederholung in allen Zyklen des Wandels, so daß der evolutionäre Wandel in diesem Sinne gleichzeitig auch immer zyklisch ist.

Alle Situationen im Dasein resultieren aus anderen vorausgegangenen Situationen und gehen in andere Situationen über, sind somit gleichzeitig Resultat alter Situationen wie Ursache der neu aufkommenden. Das I GING zeigt uns nun, wie wir diese Entwicklungen erkennen und voraussehen können, um uns auf diese Weise an das, was geschehen wird, anzupassen. So lernen wir, das zu akzeptieren, was wir nicht ändern können, und zwar ruhig und freudig, ohne zu murren und ohne darüber zu klagen, wie unangenehm die Dinge auch sein mögen, die uns widerfahren. Wir machen das Beste aus jedem zeitweiligen Rückschlag. Das TAO wirkt immer zum Besten des Ganzen. So sind die individuellen Leiden (ebenso wie die Freuden) unvermeidlich, besonders dann, wenn diese Individuen nicht in Harmonie mit dem Ablauf der Wandlungen sind. Wenn wir das erkennen, werden wir viel weniger leiden. Wir werden aufhören, gelangweilt und frustriert zu sein. Wahrscheinlich werden wir auch gesünder werden, und selbst wenn wir krank wären, würden wir in der Lage sein, unsere Gebrechen viel leichter zu tragen. Unwissenheit und Eigenliebe sind die Ursachen unserer meisten Leiden, da sie uns veranlassen, gegen den Strom zu schwimmen. Und selbst wenn wir versuchen, gute Taoisten zu sein, und das I GING benutzen, damit es uns lehrt, m i t dem Strom zu schwimmen, werden wir nicht immer erfolgreich sein. Denn hoch und niedrig, Verlust und Gewinn sind in gleicher Weise Teil der Natur des Universums und all jener Wandlungen, die sich hier vollziehen. Selbst wenn wir alles tun würden, um uns in Einklang mit dem TAO zu bringen, wird es Zeiten geben, wo wir Rückschläge erleiden. Doch sollte uns das nicht bekümmern. Solche Rückschläge sind natürlich, und wir müssen sie akzeptieren. Man sollte sich darüber nicht beunruhigen; denn die, die m i t dem Strom der Natur schwimmen, sind auf lange Sicht immer die Gewinner. Wenn eine Situation günstig ist, kommen wir schnell und mit Freude vorwärts. Ist die Situation jedoch nicht günstig, dann wissen wir, daß wir langsam und vorsichtig vorangehen müssen, bereit, auch einmal Halt zu machen oder gar uns zurückzuziehen.

Was man davon in einer vorgegebenen Situation tun sollte, das lehrt uns das I GING. In den Weissagungen des I GING können wir feststellen, daß fast jedes GUA uns eine der folgenden vier Anweisungen erteilt: »Gehe schnell vorwärts!« oder »Gehe langsam voran!« oder »Bleib stehen, wo du bist!« oder »Geh' zurück!« Durch dieses Wissen und durch ein entsprechendes Handeln werden wir unerschütterlich und ruhig, indem wir alles, was uns widerfährt, auf uns nehmen.

Indem wir das I GING als ein Weisheitsbuch gebrauchen, erforschen wir die Prinzipien des Wandels mittels des Symbolismus der GUAS, welcher keineswegs willkürlich ist, da die GUAS als Samen aller Wandlungsmöglichkeiten betrachtet werden können. So lernen wir durch die Beschäftigung mit diesem alten Werk viel über Ursachen und Tendenzen. Aber wir müssen es einfühlend studieren, mit einem intuitiv arbeitenden Geist, so wie wir es in der Meditation tun. Bloßes intellektuelles Verstehen des I GING wird uns wenig helfen, es sei denn am Anfang unserer Studien. Was wir anstreben müssen, ist intuitives Verstehen.

Die Namen der Trigamme, »Wind«, »Berg« usw., darf man nicht wörtlich nehmen. Sie stehen hier nicht für Wind, Berg usw., sondern für Komponenten der Wandlung, die mit diesen Namen belegt wurden, weil jede individuelle Komponente der Wandlung einige typische Charakteristika mit jenen natürlichen Objekten aufweist. Jedes Ereignis in der sichtbaren Welt ist die Folge einer Idee in der unsichtbaren Welt. Indem wir Ideen in ihrer Saatform mittels der GUAS wahrnehmen, werden wir uns dessen bewußt, was geschehen wird.

Ein anderer Punkt, der erwogen werden muß, ist der Symbolismus der drei Linien der Trigramme: Die obere Linie stellt den »Himmel« oder die unsichtbare Welt dar, die Grundlinie hingegen die »Erde« bzw. den Bereich des Formhaften und die mittlere schließlich den Menschen, weil der Mensch fest in der Welt der Form zu wurzeln scheint. Wir wissen aus Erfahrung, welch materielle Geschöpfe wir sind. Aber der Mensch hat auch Wurzeln im »Himmel«, womit ich die unsichtbare Welt meine. Unsere Befähigung, den besten Gebrauch von dem zu machen, was uns mit der unsichtbaren Welt verbindet, ist gewaltig, aber eben diese Befähigung haben wir – in unserer modernen Welt – zu entwickeln versäumt. Wir sind uns so sehr unserer materiellen Wurzeln, die nach unten gehen, bewußt, daß uns der Blick für die unsichtbaren Wurzeln, die nach oben gerichtet sind, verlorengegangen ist. Das I GING kann uns am besten dabei behilflich sein, unser Wissen um jene aufwärts gerichteten Wurzeln wiederzugewinnen, um dadurch besseren Gebrauch von unseren Fähigkeiten zu machen, um weitaus mehr geistige – statt vorwiegend materielle – Wesen zu sein.

Die Texte, die von König Wen Wang und dem Herzog von Chou den GUAS beigefügt wurden, zeigen uns vier grundsätzliche Arten von Ergebnissen aus beliebigen Situationen: »großes Glück«, »noch günstiger Ausgang«, »Kummer« und »schwerer Rückschlag«. Dementsprechend können wir wählen, ob wir mit voller Kraft oder vorsichtig vorgehen, ob wir haltmachen oder zurückgehen. Wir lernen, daß wir uns nicht so sehr auf das konzentrieren dürfen, was uns auf kurze Sicht günstig erscheint, weil wir – wenn wir die zugrunde liegenden Tendenzen erforschen – oft erkennen müssen, daß das, was uns auf kurze Sicht günstig erscheint, auf lange Sicht sehr ungünstig sein kann. So werden wir oft freiwillig auf unmittelbaren Gewinn verzichten aus der Erkenntnis, daß ein solches Sichversagen vorteilhaft im Lichte der durch das I GING offenbarten Situation sein wird. So werden wir Meister unseres eigenen Lebens und erlauben nicht mehr, daß wir auf wilder See hin- und hergeschleudert werden. Wir gewinnen Wissen aus allen möglichen

Erfahrungen. Wir werden zunehmend flexibel und kommen in einen immer tieferen Gleichklang mit dem Tao, wobei wir uns erinnern, daß »gut« und »schlecht« Worte sind, die nur einen Sinn in Beziehung zu einem Individuum haben, niemals aber in Bezug auf das Ganze. Denn wenn wir das Universum, das Tao, als das Ganze akzeptieren, entdecken wir, daß es keine Eigenschaften wie »gut« und »schlecht« gibt. Wenn mir jetzt etwas Schlechtes passiert, so e r s c h e i n t dies im Augenblick für m i c h schlecht, aber es ist nicht schlecht für das Ganze! Und deshalb ist meine persönliche Reaktion von keiner ausschlaggebenden Bedeutung.

Bedenken wir, daß ein richtig motivierter Benutzer des I Ging es nie für seinen eigenen Gewinn gebrauchen wird. Er benutzt es immer, um das Rechte zu erfahren, das, was wirklich das Beste ist, und das bedeutet, was gut für *alle* Wesen ist, mit denen er zusammenlebt. Wer das I Ging um eines gewissen Vorteils willen auf Kosten anderer zu Rate zieht, profanisiert dessen heilige Funktion. Selbstsüchtige Interessen wurden von jenen erhabenen Weisen, den Verfassern des I Ging, niemals erwogen.

Kann man nun wirklich annehmen, daß jede Trigramm-Kombination exakt eine gegebene archetypische Situation symbolisiert? Ja, man kann es, weil die Aufgeschlossenheit des Königs Wen Wang und des Herzog von Chou für kosmische Intuition in den vergangenen dreitausend Jahren immer wieder unter Beweis gestellt worden ist. Wir können das durch die außerordentliche Treffsicherheit der I Ging-Vorhersagen erkennen, wenn das I Ging richtig zu Rate gezogen wurde: mit den richtigen Fragen, die in einem entsprechenden Geisteszustand unter Benutzung der richtigen rituellen Mittel gestellt wurden. Immer wenn diese drei Faktoren zusammen angewandt wurden, haben sich die Voraussagen des I Ging als richtig erwiesen. Dies ist der schlüssige Beweis dafür, daß die Guas tatsächlich die archetypische Situation korrekt symbolisieren.

Ich teile mit meinen chinesischen Lehrern und Freunden die Ansicht, daß es eine Art Profanisierung ist, wenn das I Ging zur Lösung lediglich trivialer Probleme herangezogen wird, und daß es noch schlimmer ist, wenn man versucht, seine Weisheit für selbstsüchtige Ziele auszunützen. So wie ein Mantra das meiste seiner Kraft einbüßt, wenn es für unedle Zwecke mißbraucht wird, so wie eine materielle Substanz (wie z. B. DDT) seine hohe Wirkung verliert, wenn es zu häufig gebraucht wird, so wie eine Medizin wie Opium seine heilende Wirkung verliert, wenn es mißbraucht wird – so wird auch das I Ging seine magische Kraft für jene verlieren, die es für profane Zwecke mißbrauchen. So wenigstens glauben die Chinesen, und ich schließe mich ihrem Glauben ganz an. Ich bin sicher, daß ich den Hoffnungen und Absichten der von mir hoch verehrten Autoren des I Ging sehr nahe komme, wenn ich sage:

1. Dieses Buch ist zu heilig, um für triviale Zwecke benutzt zu werden.
2. Sein richtiger Gebrauch besteht darin, Selbstbeherrschung zu erlangen, um dem allgemeinen Wohl zu dienen.

Beides ist im Grunde dasselbe, denn Selbstbeherrschung schließt das Aufgeben aller Wünsche nach materiellem Gewinn, nach persönlichem Fortschritt und nach Ruhm aus und beinhaltet gleichzeitig einen Lernprozeß, um sich mühelos mit dem Strom des Tao in Einklang zu bringen. Um dies zu verwirklichen, ist es erforderlich, die Eigenschaften eines Weisen zu erstreben, d. h. eines hochgeistigen Individuums, dessen größtes Glück im Dienst zum Heile aller lebenden Wesen besteht.

John Blofeld
(Aus einem Vortrag über das I Ging *in der Alan-Watts-Gesellschaft für vergleichende Philosophie am 24. Juni 1978.)*

I

Das Wesen des Buches der Wandlungen

> Panta rhei. – Alles fließt.
> *Herakleitos*

Die erstaunlichste Eigenschaft des *Buches der Wandlungen* besteht darin, daß es nicht nach dem Unwandelbaren und Ewigen sucht, d.h. nicht nach etwas, das dem menschlichen Wunsch nach Aufrechterhaltung seiner Identität in einer ständig sich verändernden oder vergänglichen Welt entspricht, sondern daß es den Wandel selbst zum Grundprinzip des Universums erklärt. Die Chinesen fielen nicht einem wunschgeborenen Denken zum Opfer, das das Menschsein zu einem Ausnahmefall erklärt, durch den die grundlegenden Gesetze des Weltalls negiert werden, in dem der Mensch als eine unveränderliche und ewige Einheit konzipiert wird, die sich von allen anderen Lebensformen unterscheidet. Sie nahmen vielmehr den Stier bei den Hörnern und entdeckten das Ewige im Wechsel, d.h. die Tatsache, daß Transformation keine willkürliche Veränderung oder Unbeständigkeit ist, sondern g e s e t z m ä ß i g e r   W a n d e l . Die Entdeckung dieser Tatsache ist zugleich die Anerkennung jener Periodizität, die das Leben in allen seinen Formen beherrscht und daher geradezu als Ausdruck des Lebens selbst zu betrachten ist, wodurch sie im Gegensatz steht zu allem, was sich dem Wechsel entgegenstellt und so zum Tode führt. Denn wir alle sind sterblich, solange wir den Tod fürchten, sind aber unsterblich, sobald wir uns nicht mit den Grenzen unserer gegenwärtigen Persönlichkeit identifizieren und uns dem ewigen Rhythmus des Universums, in dem wir leben, hingeben.

Laotse faßte diese Idee in einem Vers des *Tao Te King* zusammen, das seinerseits offensichtlich auf den Lehren des *Buches der Wandlungen* basiert:

> Alle Dinge sind im Prozeß des Entstehens und Zurückkehrens.
> Die Pflanzen blühen nur, um wieder zur Wurzel zurückzukehren.
> Die Rückkehr zur Wurzel ist wie ein Suchen der Ruhe.
> Ruhe zu suchen ist wie ein seinem Schicksal Entgegengehen.
> Dem Schicksal entgegengehen ist wie der Ewigkeit gewahr werden.
> Die Ewigkeit erkennen, ist Erleuchtung,
> und wer sie nicht erkennt, schafft Unordnung und Übel.
> Die Ewigkeit erkennen, macht weit.
> Weite macht großzügig.
> Großzügigkeit gebiert Geistesadel.
> Geistesadel ist dem Himmel ähnlich.
> Der Himmel ist wie das TAO.
> TAO ist ewig.
> Der Verfall des Körpers ist nicht zu fürchten.[3]

Daher können wir sagen: U n v e r ä n d e r l i c h k e i t   i s t   e i n   Z e i c h e n   d e s   T o d e s , W a n d l u n g   e i n   Z e i c h e n   d e s   L e b e n s ; Verfall jedoch ist die negative Seite der Wandlung, während der positive Aspekt meist unseren Augen verborgen bleibt.

Die Frage nach der Bedeutung des Lebens und der Gesetze der Welt hat den menschlichen Geist seit Beginn seines bewußten Daseins beschäftigt, d. h. von jenem Augenblick an, in dem er sich seines Menschseins bewußt wurde und damit aufhörte, ein Tier unter Tieren zu sein. Das Bewußtwerden seines Menschseins bedeutete aber das gleichzeitige Opfer seiner intimen Beziehung zu anderen Lebewesen, die nicht seiner Art waren. Auf der anderen Seite jedoch erhöhte es seine Verantwortlichkeit gegenüber all den anderen Formen des Lebens, die zwar weniger entwickelt waren, aber doch ähnliche Eigenschaften wie er besaßen und auch gleichen Ursprungs waren.

Die Erkenntnis von der Einheit des Lebens entstand aus einer zunächst undifferenzierten Beziehung zu anderen Lebewesen und beruhte auf der Ähnlichkeit von Empfindungen und bewußten Wahrnehmungen. Um sich des Lebens und der uns umgebenden Welt bewußt zu werden, bedarf es einer gewissen Distanz. Wenn aber dieser Abstand zu groß wird, wird das resultierende Weltbild im Maße der Distanz immer verschwommener, verliert sozusagen die Schärfe seines Brennpunktes, wodurch es zu einer Verzerrung kommt, wenn nicht gar zu einer völligen Verkennung der Welt, wodurch wir am Ende vergessen, daß wir nicht nur in dieser Welt leben, sondern auch selbst ein Teil von ihr sind.

Um das Mysterium der Wirklichkeit zu verstehen, ist nicht nur Reflexion oder gedankliche Erfassung vonnöten, sondern Schau –: die S c h a u d e s G a n z e n. Diese jedoch ist nicht möglich ohne lebendige Vorstellung bzw. schöpferische Phantasie, d. h. jener Fähigkeit, Wirklichkeit im Bilde unserer tiefsten Erfahrung wiederzuerschaffen. Ohne diese schöpferische Fähigkeit wäre unser Bewußtsein nur ein schwacher Reflex flüchtiger Sinneswahrnehmungen. Schöpferische Vorstellung ist der Motor, ist die bewegende Energie, die Vernunft hingegen das Steuer und die hemmende Kraft, welche das Mögliche vom Tatsächlichen, das Wahrscheinliche vom Machbaren trennt.

»Wenn sich unsere westliche Welt aus dem abstrakten Gefängnis eines entindividualisierten logischen Begriffes befreien will, so müssen wir für diese Befreiung die nötigen Mittel bereitstellen. Das Hauptmittel scheint mir das S y m b o l zu sein, und wir müssen lernen, uns seiner schöpferischen Tendenzen zu bedienen, um die Wahrheit unseres eigenen Zeitmomentes zu erfassen. Denn das Symbol wird lebendig durch die Macht der Kommunikation, die es erfüllt, wenn es in gleicher Weise die Unmittelbarkeit der Außenwelt wie die Wirklichkeit der inneren Welt berührt. Diese Verschmelzung des Inneren mit dem Äußeren gebiert Sinn und kann zu wirklichem Verständnis, ja sogar zu geistiger Einsicht führen. Es geschieht in einem Augenblick und ist klarer und tiefer als irgendein gedanklicher Prozeß oder als gefühlig bedingte Reaktionen. Wenn wir den rechten Weg durch diese Zeit der Verwirrung finden wollen, müssen wir die Einmaligkeit des menschlichen Individuums innerhalb der menschlichen Gesellschaft entdecken und schätzen lernen. Dies aber können wir nur auf dem geheimnisvollen Weg intuitiver Einsicht vollziehen, der, im symbolischen Denken gegründet, in uns selbst hinein- und in die Welt hinausreicht.«[4]

Darin liegt die tiefe Bedeutung des I GING, das heute in der ganzen Welt Beachtung findet und selbst im heutigen China mit Ehrfurcht betrachtet wird, obwohl dort Konfutse und die religiösen Anschauungen anderer großer geistiger Führer und Denker heute weitgehend verleugnet werden. Dies mag auf die Tatsache zurückzuführen sein, daß das I GING auf keinerlei Glauben oder Aberglauben beruht und daß es auch nicht von irgendeiner Mythologie abhängig ist, sondern Erfahrungstatsachen und psychologische Erkenntnisse enthält, die ohne Unterschied von Rasse und Religion die ganze Menschheit betreffen. Erst jetzt nach 5000 Jahren erkennen wir die universelle Gültigkeit des *Buches der Wandlungen*. Es ist philologisch und philosophisch, biologisch und psychologisch, metaphysisch und historisch untersucht worden. Die Fragestellung, die wir an das Buch herantragen, lautet: Auf welcher Grundstruktur baut sich das Buch auf? Welche Weltanschauung hat es geformt? Und welches war seine ursprüngliche Konzeption? Das I Ging bedient sich des volkstümlichen Symbolismus seiner Entstehungszeit. Wir aber haben uns bisher nur wenig darum bemüht, diese Symbolik in die Sprache unserer Zeit zu übersetzen. Doch bevor wir uns nicht über die verwendete Symbolik im klaren sind, wird unser Verständnis dieses Buches in Nebel gehüllt bleiben, wenn wir nicht gar zu gänzlich abwegigen Theorien kommen. Das I Ging mag auch heute noch für die meisten Leser nur ein Wahrsagebuch sein, dessen Orakel ebenso dunkel und mysteriös erscheinen wie die der Pythia von Delphi.

Doch bevor das I Ging in ein bloßes Wahrsagebuch umgeformt wurde, hatte es ein klares System und eine Struktur, die eine tiefgründige Weltschau zum Ausdruck brachte. Und diese eben interessiert uns, unbeschadet der Tatsache, daß dieses Buch zugleich M ö g l i c h k e i t e n unserer Zukunft enthüllen könnte. Ich betone »Möglichkeiten«, denn dieses Buch wurde nicht mit der Absicht geschrieben, unser Schicksal vorauszusagen und unseren freien Willen in Frage zu stellen, sondern es will uns helfen, den Weg von der Gegenwart in die Zukunft zu entdecken und zwar auf der Basis allgemeingültiger Gesetze. Diese Gesetze bestimmen nicht unsere Zukunft, geben uns aber wertvolle Anhaltspunkte, die beständig genug sind, um dem Kurs unseres Handelns eine Richtung zu geben.

Wenn wir wissen, daß Feuer brennt, werden wir uns hüten, unsere Hände hineinzuhalten. Andererseits kann dasselbe Feuer, das uns verletzen kann, in vieler Weise nützlich sein, wenn wir seine Natur verstehen und respektieren. So ist es mit allen Dingen in dieser Welt: Je mehr wir sie respektieren und verstehen, um so mehr werden sie unser Leben erleichtern.

Am Anfang war der Mensch ein Teil der Welt, in der er lebte. Er war es so sehr, daß er sie nicht klar und deutlich sehen konnte, wie etwa ein Kurzsichtiger, dem seine Umwelt in einer Art Nebel erscheinen mag. Was ich mit »klar« und »deutlich« meine, ist kein rein objektiver Eindruck, sondern eine Auffassung, welche die Gesetze unserer Welt als Widerspiegelung unseres eigenen Wesens betrachtet, ohne sie als etwas Fremdes, sondern im Gegenteil als etwas zu empfinden, was in unserem innersten Sein beschlossen liegt. Dadurch wird die Welt zu jenem Spiegel unserer Seele, in dem wir all das erkennen, was uns anderenfalls so verborgen bliebe wie unser eigenes Gesicht.

Wie die Alchemie der Vorläufer der modernen wissenschaftlichen Chemie war, wie die Astrologie sich zur Astronomie entwickelte und wie die rituellen Tänze der griechischen Frühzeit die Kunstform des Dramas gebaren, so erfühlte sich der Mensch auch seinen Weg zu den Mysterien des Lebens. Er vollzog dies, indem er zunächst den Mächten seines Tiefenbewußtseins folgte, später dann die Stimmen seines Innern mit den Bestrebungen seines Intellekts verband, um schließlich mittels der erkannten Gesetze der Logik und der äußeren Welt zu jenem Wissen zu gelangen, daß die Natur selbst (oder was er als solche begriff) im Grunde genommen sein ureigenstes Wesen war.

Aber unglücklicherweise haben nicht alle Menschen dies erkannt. Einige blieben in der Magie stecken, andere in der Religion, wieder andere in abstrakter Wissenschaft oder in Metaphysik und anderen logischen Spekulationen. Nur wenige blieben für alle Erscheinungsformen der Wirklichkeit offen, ohne im Netz des eigenen Wunschdenkens gefangen zu werden. Die Chinesen, eine der ältesten Rassen der Menschheit, entkamen diesem Netz auch nicht vollständig, hatten aber sowohl genügend kulturelle Kontinuität wie Stabilität, um nicht nur die verschiedenen Methoden spekulativen Denkens, sondern auch die objektiver Beobachtung zu erproben und die Resultate auf ihre praktische Anwendbarkeit zu überprüfen. So entgingen sie den Klauen einseitiger Logik ebenso wie den leeren Abstraktionen der Metaphysik, welche die Gesetze des Lebens immer zu vergewaltigen drohen.

Die folgenden Worte, welche die chinesische Haltung des I GING so treffend charakterisieren, wurden von Laurence van der Post einem Chinesen in den Mund gelegt: »Ihr Europäer habt die Gewohnheit, immer nur diejenigen Tatsachen des Lebens zu akzeptieren, die euren unmittelbaren Zwecken entsprechen, und den Rest unbeachtet zu lassen. Wir Chinesen jedoch sind an der Totalität der Dinge interessiert. Wir sehen Ursache und Wirkung nur als zwei von vielen Aspekten des vorherrschenden Triebes und Lebenszweckes an. Zufall oder was ihr ›Glück‹ nennt, ist nicht nur ein zufälliges Geschehnis, das keinerlei Beziehung zur allgemeinen Ordnung der Dinge hat, sondern vielmehr Teil eines fundamentalen Gesetzes. Es ist gerade das Zusammenspiel aller Dinge in der ›Zeit des Jetzt‹ [die Synchronizität] und nicht ihre scheinbare Beziehungslosigkeit in der konkreten Welt, die uns Chinesen interessiert. Unsere Wissenschaftler haben ein System erfunden, um das ›Zusammenfallen von Zufall, Zeit und Umstand‹ für jedes Individuum vorauszusagen. Es ist zwar nicht vollkommen, aber es ist erstaunlich, wie sehr es in seiner Aussage stimmt.«

II

DIE ZWEI EBENEN DER WIRKLICHKEIT

> Jener Teil des Geschehens, den wir sehen können,
> ist der notwendige Gegenpol zu dem, was unsichtbar ist.
>
> *Jean Gebser*

Während die Ägypter die körperliche Form zu erhalten versuchten und die Griechen die Schönheit des menschlichen Körpers idealisierten, versuchten die frühen Kulturen Mittel- und Südamerikas, kosmische Prinzipien über das Dasein des Menschen zu setzen. Das Christentum und der Islam, Töchter des jüdischen Monotheismus, bemühten sich ihrerseits, den menschlichen Geist unter die Diktatur eines teils welterschaffenden und teils weltverachtenden Gottes zu stellen. Die falsche Grundeinstellung der meisten Religionen scheint mir darin zu bestehen, daß sie Vollkommenheit entweder in einer fernen Vergangenheit oder in einer fernen Zukunft suchen: entweder in einem verlorenen Paradies oder in einem noch zu gewinnenden Himmel. Doch bin ich der Meinung, daß der Höhepunkt des Lebens weder im unerschaffenen Urzustand noch in einer Rückkehr in das Ungewordene liegt, sondern vielmehr im Erwachen jedes bewußten Individuums zur Universalität inmitten aller Hindernisse und Spannungen des Lebens. »Die menschliche Gewohnheit, nur e i n e Phase der Wahrheit zu sehen – nämlich die, welche gerade vor unseren Augen liegt – und sie zu einem vollkommen logischen System zu erheben, ist der Grund, warum unsere Philosophie sich mehr und mehr dem Leben entfremdet.«[5]

Heute, wo die Wissenschaft selber jene Gesetze, auf die sie sich gründet, relativiert und uns, besonders in der Kernphysik, zeigt, daß all das, was uns einmal als unfehlbare Logik bzw. als das unumstößliche Gesetz von Ursache und Wirkung erschien, im Grunde nur e i n e r der möglichen Denkwege ist bzw. nur ein Aspekt der Wirklichkeit und daß es darüber hinaus einen anderen gibt, den wir noch nicht einmal zu erforschen begonnen haben: die Synchronizität gewisser Ereignisse, die von früheren Generationen zwar gefühlt oder geahnt wurde, aber nicht bewiesen werden konnte. Daraus erklärt sich zu einem gewissen Grade, wie und warum Magie und Ritual aus einer Vermischung von Phantasie und Tatsachen, von Wunderglauben und Wirklichkeit entstanden.

Doch können wir überhaupt von einer »Wirklichkeit an sich« sprechen? Ist »Realität« selbst nicht ein relativer Begriff, der allein in Abhängigkeit von der Person eines Beobachters und deren Standpunkt definiert werden kann? Selbst wenn sich jemand außerhalb des Universums stellen könnte, so wäre er nicht imstande, Realität voll zu erfassen, sondern könnte nur von seinem augenblicklichen Standpunkt sprechen, d. h. von der Realität eines außerhalb Stehenden, nicht aber von der eines Menschen, der die Welt von innen erlebt. Wir können somit nur von Aktualität oder Wirklichkeit reden in Bezug auf das, was auf uns wirkt, nie aber von Realität in einem absoluten Sinne.

»Wie Heisenberg als erster herausarbeitete, ist das Gesetz von Ursache und Wirkung auf der atomaren Ebene nicht länger zu halten. Hier müssen wir von ›Unbestimmtheitsrelation‹ sprechen.

Die Unbestimmtheit ist jedoch nicht nur fehlendes Wissen über das, was am Ende herauskommt; denn was am Ende herauskommt, ist nicht an die Gesetzmäßigkeit von Ursache und Wirkung gebunden. Man mag erwägen, daß es viele Gründe für die Annahme gibt, daß die wesentlichen Stufen geistiger Prozesse die Aktion von einer so geringen Anzahl von Atomen einbezieht, daß das, was am Ende herauskommt, ebenfalls nicht dem Gesetz von Ursache und Wirkung unterworfen ist. Da in jedem Stadium einer wachsenden Komplexität das Insgesamt des ganzen Wellenmusters eine größere Potentialität besitzt als die bloße Summe seiner Teile, da das Wesen einer ein Ganzes bildenden Kombination ein inniges Bezogensein, ein Miteinander beinhaltet, das weit mehr ist als ein bloßer Summationseffekt, so behaupte ich, daß es eine Realität des Ganzen gibt, die über und zugleich jenseits aller Realität seiner Teile existiert – daß diese Realität nicht an das Gesetz von Ursache und Wirkung gebunden ist und daß wir in dieser Realität des Ganzen den bestimmenden Faktor finden, der das regelt, was am Ende eines geistigen Prozesses herauskommt. Diese Wirklichkeit des Ganzen ist eine Freiheit, die durch ihr Wirken die Wände durchbricht, die uns in der Bestimmtheit von Ursache und Wirkung gefangenhalten.«[6]

In einem Gespräch mit Heisenberg wurde diese Ansicht in einer Diskussion über westliche Logik, die ihm zur Darstellung der Ergebnisse nuklearer Physik unzureichend schien, weitgehend verifiziert.

Der große buddhistische Philosoph Nāgārjuna (Anfang des 2. Jhs. n. u. Ztr.) war wahrscheinlich der erste, der eine ähnliche Idee zum Ausdruck brachte und der seine ganze Philosophie darauf aufbaute, was zur Grundlegung des *Mahāyāna* führte, das zur Hauptrichtung des Buddhismus in China wurde und das dort durch seine Verbindung mit dem Taoismus zur Entstehung des *Ch'an* und später zur Entwicklung des *Zen* in Japan beitrug.

Diese Auffassung der Wirklichkeit entspricht genau dem, was die Chinesen empfanden: Sie schufen eine offene und zugleich bewegte Beziehung zu den Prinzipien des Kosmos (im System des Fu Hi), sofern sich diese Prinzipien in den elementaren Symbolen des menschlichen Geistes widerspiegeln. Diese Symbole sind aber multidimensional, d. h. sie haben verschiedene Bedeutung je nach der Ebene, auf die sie bezogen sind. Anderseits haben alle diese verschiedenen Bedeutungen einen gemeinsamen Nenner, der in dem betreffenden Symbol zum Ausdruck kommt. Diese Symbole sind archetypische Bilder, die aus den Tiefen der Psyche aufsteigen und vielerlei Assoziationen wecken, je nach den individuellen Erfahrungen des betreffenden menschlichen Geistes. Je mehr wir uns mit ihnen beschäftigen, um so mehr gewinnen sie an Bedeutung und Transparenz. Denn während Logik nur mit feststehenden, unveränderlichen Begriffen operieren kann, mit Begriffen, die wir durch unseren Intellekt von ihrem Hintergrund und ihren Beziehungen isoliert haben, haben Symbole die lebendige Eigenschaft, unmittelbare Verbindungen mit Objekten unterschiedlichsten Charakters, jedoch ähnlicher Tendenz herzustellen.

Wenn wir von Evolution sprechen, so kann dies nur die allmählich fortschreitende Entfaltung in der Zeit bedeuten, nämlich die Entfaltung dessen, was potentiell immer schon gegenwärtig war, aber bisher noch nicht zu sichtbarer oder konkreter Wirklichkeit wurde. Jede Phase dieser Entwicklung ist ein Aspekt des Ganzen unter den besonderen Bedingungen der Zeit und der Umstände. Wenn wir die kausalen Zusammenhänge erkennen können, sprechen wir von Evolution, wenn die Vorgänge jedoch spontan vonstatten gehen, sprechen wir von Mutation. Der erstgenannte Prozeß vollzieht sich peripher, der andere radial. Der erste bewegt sich auf der Oberfläche, der zweite geht von einem zeitlosen Zentrum aus und bewegt sich sozusagen vertikal durch die zeitlichen und kausalen Zusammenhänge, die selbst horizontal in einer bestimmten Richtung fortschreiten.

Vernunft ist ein wundervolles Werkzeug, ohne das wir nicht existieren können. Aber es gibt Dinge, die über unsere Vernunft hinausgehen, und wir sollten die Bescheidenheit haben zuzugeben, daß unserem Verständnis Grenzen gesetzt sind. Vielleicht werden wir eines Tages fähig sein, unsere jetzigen Grenzen zu überschreiten und uns in einem Bereich zu bewegen, der jenseits dessen liegt, was uns jetzt noch als Wahrheit erscheint. Aber bevor wir nicht unsere Vernunft innerhalb der Grenzen unserer Fähigkeiten betätigt haben, haben wir kein Recht, unsere Vernunft mißachtend wegzuwerfen. Die Verachtung des Intellekts ist am stärksten bei denen, die sich ihres Intellekts nie richtig bedienten. Ein solches Verhalten aber finden wir leider häufig bei konventionell religiösen Menschen, die sich im Besitz der »einzigen und alleinigen Wahrheit« wähnen. Glaube ist gewiß etwas sehr Schönes, das uns Mut und Vertrauen einflößen kann, so daß wir uns der Weisheit des Lebens überlassen, obwohl wir oft deren Wege nicht verstehen. Aber es ist ein Zeichen mangelnder Reife und Intoleranz – ja, ein Zeichen geistiger Kurzsichtigkeit und Anmaßung –, wenn man den eigenen Glauben als etwas Unfehlbares und erhaben über alle anderen Glaubensformen betrachtet. Wir mögen Gründe für unsere Meinungen und Ansichten haben, wenn wir sie mit denen anderer Menschen vergleichen. Da sich aber unser Verständnis auf das gründet, was wir für tatsächlich oder logisch h a l t e n, verwenden wir einen Maßstab, der willkürlich ist und der nicht von allen anderen denkenden Wesen anerkannt werden muß. Je mehr wir die Gesetze der Welt und unseres eigenen Denkens beobachten, um so klarer erkennen wir, daß das, was wir »Wirklichkeit« nennen, sich auf zwei verschiedenen Ebenen bzw. in zwei unterschiedlichen Richtungen auswirkt. Die eine vollzieht sich horizontal und entspricht dem Gesetz von Ursache und Wirkung, auf dem auch unsere Logik basiert; die andere entspricht dem Gesetz der Synchronizität. Während erstere sich in der Zeit vollzieht und etwa einer geraden Linie von aufeinanderfolgenden, sich gegenseitig bedingenden Ereignissen zu vergleichen ist (Logik), so verbindet letztere Ereignisse, die gleichzeitig auftreten, und zwar ohne logische Verbindung und aus Gründen, die unser Verständnis wie unser Beobachtungsvermögen übersteigen. Diese andere Art der Realität verbindet Geschehnisse, die nicht unserem Zeitsinn unterworfen sind und die daher auch nicht mit der horizontalen Linie der in der Zeit aufeinanderfolgenden Ereignisse assoziiert werden können. Sie stehen sozusagen auf Linien, die sich senkrecht zu unserer angenommenen horizontalen Zeitlinie verhalten und diese durchschneiden.

Die Richtigkeit dieser Konzeptionen ist nicht mathematisch beweisbar. Sie gehören der Welt unserer Intuitionen an, die aus der Tiefe unseres inneren Wesens aufsteigen und in denen die kosmischen Gesetze ihren individuellen Ausdruck finden. Sie waren die ersten Prinzipien, die den Menschen aus der Dunkelheit unterbewußter Triebe in eine von ihm neu zu entdeckende Welt führten, die ihm in dem Maße vertrauter wurde, in dem er durch vermehrten Gebrauch der Vernunft und des folgerichtigen Denkens jene Ordnung entdeckte, auf der die Gesetze der Welt und die Rhythmik des Universums beruhen.

In einem meiner früheren Bücher habe ich dies bereits ausführlich dargestellt. Um so mehr freue ich mich, meine Ansicht von einem anderen unabhängigen Denker bestätigt zu finden. »Unser ganzes abendländisches Denken basiert auf dem Gesetz von Ursache und Wirkung. Die Chinesen hingegen argumentieren nicht so sehr auf dieser horizontalen Linie, die von der Vergangenheit durch die Gegenwart zur Zukunft führt. Ihre Argumentation folgt mehr der Senkrechten, d.h. sie gehen aus von dem, was jetzt an e i n e m Ort und zu g l e i c h e r Zeit an einem anderen Ort ist. Mit anderen Worten: Sie fragen nicht, ›warum‹ oder ›aus welchen vorangegangenen Ursachen‹ eine gewisse Gruppe von Dingen sich ereignet. Sie fragen stattdessen: ›Was ist die *Bedeutung* oder der *Sinn* dessen, daß sich diese Dinge synchron in diesem Augenblick ereignen?‹ Die Antwort auf diese Frage fanden sie im TAO. Die gegenwärtige Situation innerhalb oder außerhalb unserer selbst ist

Tao, denn nur der gegenwärtige Augenblick ist Leben. Unsere Erinnerung an Vergangenheit ist in ihm enthalten wie auch die Potentialität des Zukünftigen. So gründet sich diese Sicht auf eine große Wertschätzung der Gegenwart und ihre Bedeutung und schließt die Anschauung ein, daß alles Geschehen in bestimmter Beziehung zu anderen gleichzeitig ablaufenden Ereignissen steht, sofern für diese anderen Ereignisse kein anderer Grund ersichtlich ist. Das heißt, daß es eine Harmonie gibt, die Tao genannt wird und die alle Ereignisse, die im jeweiligen Augenblick im Universum geschehen, in einem vollkommen harmonischen Akkord zusammenfügt. Die Gesamtsituation, die uns und alles um uns herum beinhaltet und erfaßt, ist eine Harmonie, die wir in uns selbst finden müssen, wenn wir in Übereinstimmung mit dem Tao leben wollen.«[7]

Anfangs mußte sich der Mensch auf das Diktat seiner unterbewußten Gefühle und auf die Intuitionen verlassen, die aus der Tiefe seines Wesens stiegen. Dabei wiesen letztere noch weitgehend den Charakter ihres universellen Ursprungs auf und ließen deshalb das Schicksal als eine höhere Macht empfinden, der sich der Mensch zu unterwerfen hatte und die sich ihm in Orakelsprüchen kundtat, die menschliche Entscheidungen weitgehend ausschlossen.

Die älteste Form des Orakels beschränkte sich auf ein einfaches Ja oder Nein bzw. auf ein Urteil über Licht oder Dunkelheit, Aktivität, schöpferisches Handeln oder hingebendes Warten und drückte damit in gewisser Weise die Rhythmen der Natur von Tag und Nacht, Sommer und Winter, Tätigkeit und Ruhe aus. Um zu dieser Urteilsfindung zu kommen, verwandte man eine einfache Symbolik, wie z. B. einen gebrochenen oder einen ungebrochenen Bambusstab bzw. eine gebrochene oder ungebrochene Linie.

Dieses binäre System ist auch die Basis der Arbeitsweise eines modernen Computers, der ebenfalls mit nur zwei Zeichen arbeitet: ja – nein, eingeschaltet – abgeschaltet, I – 0. Um eine vernünftige Antwort zu erhalten, muß eine vernünftige Frage gestellt werden, d. h. eine Frage, die der Umwelt bzw. den Umständen entspricht und nicht Unmögliches voraussetzt. Wenn wir dies klar erkennen, beginnt für uns eine neue Phase des Denkens: Wir fangen an, die Welt in ihrer ursprünglichen Struktur zu sehen. Durch diese neue Sicht aber streben wir nicht mehr danach, die Welt zu beherrschen, sondern fragen uns vielmehr, wie wir uns in die Gesetze der Wirklichkeit einordnen können, ohne mit ihnen in Konflikt zu geraten und ohne die Richtung unseres inneren Strebens zu verlieren. »Freiheit innerhalb der empirischen Welt kann nichts anderes heißen als S e l b s t b e s t i m m u n g : Ein Entschluß ist frei, wenn er durch nichts anderes bestimmt ist als durch mich selbst, durch mein eigenes Wesen oder durch meinen Charakter. Damit kann auch das Verlangen nach Freiheit sich zufriedengeben, denn nur gegen eine Fremdbestimmtheit lehnt es sich auf, während Freiheit im Sinne völliger Indeterminiertheit diese dem Zufalle ausliefern müßte.«[8]

Wenn wir nun das I Ging befragen, so geben wir dabei unseren freien Willen nicht auf, sondern kommen vielmehr, indem wir unsere Situation klar überschauen, zu einer entsprechenden eindeutigen Entscheidung. So hilft uns das I Ging, unseren freien Willen zu betätigen, und unterdrückt ihn in keiner Weise, wie all jene Menschen glauben, die das I Ging als ein Wahrsagebuch betrachten und die sich so vor der Verantwortung drücken wollen und einen leichten Ausweg suchen. Das I Ging ist keineswegs ein Buch, das sich anmaßt, unsere Zukunft vorauszusagen; es will uns vielmehr die Möglichkeiten zeigen, die vor uns liegen. Wir jedoch müssen durch unsere freie Wahl unser Schicksal selbst gestalten.

Zu diesem Verständnis des I Ging war man zur Zeit des Königs Wen Wang gekommen, d. h. etwa 2000 Jahre nach dem ersten Auftauchen dieser Weltsicht und ihrer Methodik, nachdem zahllose Generationen daran gearbeitet und sie ausgebaut und vervollständigt hatten. Es waren die besten und fortschrittlichsten Denker, die dem Buche ihre Aufmerksamkeit gewidmet und die zu den Intuitionen des Anfangs ihre Beobachtungen und Erfahrungen hinzugefügt hatten. Und so entwickelte sich aus den abstrakten Prinzipien der Vorzeit eine folgerichtige Weltschau, in der »Himmel« und »Erde« in symbolisch-archetypischer Sprache zueinander in Beziehung gesetzt wurden.

»Wenn sich die symbolische Dimension unseres Daseins dem Individuum öffnet, ändert sich seine Anschauung der Wirklichkeit grundlegend. Es beginnt, die Dinge gleichzeitig auf verschiedenen Ebenen zu sehen. Ein neues Veständnis dessen, was Wirklichkeit ist, wird ihm offenbar. Das drückt sich nicht in feststehenden metaphysischen oder religiösen Begriffen aus, auch nicht in ontologischem Idealismus oder einem Materialismus, noch in irgendeinem ideologischen Dogma. Es geschieht eher in einer offenen und beweglichen Beziehung zu den Prinzipien des Kosmos, so wie diese in den Elementarsymbolen des Tiefenbewußtseins reflektiert werden.«[9]

Intuition, sofern sie nicht einen klaren Ausdruck in unserem Denken findet, kann keinen Einfluß auf unser Leben haben; denn eine Kraft kann nicht wirken, wenn sie nicht geformt und gerichtet ist. Gedanken und Erkenntnisse, auf Wahrheit basierend, die lediglich auf intellektueller Ebene entwickelt worden sind, müssen andererseits durch unmittelbare Erfahrung zu erlebter Wirklichkeit werden, wenn sie die Macht haben sollen, unser Leben zu verwandeln und uns in unserer innersten Mitte zu formen.

Individualität ist ein Gerichtetsein innerhalb dauernder Wandlung. Was uns zu Individuen macht, ist nicht die Unwandelbarkeit unserer Eigenschaften, sondern die bewußte Wahrnehmung der Kontinuität unseres Weges geistigen Wachstums und innerer Transformation. Individualität ist die Fähigkeit zu sinnvoller und folgerichtiger Umgestaltung unseres Wesens: »Somit wird eine zweite, geistige Welt auf dem Bereich des Tatsächlichen, eine Welt der Wortsymbole auf der Unmittelbarkeit der erlebten Welt aufgebaut.« (Reiniger) Oder wie Goethe sagt: »Man ist sich nie voll bewußt, daß die Sprache ursprünglich nur symbolisch ist, indem sie nur Bilder verwendet, und daß sie nie Gegenstände direkt ausdrückt, sondern sie nur widerspiegelt.«

So tritt mit dem Reifen der Individualität plötzlich ein neuer Faktor in das Bewußtsein des Menschen: der Faktor »Zeit«. Wie geschah dies? Anfangs war der Mensch lediglich ein nomadisierender Jäger. Erst mit dem Übergang zum Ackerbau kam es zur bewußten Wahrnehmung der Jahreszeiten sowie der Periodizität im Wechsel der ewigen Wiederkehr bestimmter Ereignisse und damit zum Gewahrwerden der allgemeinen periodischen Lebensrhythmen. Wäre die Erdachse nicht gegen die Umlaufebene um die Sonne geneigt, so würden die Jahreszeiten nicht existieren, und infolgedessen würde die Zeit auch keine entscheidende Rolle in unserem Leben spielen. So haben Menschen tropischer Regionen eine andere Einstellung zur Zeit als Bewohner gemäßigter oder polarer Zonen. Das indische Wort *kal* zum Beispiel kann sowohl »gestern« wie »morgen« bedeuten. Und es ist typisch, daß Menschen gemäßigter Zonen einen viel ausgeprägteren Sinn für Geschichte haben als die Völker nahe dem Äquator. So ist es charakteristisch, daß sich Indiens Geschichte im Mythos verliert, während sich Chinesen, Tibeter, Ägypter und Europäer bemüht haben, alle Ereignisse mit genauen Zeitangaben festzuhalten.

Doch trotz ihrer geschichtlichen Einstellung verleugnen die Völker jenseits der Tropen nicht die Bedeutung jener zeitlosen Wirklichkeit, die sich in Mythen und dichterischen Werken, in Gesängen und Epen der Frühzeit widerspiegeln. Mit anderen Worten, sie erkennen zwei Formen der Wirklichkeit an: die zeitliche Ordnung aufeinanderfolgender Ereignisse und die geistige Ordnung zeitlosen Geschehens.

Letztere ist in dem innerweltlichen System des Fu Hi niedergelegt, das die Hauptprinzipien bzw. die universellen Gesetze in ihrer Polarität darlegt, während König Wen Wang uns dieselbe Gesetzmäßigkeit aufzeigt, modifiziert im zeitlichen Ablauf, d.h. in der zeitlichen Ordnung aufeinanderfolgender Ereignisse, entsprechend der allgemeinen Entwicklung des Lebens. Auf diese

Weise schildert er uns die Entwicklung des Lebens – Kindheit, Jugend, Reifezeit und Alter – oder den Jahresrhythmus von Frühling, Sommer, Herbst und Winter und offenbart uns so den Rhythmus irdischen Lebens, bedingt durch die Jahreszeiten, die letztlich durch die Ekliptik bedingt sind. Doch selbst diese Neigung der Erdachse in ihrer Beziehung zur Umlaufebene um die Sonne ist im Laufe vieler Jahrtausende veränderlich, wie wir heute wissen, wenn wir von der Konstruktion der großen Pyramide von Gizeh ausgehen, deren Eingangskorridor ursprünglich auf den Polarstern ausgerichtet war, da man diesen Stern als den ruhenden Pol des Himmels betrachtete, um den sich alle anderen Sterne auf ihren berechenbaren unterschiedlichen Bahnen bewegten.

Nach neuesten Beobachtungen jedoch hat sich der Polarstern im Laufe der Jahrtausende von seiner ursprünglichen Stelle fortbewegt oder richtiger gesagt: die Erdachse hat eine, wenn auch geringe Veränderung ihrer Lage erfahren. Das zeigt uns, daß selbst die Gesetze der Natur, die dem Menschen ewig und unwandelbar erscheinen, nicht notwendigerweise ewig, sondern das Ergebnis eines jeweiligen Zusammenspiels von Kräften sind. Alle Manifestationen unserer sogenannten »Wirklichkeit« besitzen nur relative Gültigkeit. So müssen wir uns auch folgendes vor Augen halten: Wenn wir im Zusammenhang mit dem I Ging von »Elementen« sprechen, kann dieser Ausdruck hier in keiner Weise jenem Begriff der westlichen Wissenschaft gleichgesetzt werden, mit dem diese die von ihr als unveränderlich angenommenen chemischen Elemente bezeichnet; bei dem, was wir in der Übersetzung mit dem Begriff »Elemente« bezeichnen, handelt es sich im I Ging um eine Klassifizierung regelmäßig wiederauftretender Erfahrungszustände (oder deren Wieder-in-Erscheinung-Treten). Auch mit den fünf Elementen des klassischen Altertums sind nur fünf der acht Symbole (Gua) des I Ging identisch, wie wir später sehen werden.

III

Das abstrakte oder vorweltliche System
des
Fu Hi

> Das Entgegengesetzte wirkt zusammen.
> Aus dem Verschiedenen ergibt sich die schönste Harmonie.
>
> *Herakleitos*

Fu Hi, der Schöpfer des Systems der innerweltlichen Ordnung, befaßte sich lediglich mit jenen fundamentalen, universellen Prinzipien, die unser Leben beherrschen, ohne daß er auf die Modifikationen eingehen mußte, die durch unsere Erdzeit und deren jahreszeitliche Abläufe bedingt sind. Für ihn waren die Hauptfaktoren Licht und Dunkelheit bzw. die kosmischen Prinzipien des Schöpferischen und des Empfangenden, des Männlichen und des Weiblichen, wie sie sich in den magnetischen oder elektrischen Polen als »plus« und »minus« bzw. als positiv und negativ, d. h. als zwei voneinander abhängige und sich gegenseitig ergänzende Kräfte ausdrücken. Diese polaren Kräfte sind als Prinzipien untrennbar, wenngleich der eine oder andere Pol zeitweise vorherrschen mag.

Fu Hi, der etwa ein Jahrtausend vor Wen Wang, dem Begründer der Chou-Dynastie, lebte, schuf ein System aus acht grundlegenden Kräften, die sich gegenseitig im Gleichgewicht halten und durch vier symmetrische Achsen dargestellt werden, die sich in einem zentralen Punkt schneiden und so einen regelmäßigen Stern bilden, der in acht Richtungen seine Strahlen aussendet.

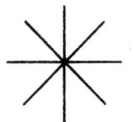

Jeder einzelne dieser Strahlen stellt eine polare Kraft dar, wobei jede mit einem oder mehreren symbolischen Namen gekennzeichnet wurde. So wurde das höchste Prinzip mit der Kraft des Lichtes identifiziert und als das schöpferische Prinzip des Universums oder die Kraft des »Himmels« bezeichnet, das seine Entsprechung in dem empfangenden Gegenpol der »Erde« fand, dem Prinzip der Materie und Form. Diese beiden Prinzipien »Himmel« und »Erde« werden im System des Fu Hi als eine senkrechte Achse dargestellt, die an ihrem oberen Ende drei horizontale ungebrochene Linien (»Himmel«) mit drei horizontalen gebrochenen Linien am unteren Ende (»Erde«) verbindet. Sie bilden den positiven und negativen Pol derselben Kraft und die Hauptachse in Fu His System:

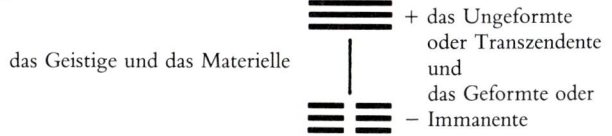

das Geistige und das Materielle ≡ + das Ungeformte oder Transzendente und das Geformte oder − Immanente

Der Mensch hat teil an beiden Polen; denn er hat seine Wurzeln in der Erde wie auch im Universum, und diese zweifache Wurzelung, die seine Doppelnatur bedingt, ist seine große Möglichkeit. Wie Asklepios im V. Kapitel des Corpus Hermeticum sagt: »Der Mensch ist durch seinen sterblichen Leib nicht benachteiligt. Im Gegenteil, diese Sterblichkeit erweitert seine Möglichkeiten und Fähigkeiten. Seine zweifache Aufgabe kann er nur durch seine Doppelnatur lösen: Er ist so beschaffen, daß er sich zu gleicher Zeit das Irdische und das Göttliche zu eigen machen kann.«

Unter irdischen Bedingungen haben wir zwei ähnliche Kräfte: das »Feuer«, in dem (wie in der Sonne) Licht und Wärme vereint sind und das sich nach oben bewegt in Richtung »Himmel«, und ihm polar gegenüberstehend das »Wasser«, dessen Natur Dunkel und Kälte sind und das, der Schwerkraft folgend, nach unten fließt, der »Erde« entgegen, stets bemüht, das niedrigste Niveau zu erreichen. Das Feuer bzw. die Flamme ist hell leuchtend, hat aber ein dunkles Zentrum. Das Wasser hingegen, das von Natur dunkel und kalt ist, hat die Fähigkeit, Licht und Wärme zu absorbieren. Aus diesem Grunde wird das »Feuer« durch zwei ungebrochene Linien und eine gebrochene Linie in der Mitte dargestellt ☲ , während das »Wasser« durch zwei gebrochene Linien und eine ungebrochene positive Linie in der Mitte symbolisiert wird ☵ . Die Symbole liegen im System des Fu Hi auf einer horizontalen Achse, die rechtwinklig zur vorher dargestellten Senkrechten verläuft, um so ihre sekundäre Bedeutung und ihre Zugehörigkeit zu einer anderen Ebene der Wirklichkeit anzudeuten, die sich so verhält wie die Senkrechte zur Horizontalen. Dies ergibt dann folgende Figur:

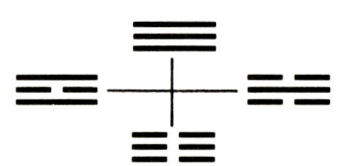

Dabei steht das »Feuer« als lichtes Prinzip im Osten, wo die ihm verwandte Sonne aufgeht, während das Wasser auf der gleichen Achse, aber am entgegengesetzten Pol seinen Platz hat, wo die Sonne untergeht und die Dunkelheit der Nacht aufsteigt.

Aber zwischen der horizontalen und vertikalen Ebene gibt es Kräfte, die mit keinem der bisher beschriebenen fundamentalen Prinzipien identifiziert werden können: zum Beispiel die plötzlichen Energieentladungen, die sich in »Blitz« und »Donner« auswirken, oder die ebenso mysteriöse Lebenskraft, welche die anscheinend tote Materie in lebendige Organismen – nämlich in Pflanzen, Tiere oder Menschen – verwandelt. Diese unsichtbaren Energien, die Natur und Lebewesen in Bewegung setzen, mit anderen Worten, das erregende Prinzip, das mit dem Symbol »Donner« gekennzeichnet wird, wirkt auf die rezeptive oder sensitive Materie und wird deshalb durch eine ungebrochene starke oder schöpferische Linie und zwei darüberliegende gebrochene Linien angedeutet. Diese beiden gebrochenen Linien öffnen sozusagen der an der Basis liegenden Energie den Weg nach oben, was sich in allem Wachstum ausdrückt und die inhärente Richtung des Symbols bestimmt: die Richtung zum Licht ☳ .

Die empfangende und sensitivierte Materie, die durch diese erregende Energie zu organischem Leben und mehr oder weniger bewußtem Fühlen erwacht, strebt dem Licht entgegen, obwohl sie zu gleicher Zeit ihre Wurzeln tief in das Erdreich senkt, aus dem sie ihre Nahrung erhält. Im höher entwickelten, vollbewußten Wesen ist dies nur metaphorisch zu verstehen und trifft doch um so mehr zu, als der erwachte Mensch sich bei aller Geistigkeit seiner irdischen Wurzeln durchaus bewußt ist. Selbst wenn die geistige Entwicklung weit fortgeschritten ist, bleibt die gefühlsmäßige

Bindung zur Erde bestehen, was sich in Mitleid und Verantwortungsgefühl anderen Lebewesen gegenüber ausdrückt, also in einer immer größer werdenden Achtung vor allem Leben.

Der Gegenpol der erregenden Energie ist das Gefühl, das sich nach unten hin öffnet und somit eine gebrochene Linie zur Basis hat, die von zwei starken ungebrochenen Linien überlagert ist: eine Umkehrung des vorigen Zeichens und seiner Richtung (abb – baa). Das Diagramm nimmt somit die folgende Form an:

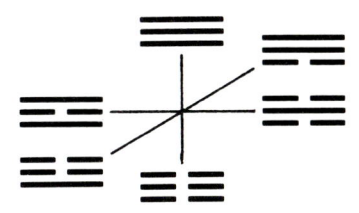

Nur eine Diagonale ist noch unbesetzt, und Fu Hi teilt ihr die Symbole von »Berg« und »See« zu, den Entsprechungen von »Unerschütterlichkeit« oder Charakterstärke einerseits und »Reflexion« bzw. Widerspiegelung oder Denkfähigkeit andererseits. Dies erscheint auf den ersten Blick überraschend, aber die Beziehung zwischen »Berg« und »Bergsee« zeigt ein Bild gegenseitiger Abhängigkeit. Beide sind Formen des Lebens, der »Berg« als formgewordener Ausdruck des Lebens, der »Bergsee« hingegen als Grundlage des Lebens bzw. Leben in seiner Entstehung. Der »Berg« verkörpert die Festigkeit, der »Bergsee« die Transparenz oder Durchdringbarkeit. So steht der »Berg« für Widerstand, der »Bergsee« für Wandelbarkeit entweder im Sinne der Widerspiegelung seiner Umgebung, die auf diese Weise in ein immaterielles Spiegelbild verwandelt wird, oder im Sinne der Verdunstung oder Verflüchtigung seiner Substanz in Form von Nebel, der sich zu Wolken ballt, die den Gipfel des »Berges« umgeben und schließlich als Regen niederfallen. Der Regen wiederum wird vom »Berg« absorbiert, wo er Quellen und Bäche speist, die ihrerseits im »See« aufgehen. So schließt sich der Kreislauf Leben gebärenden Wassers. Aber das ist nicht alles: Der »See« reflektiert das Licht des »Himmels«, wenn seine Oberfläche nicht durch äußere Einflüsse gestört wird. Und selbst der »Berg« wird von seiner unbewegten, ruhigen Oberfläche widergespiegelt. Auf diese Weise sind »Berg« und »See« das Bild sich gegenseitig ergänzender Elemente, obwohl sie völlig verschiedener Natur sind. Darum heißt es im Kommentar des Konfutse, der, ebenso wie Laotse, das I GING zur Grundlage seiner Weltanschauung machte:

> Wasser und Feuer ergänzen einander,
> Donner und Wind stören einander nicht,
> Berg und See stehen in Kraftwirkung miteinander:
> nur so ist Veränderung und Umgestaltung möglich
> und können alle Dinge vollendet werden. *(SG II, § 6)*

Im psychologischen Sinn steht die spiegelnde Oberfläche eines ruhigen Bergsees für die reflektierende Befähigung des menschlichen Geistes. Als man später die Elemente bestimmten Trigrammen gleichsetzte, wurde die polierte spiegelnde Oberfläche von »Eisen« in gleicher Weise als Ausdruck des »spiegelgleichen«, reflektierenden Denkens verstanden. Während nun Reflexion nach außen gewandt ist und daher im wesentlichen intellektueller Aktivität entspricht, deutet das Symbol des »Berges« auf ein Nach-innen-Gerichtetsein und zugleich auf ein Aufwärtsstreben (oder Himmelstürmen), obwohl der »Berg« in der »Erde« als seinem festen inneren Zentrum wurzelt.

Das Symbol »See« ist ein Synonym für »Reflexion« sowohl im Sinne von Widerspiegelung wie Betrachtung, die entweder zur Freude am Schönen oder zur Heiterkeit führt. Als Kontrast steht das

Symbol »Berg« in diesem Zusammenhang für »Ruhe« oder »Stillehalten« (GEN), den Voraussetzungen für geistige Konzentration, die allerdings unter Umständen zur Stärkung des Individualistischen und der Egozentrik führen kann. So hat jedes Symbol seine positiven wie negativen Seiten, da alles von der jeweiligen Proportionalität abhängig ist. Die gleiche Sonne, die so wohltuend ist, kann vernichtend wirken, wenn sie im Übermaß ohne ausgleichende Kräfte auf einen Landstrich scheint.

Das nunmehr vollständige System des Fu Hi ergibt folgendes Diagramm:

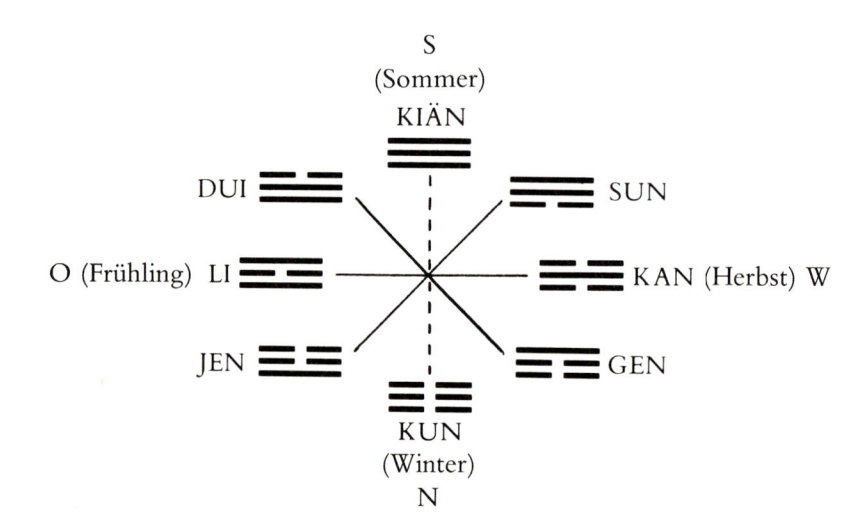

```
                    S
                (Sommer)
                  KIÄN
                  ≡≡≡
        DUI ≡≡           ≡≡≡ SUN
            ≡≡            ≡≡

O (Frühling) LI ≡≡  ────  ≡≡  KAN (Herbst) W
                ≡              ≡≡

        JEN ≡              ≡≡ GEN
            ≡≡            ≡≡
                  ≡≡
                  KUN
                (Winter)
                    N
```

Auf die Himmelsrichtungen übertragen, wurde der Süden mit der Sonne im Zenit assoziiert und daher zugleich mit dem schöpferischen Prinzip des »Himmels« und der Norden dementsprechend mit dem fruchtbaren, empfangenden Schoß der »Erde«, der Kälte und Dunkelheit birgt. LI, das »Feuer«, assoziierte man mit der Geburt des Lichtes im Osten und KAN, das »Wasser«, mit dem versinkenden Licht im Westen und damit zugleich auch mit der unergründlichen Tiefe des Weltalls, die sowohl Gefahren birgt wie den Lohn der Erfüllung. Der chinesischen Tradition entsprechend ist der Süden die Richtung des Vollendeten und dementsprechend oben, während der Norden den unteren Pol bildet, der Osten links und der Westen rechts vom Betrachter liegt.

Wie die Himmelsrichtungen, so wurden auch die Jahreszeiten dem System Fu His vermutlich später zugeordnet, denn die Grundkonzeption Fu His war die paarweise und radiale Anordnung der idealen Kräfte des universell ausgerichteten Menschen. Nachdem jedoch die Himmelsrichtungen in das System eingebaut worden waren, lag es nahe, diese mit den Jahreszeiten zu identifizieren, wobei der Osten mit dem Frühling, der Süden mit dem Sommer, der Westen mit dem Herbst und der Norden mit dem Winter gleichgesetzt wurden.

Aber diese Gleichsetzung ist schwer zu vereinbaren mit der radialen Anordnung der Kräfte, die ja hier in ihrer Polarität dargestellt werden und die erst durch den Zeitfaktor auf der Grundlage ihrer gegenseitigen Ergänzung zu erfahrbaren Gegensätzen werden. Man könnte zum Verständnis gegebenenfalls das Diagramm in zwei Hälften teilen, von denen die eine von JEN bis KIÄN vorwiegend positive oder lichte Kräfte enthält, während in der anderen von SUN bis KUN erdbezogene Kräfte vorherrschen, die dem negativen Pol entsprechen, die aber nicht minder lebenswichtig sind. Die erste Hälfte ist also KIÄN-gerichtet, die zweite hingegen KUN-gerichtet. Die schöpferische Hälfte beginnt mit dem »élan vital« der spontanen Lebenserregung, die ihren Höhepunkt im Licht des »Himmels« findet. Im Bereich der zweiten, der empfangenden Hälfte, wird diese Energie nach innen gerichtet (und erscheint daher vom rein biologischen Standpunkt aus negativ), wobei sie aber sensitiver, rezeptiver und tiefer wird. Darum wird das »Wasser« mit »Tiefe« assoziiert, der »Berg« mit »Ruhe« und die »Erde« mit »Empfänglichkeit«, die alle Keime bewahrt und nährt. Hier sehen wir bereits, daß die Symbole sowohl im materiellen wie im psychologischen Sinne verstanden werden können.

Doch wenn wir das System des Fu Hi in seinem Wesen richtig erfassen wollen, müssen wir seine Grundstruktur erkennen, die auf der paarweisen Anordnung sich gegenseitig ergänzender Kräfte beruht, wobei die Kräftepaare dieselbe Achse haben und somit eine Einheit bilden. Dadurch wurde eine dualistische Haltung vermieden, die einander ausschließende, nicht zu vereinbarende Gegensätze aufriß. Was hier dargestellt wurde, ist das vollkommene Gleichgewicht aller Kräfte, die im gemeinsamen Mittelpunkt ineinander übergehen.

Das System des Fu Hi

KIÄN
DUI
SUN
LI
KAN
JEN
GEN
KUN

Das System des Königs Wen Wang

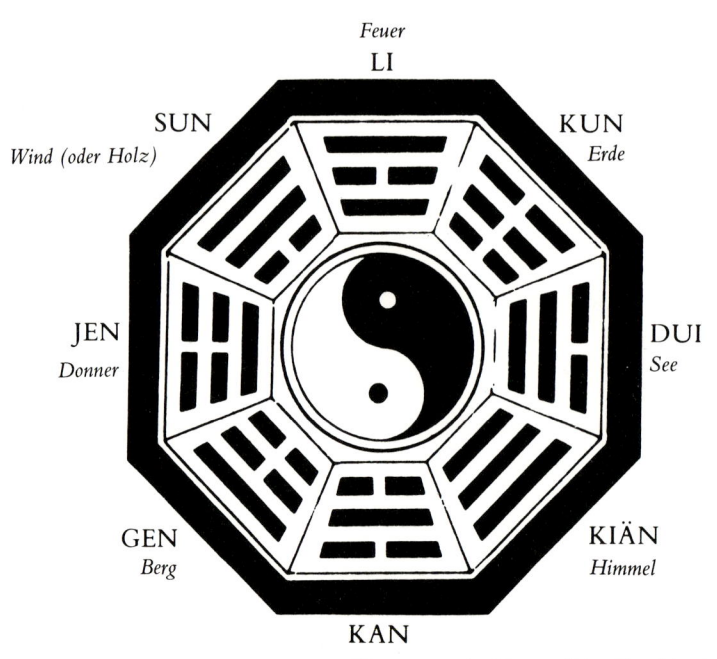

Feuer
LI

SUN
Wind (oder Holz)

KUN
Erde

JEN
Donner

DUI
See

GEN
Berg

KIÄN
Himmel

KAN
Wasser   *(auf dem traditionellen chinesischen Diagramm basierend)*

Die innerweltliche Ordnung oder das System des Fu Hi

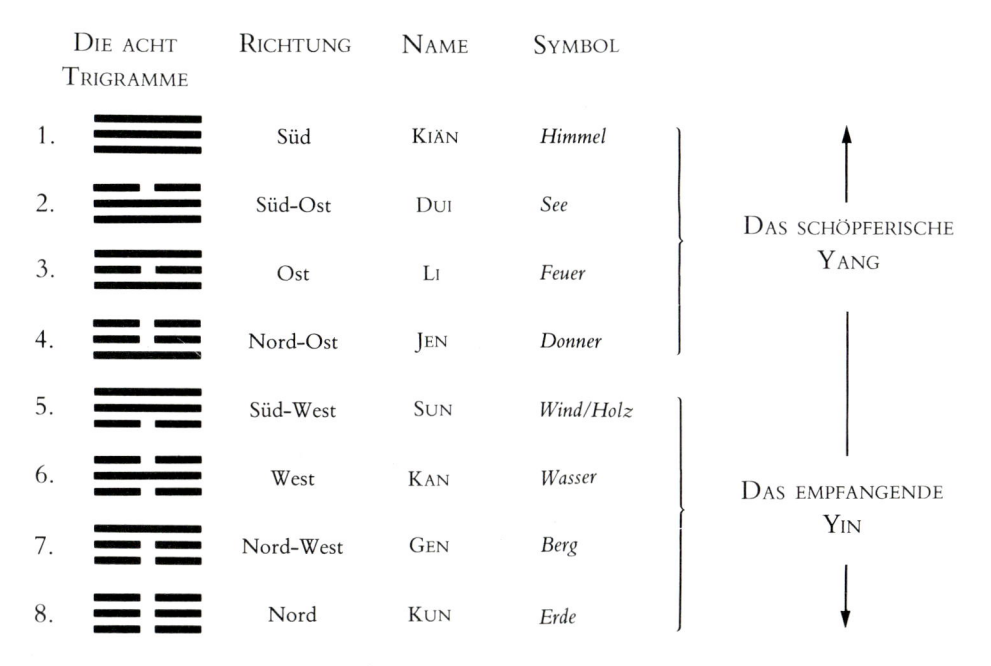

Die acht Trigramme	Richtung	Name	Symbol	
1. ☰	Süd	Kiän	*Himmel*	⎫ ↑
2. ☱	Süd-Ost	Dui	*See*	⎬ Das schöpferische Yang
3. ☲	Ost	Li	*Feuer*	⎬
4. ☳	Nord-Ost	Jen	*Donner*	⎭
5. ☴	Süd-West	Sun	*Wind/Holz*	⎫
6. ☵	West	Kan	*Wasser*	⎬ Das empfangende Yin
7. ☶	Nord-West	Gen	*Berg*	⎬
8. ☷	Nord	Kun	*Erde*	⎭ ↓

Im System des Fu Hi werden die universellen Kräfte von Yang und Yin, das Schöpferische und das Empfangende, die aufwärts und abwärts gerichtete Bewegung betont.

Die zeitliche Ordnung oder das System des Königs Wen Wang

Die acht Trigramme	Richtung	Name	Symbol	Verwandtschaft
1. ☰	Nord-West	Kiän	*Himmel*	Vater
2. ☳	Ost	Jen	*Donner*	1. Sohn
3. ☵	Nord	Kan	*Wasser*	2. Sohn
4. ☶	Nord-Ost	Gen	*Berg*	3. Sohn
5. ☷	Süd-West	Kun	*Erde*	Mutter
6. ☴	Süd-Ost	Sun	*Wind/Holz*	1. Tochter
7. ☲	Süd	Li	*Feuer*	2. Tochter
8. ☱	West	Dui	*See*	3. Tochter

Im System des Königs Wen Wang werden die zeitbedingten Beziehungen betont, unabhängig von Bewegung, Kreativität oder Empfänglichkeit.

IV

Die Unterschiede zwischen den Systemen des Fu Hi und des Königs Wen Wang

> Wir erkennen nicht das Zusammenspiel gegensätzlicher Kräfte.
> Blick auf den Bogen und die Leier.
> Der unsichtbare Sinn der Dinge
> ist harmonischer als der augenscheinliche.
>
> *Herakleitos*

Der Hauptunterschied zwischen den Systemen des Fu Hi und des Königs Wen Wang besteht in der Bedeutungsänderung der senkrechten Achse, durch welche die Hauptprinzipien im System des Königs Wen nicht nur zeitlich bestimmt werden, sondern wodurch auch zugleich eine periphere Entwicklung anstelle einer bloß axialen Gegenüberstellung universaler Kräfte zu erkennen ist. Fu Hi geht von den grundlegenden Prinzipien des Lichtes und der Dunkelheit aus, in denen sich ihm die polare Natur des Universums offenbart. Wen Wang hingegen ist mehr an den irdischen bzw. den unser Leben betreffenden Auswirkungen dieser Prinzipien interessiert. So erscheinen »Feuer« und »Wasser« als die hervorstechendsten und augenfälligsten irdischen Kräfte: Während die nach oben strebende Natur des »Feuers« Licht und Wärme vereint, ist die nach unten gerichtete Kraft des »Wassers« kalt und dunkel, sofern sie nicht unter dem Einfluß von Licht und Hitze steht.

Fu Hi arbeitete mit den Hauptprinzipien »Himmel« und »Erde«, die er zur senkrechten Achse seines Systems machte, während Wen Wang »Feuer« und »Wasser« als die Hauptexponenten irdischen Lebens betrachtete und sein System konsequent um diese Achse aufbaute. Doch ging er dabei nicht von den beiden Extremen »Feuer« und »Wasser« aus, sondern führte den Betrachter schrittweise an sie heran, wobei er sie als Ausdruck der zu- und abnehmenden Kräfte physischen Lebens darstellte, die eng an Körperwärme und Hitze gebunden sind. Indem er von einem bestimmten Punkt der Peripherie (dem der Erregung) ausging und im Uhrzeigersinn fortschritt, führte er uns an die Wendepunkte des Lebens. Er erkannte jedoch, daß geistige Eigenschaften und Befähigungen nicht notwendigerweise mit der körperlichen und biologischen Entwicklung übereinstimmen müssen. So zeigte er uns, daß die Fähigkeiten des geistigen Lebens zunehmen können, während das physische Leben abnimmt.

Den tiefsten Punkt dieses Systems nimmt das Symbol »Wasser« ein. Es steht für »Tiefe« sowohl im geistigen Sinne als auch im Sinne eines unergründlichen Abgrundes, in den wir dann stürzen, wenn wir die Kontrolle über uns selbst verlieren. So kann dieses Symbol sowohl Gefahr als auch geistige Reife ausdrücken.

Das Symbol »Berg« kann in gleicher Weise Stillstand im Sinne von Stagnation und geistigem Tod bedeuten wie auch geistiges Stillsein bzw. inneres Leben und Konzentration im Sinne meditativer Aktivität als Vorbereitung für ein neues Leben, eine geistige Wiedergeburt und Transformation unserer Individualität.

Die Negierung der Individualität und ihre Interpretation als eine rein zufällige Erscheinung, die ohne Bedeutung und Konsequenzen für das Universum, also nichts als eine bloße, aus Nichtwissen geborene Verwirrung sei, ist eine Haltung, die einerseits durch intellektuelle Arroganz und andererseits durch die Enge begrifflichen Denkens hervorgerufen wird. Die Tatsache, daß Leben mit dem Prozeß der Individualisierung gleichbedeutend ist und daß diese Individualisierung mit der Differenzierung und Verfeinerung der Organe wächst, wobei sich gleichzeitig ein sich ständig erweiterndes Bewußtsein entwickelt, das über das Individuum hinausreicht und schließlich das ganze Universum durchdringt, beweist, daß sich Universalität und Individualität nicht gegenseitig ausschließen, sondern einander ergänzen, obwohl sie scheinbar in entgegengesetzte Richtungen streben. Nur wenn man halbwegs stehenbleibt, geschieht es, daß sich Individualität verfestigt, verhärtet und zum Begriff einer Ichheit zusammenschrumpft, welche die Universalität negiert oder ihr widerspricht. In diesem Fall wird Individualität zu einem Hindernis statt zu einem Mittel des Fortschreitens. Sie steht dann unserer Entwicklung wie ein lebloser, nackter Berg im Wege. Doch könnte Individualität uns auch ein Berg sein, der, erklimmen wir ihn, uns zu einem höheren Verständnis des Lebens führt, das uns fördert und erhebt, wodurch die Individualität zunehmend zum Ausdruck eines universellen Charakters wird, der das ausgewogene Gleichgewicht seiner inneren Mitte gefunden hat.

Der Begriff der Individualität wird oft definiert als etwas, das nicht zerteilt werden kann, weil es einer Natur ist. Doch bedeutet das nicht notwendigerweise, daß Individualität vollständig in sich selbst existiere und von allem anderen in der Welt sich unterscheide und von ihm getrennt sei – im Gegenteil.

O b w o h l   I n d i v i d u a l i t ä t   e t w a s   U n t e i l b a r e s   i s t ,   h a t   s i e   g l e i c h w o h l   d i e   G e s a m t h e i t   d e s   U n i v e r s u m s   z u r   G r u n d l a g e .

Man kann dies mittels jenes Hexagramms verstehen, das den »Himmel« als Basis hat, über dem sich der »Berg« erhebt: dieser »Himmel im Berg« ist die Universalität innerhalb der Individualität, in der sich die Ganzheit umfassenden Erlebens in ihrer momentanen und darum einzigartigen Erscheinungsform und Ausgestaltung lokalisiert. Doch diese Einzigartigkeit ist nicht etwas Isolierendes, was zur Trennung und Abkapselung führt, sondern eine Phase innerhalb einer kontinuierlichen Bewußtseinsentfaltung, in der das Leben in seinem universalen Aspekt bewußt wird.

Der »Himmel« im Sinne des Wen Wang ist nicht so sehr die Gewißheit unseres kosmischen Ursprungs, als vielmehr ein Geisteszustand, den wir durch unsere Lebenserfahrung erwerben müssen, um ihn uns – nachdem unsere irdischen Bedürfnisse befriedigt sind – zu eigen zu machen.

In gleicher Weise kann der Zustand der Empfänglichkeit und Offenheit, der durch die Chiffre »Erde« symbolisiert wird, erst dann erreicht werden, nachdem geistige Reife erlangt wurde. Das gleiche gilt von den Zuständen innerer Freude und der Fähigkeit intellektueller Reflexion oder Kontemplation, den Vorbedingungen tieferer Meditation.

Aus all dem ergibt es sich, daß beide Systeme ihre Berechtigung haben:

Die abstrakte Ordnung des Fu Hi stellt die Welt in ihrem grundlegenden Kräftespiel dar, wie es sich von einem universellen Standpunkt aus darstellt, nämlich als das polare Spiel entgegengesetzter Prinzipien. Um diese Polarität zu verstehen, müssen wir diese Prinzipien radial auf entsprechenden Achsen anordnen, so daß dieselbe Achse die positive wie die negative Seite derselben Kraft oder Tendenz darstellt.

Um aber die zeitliche Anordnung des Wen Wang richtig zu verstehen, »müssen wir sie immer als transparent sehen, so daß die urweltliche Ordnung (des Fu Hi) durch sie sichtbar ist«, wie Richard Wilhelm sagt. Dies ist ein wichtiger Hinweis, der leider, wie es scheint, von den Lesern Wilhelms unbeachtet blieb.

In den nachfolgenden Kapiteln, welche die dominierende Rolle der abstrakten oder innerweltlichen Ordnung des Fu Hi darstellen, ohne die unsere zeitliche Ordnung nicht in Erscheinung hätte treten können, werden wir sehen, wie recht er hatte. Denn wir müssen unser Leben in dieser Welt in einem größeren Zusammenhang sehen, nämlich gegen einen universellen Hintergrund, in dem die Zeit nur zusätzlich, nicht aber als ein wesentliches Prinzip auftritt. Würde man andererseits die Komponente »Zeit« völlig ausschließen, würden die polaren Kräfte, die sich auf den gleichen Achsen gegenüberstehen, einander so vollständig ausgleichen, daß sie sich gegenseitig aufhöben; jegliche Bewegung und damit alles Leben und alle Entwicklung kämen damit an ein Ende.

Wenn wir daher die Welt, in der wir leben, darstellen wollen, so müssen wir, ausgehend von der innerweltlichen (oder »urweltlichen«) Ordnung des Fu Hi, eine Neuordnung der Grundelemente einführen und dabei die Dimension der Zeit berücksichtigen bzw. irgend etwas einführen, das imstande ist, das Gleichgewicht der polaren Kräfte zu brechen. Das aber ist etwas, was die meisten Religionen in ihrem Streben nach Vollkommenheit übersehen. Sie vergegenwärtigen sich nicht, daß absolute Vollkommenheit nichts anderes sein würde als absoluter Stillstand, Stagnation und geistiger Tod. Das Ideal des »vollkommenen Heiligen« würde in einer unmenschlichen Gestalt, in einem Roboter, einem gefühllosen, versteinerten, in sich abgekapselten und in jeder Weise abgestorbenen Individuum enden. Dieses Ideal wurde deshalb durch das eines mitfühlenden, mitleidenden und von Erbarmen erfüllten Weisen ersetzt, dessen menschliche Charakterzüge und Eigenschaften ebenso liebenswert waren wie seine Weisheit verehrungswürdig. Später zum taoistischen Ideal erhoben, verschmolz es im *Ch'an*-Buddhismus mit dem *Bodhisattva*-Ideal des *Mahāyāna,* in dem sich Erleuchtungsbewußtsein und menschliches Streben in uneingeschränkter Offenheit allen Forderungen und Gegebenheiten der Welt wie der auf ihr lebenden Wesen erschloß, und das auch dann noch, wenn vollkommene Erleuchtung erreicht war. Denn Vollendung bedeutet nicht ein Ausruhen auf den Früchten einer erreichten Heiligkeit, sondern drängt vielmehr danach, die eigene Befreiung mit allen Wesen zu teilen. Der *Bodhisattva* verzichtet nicht auf *Nirvāṇa,* hier gemeint im Sinne einer vollkommenen Erleuchtung und Befreiung, indem er selbst absichtlich in einem Zustand der Unwissenheit verharrt, damit er in der Welt wiedergeboren werde, was uns Menschen dogmatisch engen Glaubens und geringen Verstehens einreden wollen. Denn während nach buddhistischer Anschauung Verlangen und Nichtwissen immer erneut zu Tod und Wiedergeburt führen, war die Motivation des *Bodhisattva,* immer wiedergeboren zu werden, von seinem Mitempfinden mit der leidenden Menschheit bestimmt.

Die Aufhebung des Nichtwissens im Augenblick der Erleuchtung bedeutet jedoch nicht, daß nun »Allwissenheit« erlangt wäre. Es bedeutet vielmehr das Durchschauen und Überwinden der Ich-Illusion, d.h. die Überwindung des Nichterkennens unserer wahren Natur und die Überwindung von Gier, Haß und Verblendung. Ein Weiser ist somit ein Mensch, dem das Licht des Geistes zum Leitstern seines Lebens geworden ist und dem die Welt nun nicht mehr unter dem Aspekt der Zeit, sondern *sub speciae aeternitatis,* also gegen den Hintergrund universaler Gesetze und Kräfte erscheint, wie dies Fu Hi vorschwebte. Er hat alle Selbstsucht überwunden und wird von der Illusion des Getrenntseins bzw. des Für-sich-Alleinstehens in Vereinzelung nicht mehr irregeführt. Seine Erleuchtung ist völlige Transparenz und geistiges Geöffnetsein und in keiner Weise geistiger Stillstand. Diese Konzeptionen kommen dem Verständnis des späteren Buddhismus sehr nahe und machen verständlich, warum die Lehren des *Mahāyāna* in China eine so bereitwillige Aufnahme fanden, daß der Buddhismus dieser Prägung zur vorherrschenden Religion wurde, in der *Nirvāṇa* und *Saṃsāra* keine unversöhnlichen Gegensätze waren, sondern sich wie Yin und Yang in einer höheren Wirklichkeit gegenseitig bedingten und eine Ganzheit bildeten. *Nirvāṇa,* der Zustand der Erleuchtung, und *Saṃsāra,* der Kreislauf der Geburten, wurden als das erkannt, was sie sind: die zwei Seiten derselben Wirklichkeit.

Die große Idee hinter dieser Beobachtung einer Beziehung zwischen dem Höchsten und dem Niedrigsten der menschlichen Natur, die (wie man sagt) nur von den größten Meistern verwirklicht wurde, wird im *Vajrayāna* als die essentielle Identität von *Saṃsāra* und *Nirvāṇa* betrachtet: »*Nirvāṇa* ist das völlige Durchschauen oder völlige Verstehen des *Saṃsāra*.«[10]

Erwin Rousselle, der bekannte Sinologe, wurde mit demselben Problem in einem Gespräch konfrontiert, das er mit einem buddhistischen Abt führte, der ihm die Identität von *Nirvāṇa* und *Saṃsāra* zu erklären versuchte. »Wenn dem so ist«, sagte Rousselle, »dann gibt es keine Erlösung, dann bin ich von je erlöst. Wieso lehrt Ihr dann noch Erlösung?« – Der Abt: »Das stimmt. Im Grunde gibt es keine Erlösung. Der Erleuchtete erlebt ständig das Diesseits als Jenseits und die Zeit als Ewigkeit. D i e s e s E r l e b n i s i s t d i e E r l ö s u n g. Was sollte es sonst noch für eine Erlösung geben? Wer aber Erlösung noch nicht besitzt, dem fehlt eben dieses Erlebnis, und es nützt ihm kein philosophisches Wissen, daß Diesseits und Jenseits eines sind, solange er noch nicht das Erlebnis der Erleuchtung hat. Infolgedessen ist für den unerleuchteten Menschen diese Einheit noch nicht Wirklichkeit, und er ist daher in diese Welt der Gegensätze und der Kausalität eingespannt.«

Das Erlebnis der Erleuchtung aber führt – wie bereits dargestellt – zu einem völligen Geöffnetsein, charakterisiert durch die Befähigung, stets neues Wissen zu erwerben, entsprechend den dauernd wechselnden Bedingungen in dieser Welt. Der erleuchtete Mensch geht seiner Menschlichkeit nie verlustig, wie er auch nie nach einem himmlischen Paradies streben wird, das nur die eigene Glückseligkeit bedeutet bei gleichzeitiger Negierung allen bestehenden Leides in der Welt. Denn daß Freude ohne Leiden denkbar wäre, ist ebenso unmöglich wie Licht ohne Dunkelheit. Nur ein ganz naiver Mensch kann an solche Idealvorstellungen glauben. Leben ist gleichbedeutend mit Wechsel, Veränderung, Transformation. Jeder Stillstand ist Tod. Wenn wir daher die Welt in ihrer erlebbaren Wirklichkeit darstellen wollen, d.h. den dynamischen Aspekt der Welt unserer Erfahrung, müssen wir die Anordnung der Trigramme entsprechend dem hier im Vordergrund stehenden Zeitelement ändern. Daher heißt es: »Es gibt keine größeren Urbilder als ›Himmel‹ und ›Erde‹. Nichts ist veränderlicher und dennoch zusammenhängender als die vier Jahreszeiten.« (*Shuo Gua* XI). Dieses Zeitelement ist aber nur durch den ständigen Wechsel wahrnehmbar, und dieser Wechsel ist wiederum von einer geringen Abweichung vom Zustand vollkommenen Gleichgewichts abhängig – einer kaum bemerkbaren Unregelmäßigkeit –, die eine Ausgleichstendenz hervorruft, ein Oszillieren von Kräften, die mit den auf- und abschwingenden Schalen einer Waage vergleichbar sind. Während aber jede Waage zum Stillstand kommt, nachdem sie ihr Gleichgewicht gefunden hat, besteht die Welt aus unzähligen Kräften, und die Verschiebung einer derselben hat eine unmittelbare Reaktion aller zur Folge. Diese Reaktion jedoch wirkt nicht mit gleicher Stärke auf alle Faktoren ein, sondern beeinflußt sie entsprechend der Wertigkeit, der Bedeutung oder entsprechend der Enge ihrer Beziehungen. Auf diese Weise wird eine ununterbrochene Bewegung hervorgerufen, die endlos in der Zeit und unendlich im grenzenlosen Raum fortwirkt, da hier eine unbegrenzte Anzahl von Faktoren mitwirken.

Die Elemente der Unendlichkeit und Kontinuität werden durch die kreisförmige Anordnung der Trigramme dargestellt, also in einer Weise, die keinen ersten Anfang und kein letztliches Ende kennt und deshalb beliebig oft unterteilt werden kann, obwohl das *Buch der Wandlungen* selbst sich nur mit einer begrenzten Anzahl von Faktoren begnügt, die alle wesentlichen Situationen des Lebens berücksichtigt. Die Bewegung der Faktoren bestimmt die Umformung des Systems, wobei dessen abstrakte axiale Anordnung der universellen Prinzipien der ausschließlich schöpferischen bzw. rezeptiven Symbole umgewandelt wird in ein System, dessen Symbole dem zeitlichen und individuellen Leben zugeordnet werden. Diese Symbole nun haben eine festumrissene Bedeutung, lassen aber der Intuition genügend Spielraum, um der jeweiligen Situation gerecht zu werden.

Sofern jedoch Intuition keinen klaren Ausdruck in unserem Denken findet, kann sie keinen Einfluß auf unser Leben haben, sondern wird sich im Nebel unbestimmter Gefühle, traumhafter

Vorstellungen und Gesichte verlieren; denn keine Kraft kann wirken, sofern sie nicht geformt und gerichtet ist. Andererseits müssen Gedanken und Erkenntnisse, die nur auf der intellektuellen Ebene entwickelt worden sind, in unmittelbarer Erfahrung im Zentrum unseres Daseins ihre Bestätigung finden. Nur dann werden sie Teil unserer selbst werden und sind fähig, unser Leben zu verwandeln und im tiefsten Wesen zu formen.

Deshalb werden in der Anwendung auf das praktische Leben die ausschließliche Schöpferkraft und die ausschließliche Rezeptivität, wie sie durch die abstrakten Prinzipien »Himmel« und »Erde« symbolisiert werden, durch ihre elementaren Gegenstücke »Feuer« und »Wasser« ersetzt, die im System des Königs Wen Wang die vertikale Hauptachse seines Diagramms bilden, während »Donner« und »Berg« jeweils auf den entsprechenden Achsen von »Himmel« und »Erde« zu finden sind, d. h. in Kombination mit Symbolen, die eine gewisse Affinität zu ihnen aufweisen, so wie »Donner« nicht ohne »Blitz« sein kann (ein Energieausbruch in enger Beziehung zur Sonne) und »Berg« ein Symbol der »Erde« in einer bestimmten Ausformung ist. Dies aber zeigt, daß wir es hier nicht mit polaren Gegensätzen zu tun haben und daß die Anordnung der Faktoren (der Trigramme oder Guas) nicht auf axial angeordneten Gegensätzlichkeiten aufgebaut ist, sondern auf einer zeitlichen Aufeinanderfolge peripherer Geschehnisse. Wir gehen hier also nicht von einem Achsensystem aus, das wie ein Stern aus sich in einem Mittelpunkt überschneidenden Linien geformt ist, sondern folgen vielmehr dem äußeren Kreis, der die Peripherie bildet. Die Zeit ist somit als ein Phänomen der Oberfläche des Bewußtseins zu verstehen und ist deshalb relativ und von sekundärer Bedeutung. Sie hängt von keinem Mittelpunkt ab, sondern von den im Fluß des Lebens jeweils wechselnden Standpunkten.

Das System des Fu Hi ist somit polar und axial zu lesen, während das System des Wen Wang peripherisch zu verstehen ist. Aber »Feuer« und »Wasser«, die Elemente des Warmen und des Kalten, des Hellen und des Dunklen, verhalten sich wie Yang und Yin, indem die nach oben strebende Flamme einen dunklen Kern enthält (wie der dunkle Punkt im hellen Yang), während das nach unten strebende »Wasser« Durchsichtigkeit und somit Lichtdurchdringbarkeit besitzt (wie der helle Kern im dunklen Yin). Dementsprechend besteht das Trigramm für »Feuer« aus zwei hellen (oder ungebrochenen) Linien, in deren Mitte sich eine dunkle (oder gebrochene) Linie befindet, während das Trigramm für »Wasser« aus zwei dunklen (oder gebrochenen) Linien besteht, in deren Mitte sich eine helle (oder ungebrochene) Linie befindet.

↑ ☲   ↓ ☵
Feuer   Wasser

Die Linie, welche die Basis bildet, entscheidet die Richtung: eine ungebrochene, helle Linie weist nach oben, eine dunkle, gebrochene Linie hingegen weist nach unten. Somit wird das Element »Feuer« mit einem mit der Spitze nach oben weisenden Dreieck bezeichnet △, während das Element »Wasser« durch ein mit der Spitze nach unten weisendes Dreieck dargestellt wird: ▽.

Beide zusammen in ihrer Verschränkung symbolisieren die Ganzheit des Lebens und bilden das Hexagramm, ein in den verschiedensten Kulturen bekanntes meditatives Symbol.

✡

Daher heißt es: »Wasser und Feuer vollenden einander, Donner und Wind stören einander nicht, Berg und See bestehen in Gegenseitigkeit. Nur auf diese Weise ist Wechsel und Transformation möglich und können alle Dinge vollendet werden.« *(DC)*

Im polaren bzw. axialen System des Fu Hi ist diese Vollendung durch die höhere Einheit der Gegensätze auf der jeweils gleichen Achse angedeutet.

Im System des Königs Wen Wang hingegen besteht die Vollendung in einem Kreislauf entlang der Peripherie, auf der die Elemente nicht polar angeordnet sind, sondern entsprechend ihrer zeitlichen Aufeinanderfolge, d. h. entsprechend ihrer Entwicklung im menschlichen Leben. Diese aber vollzieht sich auf verschiedenen Ebenen, und entsprechend diesen Ebenen wechselt die Bedeutung der einzelnen GUAS, wie wir aus der Tabelle Seite 58 ersehen können.

So ist im System des Wen Wang die Bedeutung der GUAS sehr viel komplizierter als sie zu Zeiten des Fu Hi war, der, vom universellen Aspekt ausgehend, das Irdische mehr vom Standpunkt allgemeingültiger Prinzipien betrachtete. Wen Wang hingegen bemühte sich, diese Prinzipien auf das irdische Leben anzuwenden, was ihm weitgehend gelang, jedoch unter Vernachlässigung jener allgemeingültigen Gesetze, die nicht nur den Menschen, sondern auch seine gesamte Umgebung betreffen.

Zudem wurde bisher, wie mir scheint, eine grundlegende Tatsache vollkommen übersehen: Wir haben fünf sogenannte »Elemente«, aber acht GUAS. Daher müssen die GUAS in zwei Klassen eingeteilt werden: solche, die als »Elemente« betrachtet werden bzw., korrekter ausgedrückt, solche, die aus ewig wiederkehrenden, gleichwohl vergänglichen Zuständen unserer Welt bestehen, und solche, die stets gegenwärtige Zustände repräsentieren wie das F o r m l o s e und das G e f o r m t e sowie jene vitale Kraft, die wir als »Erregung« bzw. als *élan vital* bezeichnen und die in der Natur in den mysteriösen Entladungen elektrischer Kräfte zu beobachten ist und die andererseits, wie es scheint, alle anderen Kräfte in Bewegung setzt. Obwohl spätere chinesische Kommentatoren diese Tatsache – die Einteilung der GUAS in zwei Klassen – zu verbergen suchten, indem sie die ersten drei GUAS gewissen Elementen zuordneten, um dann sämtliche GUAS als Elementarkräfte erklären zu können, so ist diese ihre Manipulation doch in keiner Weise überzeugend und logisch, zumal feststeht, daß nur fünf der GUAS mit den »Elementen« der chinesischen Tradition identisch sind.[11]

Um nun diesen Konzeptionen der GUAS gerecht zu werden, müssen die von Fu Hi gegebenen Natursymbole in einem weitaus umfassenderen Sinn gesehen und verstanden werden. Dies sei an den Begriffen DUI und SUN demonstriert. Im System des Königs Wen Wang entspricht DUI nicht nur dem Begriff »See« als einer Ansammlung von Wasser im ruhenden Zustand, sondern bezeichnet vor allem die spiegelnde, reflektierende Oberfläche, die mit der polierten Oberfläche des Eisens vergleichbar ist und deshalb mit dem Element »Eisen« gleichgesetzt wurde. »Eisen« besitzt als weitere Eigenschaft die Möglichkeit des Verflüssigtwerdens und des Verdampfens. Auf den »See« bezogen, führt diese Verdampfung zur Bildung von Dunst, Nebel und Wolken. Daher ist DUI nicht nur Strahlung im Sinne eines Lichtreflexes oder einer Spiegelung, sondern zugleich auch »Verflüchtigung«, und zwar im Sinne nichtstofflicher Verdunstung, formlosen Nebels und unfaßbarer Wolkengebilde. Diese aber sind ebenso nichtsubstantiell wie Gedankentätigkeit auf der Oberfläche unseres Bewußtseins. Das besagt jedoch nicht, daß kontemplatives oder reflexives Denken wertlos sei, sondern lediglich, daß Denken nicht die einzige Quelle geistiger Erfahrung ist. Auch intellektuelle Betätigung kann einen wertvollen Beitrag zu unserer individuellen Entwicklung beisteuern. Wenn in DUI die innere und die äußere Welt in eins verschmelzen, so kann dies durch die so entstehenden ästhetischen und kontemplativen Geisteszustände zu einem Gefühl der Heiterkeit und inneren Freude führen. So vereinigen sich in DUI drei scheinbar gänzlich verschiedene Eigenschaften, deren gemeinsamer Nenner darin besteht, daß es sich um die subtile, aber gleichwertige Auswirkung verschiedenartiger »Elemente« handelt.

Etwas Ähnliches können wir im Falle des Gua SUN beobachten, das sowohl Bewegung im physischen Sinne (also »Wind« oder bewegte Luft) als auch Emotion oder Gemütsbewegung bzw. »Gefühl« im allgemeinen bedeuten kann. »Luft« ist das bewegende, eindringende, Leben erzeugende und Leben erhaltende Element. Es steigt als Saft in den Pflanzen empor und verdichtet sich im Holz und in allen faserigen Gebilden des pflanzlichen und tierischen Lebens. So steht »Holz« bzw. »Baum« für die Verwandlung anorganischer Materie in organische Substanz, ein Prozeß, der durch den Einfluß der Luft ermöglicht wird.

Auch die anderen GUAS haben eine Vielfalt von Bedeutungen je nach der Ebene ihrer Anwendung oder dem Zusammenhang, in dem wir sie betrachten. Doch sind ihre Symbole leichter zu verstehen und nicht so vieldeutig wie DUI und SUN.

Durch die Gegenüberstellung von »See« und »Berg« in Fu His polarer Anordnung ist der Gleichnischarakter dieser beiden Symbole vollendet zum Ausdruck gebracht, und sie sind daher leicht verständlich: Hier stehen Festigkeit und Substantialität des Berges der Flüchtigkeit und Heiterkeit des Bergsees polar gegenüber, wobei sich beide zugleich auf das Vollkommenste ergänzen. Während die Reflexe der Wasseroberfläche im wesentlichen nach außen gerichtet sind und somit intellektueller Betätigung entsprechen, steht das Symbol des Berges für die nach innen gerichtete Tätigkeit des Geistes und damit – trotz seiner »himmelstürmenden« Natur – für innere Ruhe und Festigkeit.

»Das Innere und das Äußere bestehen nicht in einem Gegen-, sondern in einem Füreinander ... So drückt sich das Vorhandensein der lebendigen Mitte immer im subtilen Gleichgewicht von zwei Polen aus, wobei ein einseitiges Überwiegen des einen Pols ein Mißverhältnis zwischen Himmel und Erde, der Welt und dem Selbst hervorbringt. Ebenso wie die Unfähigkeit, die rechte Mitte herzustellen, immer eine Störung des lebendigen Ganzen bedeutet, so ist die lebendige Mitte nichts als jener Zustand, in dem das Ganze im richtigen Spannungsverhältnis der Pole lebendig gehalten wird.«[12]

V

Das zeitbedingte System des Königs Wen Wang

> Die menschlichen Gesetze haben ihren Ursprung im göttlichen Gesetz,
> das allumfassend und einheitlich ist
> und alles nach seinem Willen durchdringt,
> um menschlichem Streben zu dienen.
> Es ist mächtiger als alle menschlichen Gesetze.
>
> *Herakleitos*

Das sogenannte »innerweltliche« System des Fu Hi, das auf die frühesten Zeiten chinesischer Kultur zurückgeht, wurde nach etwa tausend Jahren durch das System des Königs Wen Wang und des Herzogs von Chou ersetzt, die die zeitliche Bedingtheit allen Geschehens zum Ausgangspunkt ihrer Betrachtungen machten, indem sie den Begriff der Zeit als Hauptmerkmal für die Entwicklung menschlichen Lebens einführten. Sie betrachteten die vier Jahreszeiten als die bestimmende Ursache unseres Zeitempfindens. Dieser Auffassung entsprechend ersetzten sie das axiale System paarweise angeordneter Eigenschaften, die als sich entsprechende und sich gegenseitig kompensierende Gegensätze bzw. als polare Kräfte in Erscheinung traten. Dann ordneten sie diese Eigenschaften unabhängig von ihrer ursprünglichen Beziehung derart an, daß sich die verschiedenen Lebensstadien unter dem natürlichen Einfluß der Jahreszeiten und den irdischen Bedingungen darstellten. Anstelle der axialen Ordnung schufen sie eine Aufeinanderfolge von Zuständen, die sich, der Peripherie des Kreises folgend, im Uhrzeigersinne bzw. in Richtung des scheinbaren Sonnenlaufs nacheinander ergaben. Um alle nur möglichen Ereignisse des Lebens zu erfassen, verdoppelten sie die Linien der dreigliedrigen GUAS zu Hexagrammen: »Indem sie die Ordnung der äußeren Welt bis in die letzte Einzelheit beobachteten und das Gesetz der inneren Welt in seinem tiefsten Sinn erforschten, gelangten sie zum Verständnis des Schicksals«, heißt es im *Shuo Gua (Besprechung der Zeichen)* in einem Hinweis auf die 64 Hexagramme. In der Großen Abhandlung, dem *Da Chuan* (II, 10) heißt es: »Die *Wandlungen* sind ein Buch, weit und groß, in dem alles vollständig enthalten ist. Es ist der Sinn des Himmels darin, der Sinn der Erde und der Sinn des Menschen. Er faßt die drei grundlegenden Kräfte zusammen und verdoppelt sie. Um diese Verdoppelung auszudrücken, werden die Trigramme zu Hexagrammen gewandelt, deren sechs Linien nichts anderes als die Wege der drei Grundkräfte darstellen.« *(DC)* So verwandeln wir die Visionen unseres Herzens durch die Vereinigung von Intuition und schöpferischer Vorstellung einerseits mit dem klaren Denken und der Beobachtung der Naturgesetze andererseits in verständliche Symbole bzw. in Gleichnisse in der Sprache jener Welt, in der wir leben.

»Weil ein Symbol nie aufhört, Träger von Assoziationen und Vorstellungen zu sein, die im Augenblick ihrer Entstehung unsere Aufmerksamkeit auf sich ziehen, wird es für den geschulten Geist zum Vermittler aller Beziehungen und Vorstellungen, befähigt, all das hervorzubringen und darzustellen, was der Suchende sich bewußt zu machen wünscht. Es gibt ein ewiges und allgemeingültiges Bezugsschema, innerhalb dessen Symbolismus das angemessenste Identifikationsmedium ist. Aus diesem Grunde kann man mit Recht sagen, daß alles, was existiert, unbesehen seiner objektiven Natur oder Funktion, ein Symbol ist.«[13]

Goethe sprach denselben Gedanken aus, wenn er sagte:

> Alles Vergängliche
> Ist nur ein Gleichnis;
> Das Unzulängliche,
> Hier wird's Ereignis;
> Das Unbeschreibliche,
> Hier ist's getan.

So heißt es auch im *Shuo Gua* I: »Die heiligen Weisen von Alters machten das *Buch der Wandlungen* also: Sie wollten den Ordnungen des inneren Gesetzes und des Schicksals nachgehen. Darum stellten sie den *Sinn* (TAO) des Himmels fest und nannten ihn: das Dunkle und das Lichte. Sie stellten den *Sinn* (TAO) der Erde fest und nannten ihn: das Weiche und das Feste. Sie stellten den *Sinn* (TAO) des Menschen fest und nannten ihn: die Liebe und die Gerechtigkeit. Diese drei Grundkräfte nahmen sie zusammen und verdoppelten sie. Darum bilden im *Buch der Wandlungen* immer sechs Linien ein Zeichen (Hexagramm). Die Plätze werden eingeteilt in dunkle und lichte, darauf stehen abwechselnd weiche und feste. Darum hat das *Buch der Wandlungen* sechs Plätze, die die Linienfiguren bilden.« *(Shuo Gua I,2)*

Linien
- 6. YIN (dunkel) — — gebrochen = weich ⎫ Himmel (Gehalt)
- 5. YANG (licht) ——— ungebrochen = fest ⎭
- 4. YIN (dunkel) — — gebrochen = weich ⎫ Mensch (Subjekt)
- 3. YANG (licht) ——— ungebrochen = fest ⎭
- 2. YIN (dunkel) — — gebrochen = weich ⎫ Erde (Objekt)
- 1. YANG (licht) ——— ungebrochen = fest ⎭

Dies gibt uns das Grundschema, das in jedem der 64 Hexagramme des *Buches der Wandlungen*, entsprechend obwaltender Bedingungen, modifiziert wird. So hängt die Reihenfolge von »hoch« und »niedrig« (von edel und gewöhnlich) von den unterschiedlichen Linien ab, der Ausgleich zwischen »groß« und »klein« vom Symbol in seiner Ganzheit und die Unterscheidung von günstigen und ungünstigen Bedingungen von den Urteilen.

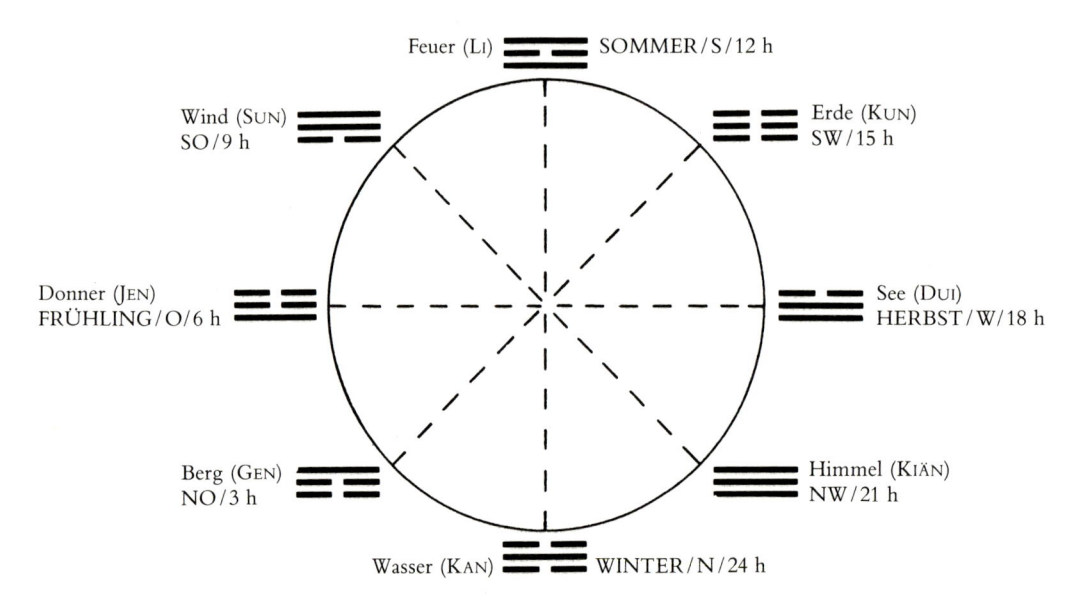

Feuer (LI) — SOMMER/S/12 h
Wind (SUN) SO/9 h
Erde (KUN) SW/15 h
Donner (JEN) FRÜHLING/O/6 h
See (DUI) HERBST/W/18 h
Berg (GEN) NO/3 h
Himmel (KIÄN) NW/21 h
Wasser (KAN) WINTER/N/24 h

Daß diese Anordnung der Kräfte der tatsächlichen Entwicklung in unserer raum-zeitlich bedingten Welt entspricht, zeigt sich in der Aufeinanderfolge der Jahreszeiten (bedingt durch die Ekliptik der Erdachse), dem Grundprinzip unseres Zeitsinnes, in ihrem Kreislauf entsprechend dem Uhrzeigersinn. Wir beginnen dabei an jenem Punkt, an dem die Lebenskraft in Erscheinung tritt, d. h. an jenem Punkt, der dem Beginn des Frühlings im Rhythmus der Natur entspricht. In diesem Sinne können wir auch sagen, daß die Aufeinanderfolge der Symbole nicht ihrem dynamischen Wert entspricht, sondern daß die Symbole entsprechend ihrem zeitlichen Auftreten angeordnet sind.

Da in der Natur die Dinge nicht in geradliniger Weise aufeinanderfolgen (wie dies für unsere Logik charakteristisch ist) und auch nicht unserer angenommenen Priorität dynamischer oder rezeptiver Werte entsprechen, sondern eher einer Bewegung folgen, die der rhythmischen Bewegung eines Pendels gleicht, wechseln sie ständig die Richtung ihrer Impulse. In gleicher Weise wechselt der Rhythmus der Natur zwischen Perioden der Aktivität und Passivität, der Tätigkeit und der Ruhe, des Schöpferischen und des Empfangenden. So folgt dem schöpferischen Stimulus des Erregenden (JEN ☳), das im Osten von Wen Wangs Diagramm steht und so die aufgehende Sonne und den Frühlingsanfang kennzeichnet, das Wachstum und die innere Entwicklung, die durch das sanfte und rezeptive Symbol des Gefühls (SUN ☴) dargestellt wird. Darum heißt es in der *Besprechung der Zeichen (Shuo Gua):* »Alle Wesen stehen im Zeichen von JEN. JEN ist im Osten. Sie wachsen im Zeichen SUN, das im Südosten steht.« Sie erreichen ihre volle Reife in der Helle und Wärme von LI ☲, dem Symbol des »Feuers« und des Mittags. Von ihm heißt es im *Shuo Gua*: »Das Haftende ist die Helle, in der alle Wesen einander erblicken. Es ist das Zeichen des Südens.« Das individuelle Bewußtsein erreicht hier seinen Höhepunkt im Sinne des *principium individuationis*. Die Lebenskraft ist voll entwickelt, aber auch das Haften an dieser Lebensform. Erst im folgenden Stadium, das mit KUN bezeichnet wird, entwickeln sich die feineren Eigenschaften des Lebens.

KUN, das LI folgt, ist das Symbol der »Erde«, die sowohl rezeptiv wie produktiv ist, nachdem sie durch die schöpferischen Kräfte des Lichtes und der Wärme zu neuem Leben erwachte. Das Zeichen KUN ☷ wird hier also zum Symbol des fruchtbaren Bodens, der alles ernährenden Erde, und ist hier noch nicht zu jenem abstrakten Begriff des Irdischen oder der »Erde« als dem Gegenpol zum »Himmel« oder dem unbegrenzten Weltraum reduziert. Das Zeichen KUN bezeichnet die Zeit der Ernte und führt zu jener Periode der Entspannung und Freude, die nach eingebrachter Ernte zu stiller Betrachtung und Besinnung führt. Diese Zeit entspricht dem Herbst bzw. dem Abend, an dem des Tages Werk und Mühen beendet sind, die nun einer kontemplativen Haltung Platz machen. So heißt es: »Er erfreut sich im Zeichen von DUI ☱ .«

Aber nach dieser kontemplativen Ruhepause beginnt der Kampf von neuem: Die schöpferischen Kräfte erwachen wieder, aber diesmal mehr auf das Innere als auf das Äußere gerichtet, da die Mächte der Dunkelheit uns zu überwältigen drohen. Der Winter und die Dunkelheit der Nacht sind im Anzug. »Er kämpft im Zeichen des Schöpferischen (KIÄN ☰). KIÄN ist das Symbol des Nordwestens. Es bedeutet, daß Dunkelheit und Licht sich gegenseitig bedingen und anregen.« *(SG)*

KIÄN ist somit hier nicht das reine Prinzip des Himmels, sondern das Prinzip der schöpferischen Kräfte im irdischen Leben bzw. im Kampf ums Dasein. Das Jahr erreicht nun seine dunkelste und kälteste Zeit. Mit dem Winter weicht das Licht des Tages zunehmend der Dunkelheit und der Nacht. Das wird im Symbol KAN ☵ dargestellt, dem Element des Abgrundes und der Gefahr – der dunklen Schlucht, in die das Wasser fällt. Sein Platz ist im Norden. Schließlich jedoch werden die Bemühungen, die das Leben durch Nacht und Winter aufrechterhalten haben, von Erfolg gekrönt und finden ihre Erfüllung und Vollendung im Symbol von GEN ☶, dem Symbol des Stillehaltens, der Ruhe und Beständigkeit des Nach-innen-Gerichtetseins, das, auf der »Erde«

ruhend, zum »Himmel« aufstrebt (dargestellt durch die starke obere Linie). Darum heißt es in der *Besprechung der Zeichen:* »Er bemüht sich im Zeichen des Abgründigen. Er vollendet sich im Zeichen des Stillehaltens.« *(SG II)* GEN, der »Berg«, hat seinen Platz im Nordosten. Und so, wie sich um seinen Gipfel Wolken formen, so sammeln sich die latenten Energien, die sich in der Ruhe der Nacht bzw. des Winters kondensieren und anreichern konnten, um als Blitz und Donner hervorzubrechen. Die aufgespeicherten Lebenskräfte sind wieder freigesetzt. So hat sich nun der Jahreszyklus vollendet, und ein neuer beginnt. Auf den kleineren Tageskreislauf bezogen, bedeutet dies den Aufgang der Sonne am nächsten Tage im Osten.

Aber wir müssen noch einen größeren Kreislauf in unsere Betrachtungen einbeziehen, einen größeren als den des Tages oder des Jahres: den Zyklus des menschlichen Lebens. Hier nehmen die verschiedenen Lebensstadien eine mehr psychologische, wenn nicht gar geistige Bedeutung an. JEN ☳ ist hier als *élan vital* zu werten, mit dem das neue Wesen in Erscheinung tritt und ein neues Leben beginnt. SUN ☴ ist das formende Prinzip dieses Wesens, ist das Stadium der Rezeptivität, in dem sich Körper und Geist entwickeln und Charakter entsteht.

In LI ☲ erreicht das Bewußtsein seine Reife. Das Lebewesen ist nicht länger ein nur empfangendes und reproduktives Instrument, sondern entfaltet seine eigene Aktivität im vollen Bewußtsein seiner Individualität und der ihn umgebenden Welt. Darum heißt es, daß die Wesen zum erstenmal einander bewußt begegnen bzw. erkennen. Von nun an führt das Individuum ein bewußtes Eigenleben mit voll erwachten geistigen Fähigkeiten, die darauf warten, sich aufgrund eigener Erfahrungen in der inneren wie der äußeren Welt zu entwickeln und zu entfalten. Es ist der Höhepunkt physischen Lebens und der entscheidende Augenblick für die geistige Entwicklung des Individuums, weil die inneren bereitliegenden Kräfte jetzt genutzt und geübt werden müssen, sollen sie nicht durch Vernachlässigung dahinschwinden bzw. für den Rest des Lebens verkrüppeln.

Im nächsten Stadium werden die Erfahrungen und geistigen Errungenschaften assimiliert, verdaut und integriert. Es handelt sich hier um eine zweite Periode der Rezeptivität, in der die Dinge innerlich reifen, während wir uns äußerlich unserer Familie oder gesellschaftlichen Pflichten widmen, um auf diese Weise unseren Mitmenschen zu dienen.

Aber nun beginnt ein neuer Kampf. Doch geht es diesmal nicht darum, uns eine Lebensbasis zu schaffen: es ist ein Kampf um geistige Werte. Nur hier stehen wir in unmittelbarer Berührung mit dem Universum, unter dem Symbol des Geistes, des inneren Lichtes und des Prinzips des Schöpferischen, das im Zeichen KIÄN zusammengefaßt ist. Zum erstenmal stehen wir vor der lebenswichtigen Aufgabe, uns darüber Rechenschaft zu geben, welchen Platz wir im Leben einnehmen und in welcher Beziehung wir zu dem stehen, das größer ist als unsere gegenwärtige Existenz. So erleben wir uns plötzlich inmitten eines Universums, aus dem wir entstanden und in das wir im Augenblick unseres Todes zurückkehren.

Nur der menschliche Geist, der alle seine Fähigkeiten entwickelt hat und nicht mehr in weltliche Angelegenheiten wie Gewinn und Verlust verstrickt ist, kann eine unmittelbare Beziehung zur kosmischen Wirklichkeit herstellen. Doch dieser Kampf kann nicht gewonnen werden, wenn wir uns nur der Betrachtung lichter und dunkler Kräfte hingeben: Wir müssen durch das tiefste Tal des Leidens und der Entsagung gegangen sein. Nur durch das willige Auf-uns-Nehmen von Licht und Dunkel, von Schöpferischem und Rezeptivem, von Tätigkeit und empfangsbereiter Nachgiebigkeit, von männlicher Kraft und weiblichem Einfühlungsvermögen können wir den Sinn unseres Lebens erfüllen. Indem wir in unserem innersten Wesen beide Seiten der Wirklichkeit anerkennen, können wir Befreiung und damit den Frieden der endgültigen Verwirklichung erlangen: die Ganzheit und die Erkenntnis der Weisen. Darum heißt es: »Er müht sich im Zeichen des Abgründigen (KAN). Er vollendet sich im Zeichen des Stillehaltens (GEN).« *(SG)*

Das Symbol »Berg« findet hier seinen höchsten Ausdruck und ist ein gutes Beispiel dafür, daß die Bedeutung jedes Symbols von der Ebene seiner Anwendung abhängt und daß es entsprechend dem Zusammenhang, in den es gestellt ist, seine Bedeutung wechselt. Aus diesem Grunde ist es notwendig, Symbole auf zweierlei Art zu klassifizieren: einmal entsprechend der unterschiedlichen Ebenen ihrer Anwendung und zum anderen dem Zusammenhang entsprechend, in dem sie gebraucht werden.

Das *Buch der Wandlungen* hat immer wieder Anlaß zu unzähligen Mißverständnissen gegeben, weil die Menschen, die es benutzten, keine Kenntnis der in diesem Buch verwendeten Symbole besaßen. Um diese zu erarbeiten, ist nicht nur eine philologisch zuverlässige Übersetzung der Terminologie notwendig, sondern vor allem eine Kenntnis der typisch chinesischen Assoziationen. Ein Symbol ist kein feststehender Begriff, sondern ein multidimensionales Zeichen, das ebenso viele Facetten hat wie alle anderen Lebensformen. Während es seinen ursprünglichen Charakter beibehält, enthüllt das Symbol auf verschiedenen Erlebnisebenen verschiedene Bedeutungen.

GEN (»Berg«) ist der Treffpunkt von Leben und Tod. »Es ist das Symbol des Nordostens, in dem aller Wesen Anfang und Ende beschlossen liegen«, sagt das *Shuo Gua*. Es kann daher ein Symbol der physischen Entwicklung im Lebensablauf sein und den embryonalen Zustand vor der Geburt bedeuten oder aber auch die geistige Wiedergeburt sowie die Befreiung im Augenblick des Todes oder in der inneren Bereitschaft zur Verwandlung, die wir als Tod bezeichnen.

Das nächstfolgende Symbol ist JEN: In seiner Beziehung zum Tagesrhythmus ist es das Zeichen des Sonnenaufgangs, auf den Jahresrhythmus bezogen, das des Frühlings, und in Bezug auf den Lebenszyklus entspricht es der Geburt oder dem Erwachen des Bewußtseins. In Verbindung mit dem Zeichen GEN wird es symbolhaft durch die Donnerwolke oder den Drachen dargestellt, dem Bild der stimulierenden Kräfte in der Natur wie in der menschlichen Seele. JEN ist so subtil wie das Leben selbst, reagiert auf seine Umgebung, entwickelt sich im Laufe der Zeit und wächst unter entsprechenden Bedingungen so wie der Same in fruchtbarem Boden. Es behält seine Identität wie alle Lebensformen nicht durch starre Beharrlichkeit, sondern durch die Kontinuität seiner organischen Entwicklung und jenes geistigen oder energetischen Zentrums, das immer die angemessene Form wahrt und aus aller aufgenommenen Nahrung nur das aufnimmt und assimiliert, was der organischen Entwicklung gemäß ist. Hier aber erweist es sich, daß ein Symbol in seiner höchsten Form ein lebendiges Kraftzentrum ist: der Keim eines schöpferischen Impulses.

Kein Organismus – und noch weniger ein empfindendes Wesen – fällt vom Himmel oder entspringt unmittelbar dem Universum noch direkt der Urmaterie. Auch kann keine primitive Form von Leben in unmittelbare Beziehung zum Universum oder zu seinen unmodifizierten Prinzipien treten. Ein solcher Organismus kann nichts Universelles begreifen, noch irgend etwas, das nicht durch Raum oder Zeit begrenzt ist. Dies mag dem reifen Geist oder den höchsten Formen des Bewußtseins vorbehalten sein, entzieht sich aber schon dem Durchschnittsmenschen dieser Erde. Darum nimmt das System des Königs Wen Wang die biologische und psychologische Entwicklung i n n e r h a l b d e r Z e i t zum Ausgangspunkt und setzt an den Anfang seiner Darstellung der acht GUAS und ihrer Beziehungen (s. S. 43) die ursprünglichen Prinzipien des »Himmels« und der »Erde« (KIÄN und KUN) zusammen mit der geheimnisvollen Kraft von Blitz und Donner, deren ursprüngliche Ursache bis zum heutigen Tag unerklärlich geblieben ist, obwohl wir ihr den Namen Elektrizität gegeben haben und sie in verschiedener Weise verwenden. Auf diese Art trennen und unterscheiden wir sie von den sogenannten »Elementen«, d. h. von den uns vertrauten Naturerscheinungen wie »Holz«, »Eisen«, »Wasser«, »Feuer« und »Berg« (Erdelement).

Daher bilden »Himmel« und »Erde« wie auch jene »Himmelskraft«, die wir Elektrizität nennen, eine eigene Kategorie für sich, während im zeitgebundenen System des Königs Wen Wang diese Eigenschaften als geistige Qualitäten erscheinen, die in der zweiten Hälfte des menschlichen Lebens zur Wirkung kommen. Denn je mehr wir uns dem Abend oder der Nacht des Lebens nähern, um so heller scheint das Licht des Geistes. Die kosmischen Kräfte gewinnen an Einfluß und Stärke, je weniger die irdischen Kräfte sie stören. Solange physisches Wachstum oder auch die Schaffung einer stabilen Lebensgrundlage unseren Organismus in Beschlag legen, bleibt wenig Energie für geistige Tätigkeit. Daher ist der »Herbst des Lebens« oder der »Winter des Alters« die Zeit für die Entdeckung tiefster Erkenntnisse und Werte.

Im alten China wurde – wie in den meisten Ländern des Ostens – das Alter weder verachtet noch beiseite geschoben wie im modernen Westen, sondern geehrt und geschätzt. Und selbst wenn auch nicht jeder Mensch im Alter tiefere Weisheit gewinnt, so wird er doch reifer in seinen Urteilen, da er nicht mehr so sehr vom Eigennutz abhängt und regelmäßig von einer eher ausgewogenen Haltung bestimmt wird, die über den augenblicklichen Tagesinteressen steht. So sammelte man Urteile von den weisesten und heiligsten Männern Chinas, die uns in den »Urteilen« des Buches *Shuo Gua* überliefert sind und die zum größten Teil auf Konfuzius bzw. seine Schule zurückzugehen scheinen.

»Konfuzius selbst betrachtete sich als den geistigen Erben des Königs Wen Wang, des Vaters des Begründers der Chou-Dynastie. Er deutete ebenso in einem etwas dunklen Zusammenhang an, daß er den Herzog von Chou, einen Sohn des Königs Wen Wang, als Quelle seiner Inspiration betrachtete. Entsprechend der ältesten chinesischen Tradition wurde der Herzog von Chou als Quelle konfuzianischer Ideen und manchmal sogar als Begründer des Konfuzianismus angesehen, und das ungeachtet der Tatsache, daß er mehr als fünfhundert Jahre vor Konfuzius lebte. Wir haben über die frühen Chou-Herrscher viele Informationen im *Buch der Dichtungen,* in Bronzeinschriften und besonders im *Buch der Geschichte*. Einige Teile des letzteren Werkes scheinen vom Herzog von Chou selbst zu stammen. In gewisser Weise lassen diese Dokumente eine so große Ähnlichkeit mit den Ideen des Konfuzius erkennen, daß es ganz überraschend ist.«[14]

VI

Überbleibsel früher Traditionen

Der Mensch ist eine organische Entwicklung des Logos,
denkt aber, daß er diese Entwicklung unterbrechen
und ohne sie existieren kann.

Herakleitos

Im Zusammenhang mit den Beobachtungen in den vorangegangenen Kapiteln dürfen wir die Tatsache nicht übersehen, daß in einigen der älteren Kommentare Goldkörner der Weisheit zu finden sind, die nicht unserer Aufmerksamkeit entgehen dürfen, selbst wenn wir an der Masse der sogenannten »Zehn Flügel«[15] vorbeigehen. Das *Shuo Gua* scheint primär auf einer viel älteren Tradition zu basieren, die die wesentlichen Konzeptionen aufzeigt, d. h. jene Weltanschauung, aus der das *Buch der Wandlungen* erwuchs. Gemäß dieser Tradition hat der Mensch »teil an den Formen des ›Himmels‹ und der ›Erde‹«. Und wie es in der *Großen Abhandlung (Da Chuan* oder *Hi Tsi Chuan),* in der allgemeine Beobachtungen und individuelle Hexagramme nebeneinander diskutiert werden, heißt: »Indem er sich ›Himmel‹ und ›Erde‹ angleicht, wird er nicht in Widerspruch zu ihnen geraten. Er erfreut sich des ›Himmels‹ und kennt sein Schicksal; deshalb ist er frei von Angst. Er ist zufrieden mit seiner Lage und wahrhaftig in seiner Zuneigung und ehrlich in seinem Mitleid. So ist er fähig, Liebe zu schenken.« Oder, so lautet es in einem anderen Teil dieses Kommentars: »Weisheit erhebt uns, Sittlichkeit macht demütig. Erhabenheit gleicht dem ›Himmel‹, Demut folgt dem Beispiel der ›Erde‹. Was jenseits der Form ist, wird TAO genannt. Was formhaft ist, nennt man ›Ding‹.« *(DC)*

So werden das Universelle und das Irdische, das Formlose und die Form, das Transzendente und das Immanente, das Immaterielle und das Materielle oder »Himmel« und »Erde« definiert. In diesen wenigen Worten ist die ganze Lebensphilosophie enthalten.

Menschen, die solche hohen Ideale ausdrücken konnten, waren gewiß keine wirren Denker. Und wenn spätere Zeiten versuchten, ihre eigenen Spekulationen da hineinzuprojizieren, so war dies bestimmt nicht der Fehler der Schöpfer dieses alten Systems. Das gilt in gleicher Weise für die acht Bilder oder Symbole, die in den Hexagrammen und Trigrammen gebraucht werden. Obwohl sie von der Natur bzw. von einfachen Lebenserfahrungen abgeleitet werden, so geht das, was sich folgerichtig aus ihnen ergibt, weit darüber hinaus. Wie alle Symbole haben sie auf den unterschiedlichen Ebenen des Denkens und Erfahrens unterschiedliche Bedeutung.

»Die Namen, mit denen sie verbunden sind, klingen unbedeutend, aber die Fülle der mit ihnen in Zusammenhang stehenden Sinngehalte ist gewaltig. Ihre Bedeutung ist weitreichend, und ihre Urteile sind klar einsichtig. Die Worte sind symbolisch, doch angemessen. Die Dinge wurden offen geklärt und enthalten doch noch ein tiefes Geheimnis.« *(DC)*

Wir dürfen nun aber nicht nur jene Bedeutung erforschen, die die alten Chinesen ihren Symbolen unterlegten, sondern müssen auch herausfinden, inwieweit diese Bedeutungen auf die Bedingungen unseres gegenwärtigen Lebens anwendbar sind. Denn das *Buch der Wandlungen* zielt darauf ab, die menschliche Lebenssituation ganz allgemein darzustellen, und nicht nur eine bestimmte Epoche oder Zivilisation. Im Gegensatz zur Bibel beschreibt es nicht die Geschichte und die religiösen Glaubensvorstellungen eines bestimmten Stammes, so interessant sie auch immer sein mögen, sondern befaßt sich mit der allgemein menschlichen Situation. So ist es für die gesamte Menschheit gültig, und darin liegt seine Bedeutung.

Die Übersetzung des I GING war mit Schwierigkeiten verbunden, da es nicht auf den statischen Werten der westlichen Logik basiert, sondern auf einem durch und durch dynamischen Weltbild, dessen Struktur und Rahmen bestimmt werden vom Gesetz regelmäßiger Wiederkehr gewisser Ereignisse, die wir als Rhythmus erfahren, der jedoch feine Veränderungen beinhaltet. So können wir beispielsweise von den vier Jahreszeiten sprechen, doch keine Jahreszeit wiederholt sich in jedem Detail. Die kalte Jahreszeit ist kalt und die warme warm, aber wie kalt oder wie warm sie ist, entzieht sich unserer Voraussage. Beginn und Dauer der verschiedenen Jahreszeiten sind annähernd bekannt und sind doch in jedem einzelnen Fall verschieden.

Der genetische Code, der für alle lebenden Organismen Gültigkeit besitzt, ist wissenschaftlich erforscht, und dennoch gibt es unendlich viele Individuen, weil die Kombinationsmöglichkeiten praktisch unbegrenzt sind. So sind wir auf Annäherungswerte angewiesen, die uns Wahrscheinlichkeitslehre und Statistik liefern. Selbst ein Kristall gleicht selten exakt einem anderen Kristall gleichen Typs, obwohl beiden eine gleiche Formtendenz innewohnt. So gibt es unzählig verschiedene Varianten von Schneeflocken, obwohl sie theoretisch alle gleich sein müßten.

Es scheint, als seien die Chinesen immer ausgezeichnete Beobachter der Natur gewesen, und zwar sowohl der menschlichen als auch der »äußeren« Natur. Sie erkannten eine enge Verbindung beider und trennten sie niemals so scharf, wie dies später in den westlichen Kulturen geschah. Solch eine Naturbeobachtung bewahrte sie auch davor, ein starres religiöses und philosophisches System zu entwickeln, das sich dem Wandel und Wechsel entgegenstellt und dem Diktat verbaler Logik und abstrakter Konzeptionen folgt, es sei denn, sie gerieten unter den Einfluß fremder Religionen oder Philosophien. Deshalb erscheinen die meisten der acht Trigramme in verschiedenen Stadien der Unausgeglichenheit zwischen den Kräften des Schöpferischen und des Empfangenden und sind der ihnen inhärenten Unausgewogenheit wegen immer gezwungen, nach einem neuen Gleichgewicht der Kräfte zu streben.

VII

Die acht grundlegenden Symbole der Wandlung

> Wenn bestimmte innere Zusammenhänge deutlich werden,
> prägen sie sich unserem Bewußtsein ein und leiten es.
>
> *Jean Gebser*

Die acht Grundsymbole (Trigramme oder GUAS) bezeichnen keine unveränderlichen Zustände, sondern Prinzipien gesetzmäßiger Veränderung, Prinzipien der Wandlung. Sie stehen für momentane Gegebenheiten, die immer wieder in derselben Form auftreten und darum den Anschein der Dauer erwecken. Sie reagieren immer in gleicher Weise entsprechend gegebenen Umständen und wandeln sich nach den ihnen innewohnenden Gesetzen. Trotz ihres momenthaften Charakters schreiten sie in einer bestimmten Richtung fort und können auf einen gemeinsamen Nenner gebracht werden. Entsprechend dem von uns eingenommenen Standpunkt können wir sie unter dem Aspekt der Physiologie, Morphologie, Psychologie, Philosophie oder der Metaphysik betrachten bzw. vom Standpunkt innerer Bezogenheit, von dem innerer oder äußerer Bewegung und vom Blickpunkt biologischer oder materieller Zuständlichkeit usw.

Mögen auch einige dieser Symbole, wie erwähnt, als »Elemente« bezeichnet werden, sie sind es nicht im Sinne moderner Naturwissenschaft. Sie sind vergängliche, sich immer wiederholende Zustände bzw. häufig wiederkehrende Bedingungen unserer Erfahrung, die es uns ermöglichen, diese Welt als relativ konstant bzw. als objektive Wirklichkeit zu empfinden.

Bevor wir jedoch von diesen Symbolen Gebrauch machen können, müssen wir sie definieren, soweit Symbole überhaupt definierbar sind. Denn wir können sie weder in enge Begriffe sperren, noch in irgendeiner Weise begrenzen; wir können ihnen nur eine bestimmte Gerichtetheit zuerkennen. Auch müssen wir ihre unterschiedliche Bedeutung auf unterschiedlichen Ebenen erkennen. So ist es nicht möglich, die Bedeutung, die ein Prozeß auf der materiellen Ebene hat, mit seiner Bedeutung auf der psychischen Ebene gleichzusetzen oder zu verbinden. Ebensowenig ist es möglich, eine konkrete Bedeutung mit einer rein geistigen zu kombinieren. Mit anderen Worten: wir müssen versuchen, immer im Bereich der gleichen Kategorie bzw. auf dem gleichen Niveau zu bleiben, um uns nicht in semantischen Spekulationen zu verlieren. Die auf den Seiten 72 und 73 stehende Tabelle dürfte dies verdeutlichen.

Weiterhin möchte ich darauf aufmerksam machen, daß dasselbe Symbol gänzlich verschiedenen Funktionen entsprechen kann, je nachdem, ob es auf Naturvorgänge, Lebensbedingungen oder Elemente bezogen ist. Das Trigramm, das im allgemeinen mit »Wind« wiedergegeben wird, bedeutet auf psychologischer Ebene etwas »Eindringendes«, etwas das Gesamtwesen »Durchdringendes« oder auch das, was wir unter »Gefühl« verstehen. Als »Element« jedoch wird es dem »Holz« gleichgesetzt. So ist der Mensch vom Gefühl durchdrungen, ähnlich wie die Pflanze von dem in ihr aufsteigenden Saft und der Luft, die sie umgibt und die ihr – wie Menschen und Tieren in gleicher Weise – Leben verleiht.

»Wind« steht also hier für »Luft« im allgemeinen und damit für das, was Vegetation und Leben möglich macht. Das verfestigte Endprodukt dieses lebenverleihenden Kraftstromes bewegter, alles durchdringender Luft manifestiert sich im Pflanzenbereich im »Holz«, wodurch das GUA »Wind« als »Element« dem »Holz« gleichgesetzt wird. In gleicher Weise verhält es sich mit dem Äquivalent von »See«. Das Symbol »See« ist jedoch keineswegs ein anderer Ausdruck für »Wasser«, das die Tiefe, den unergründlichen Abgrund und auch die Gefahr anzeigt, sondern steht für das Reflektierende bzw. die Widerspiegelung im physischen oder psychischen Sinne, wie es uns symbolhaft in der reflektierenden Oberfläche des Sees entgegentritt. Diese wiederum hat ihr Äquivalent in der reflektierenden Oberfläche eines polierten Stück Eisens oder anderen Metalls, dem Gegenstück des organischen Holzes. »See« und »Wind« aber verhalten sich wie »Eisen« und »Holz« auf der Ebene der »Elemente«.

»Feuer« und »Wasser« als das Aufwärtsstrebende, Warme und Helle einerseits und das zur Tiefe Strebende, Dunkle, Kalte andererseits sind zwei ohne weiteres verständliche Symbole.

Ebenso leicht verständlich ist das Symbol »Erde« im Sinne von etwas Geformtem und Festem – nicht aber im Sinne des Gegenpols zu den schöpferischen und transzendentalen Kräften des »Himmels«. »Erde« als das Geformte und Feste wird im Bild des »Berges« dargestellt, aber als Gegenpol des »Himmels« stellt sie das empfangende Prinzip dar. Somit würden die drei ersten Symbole »Himmel«, »Erde« und »Donner« (oder das Walten unsichtbarer schöpferischer und empfangender Kräfte) als reine Prinzipien bestehen bleiben, wobei »Donner« für die alles erregenden und stimulierenden Kräfte steht, wie beispielsweise die der Elektrizität, die sich im Blitz entlädt und die in der Natur eine ähnliche Rolle spielt wie Begeisterung und Inspiration im Psychischen.

Betrachten wir nunmehr die Trigramme vom Standpunkt ihrer linearen Struktur: Sie bieten sich uns dar in Gruppierungen verschiedener Polaritätsgrade:

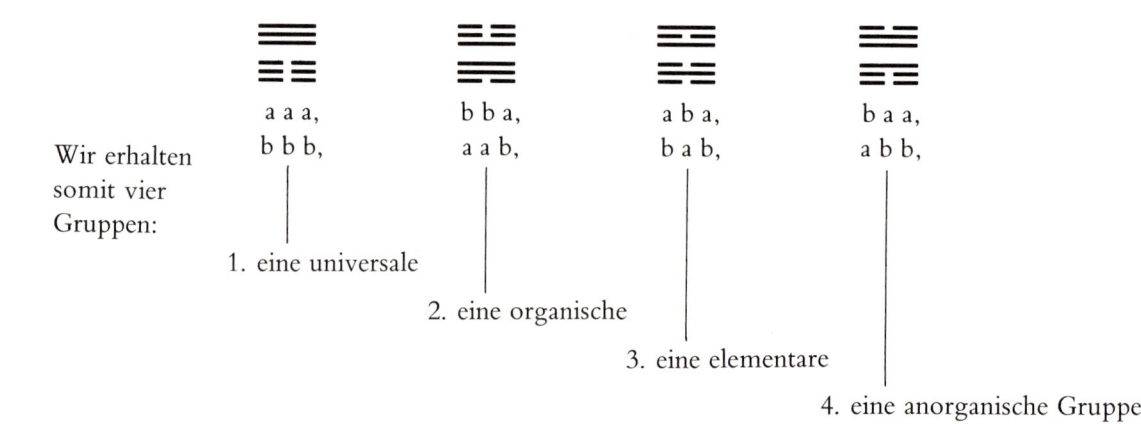

Wir erhalten somit vier Gruppen:

1. eine universale — a a a, b b b,
2. eine organische — b b a, a a b,
3. eine elementare — a b a, b a b,
4. eine anorganische Gruppe — b a a, a b b,

Die erste Gruppe bzw. das erste Paar polarer Gegensätze nenne ich »universal«, weil es die allgemeinen Prinzipien von Aktivität und Passivität in ihrer reinsten, d. h. unmodifizierten Form beinhaltet: drei ungebrochene und drei gebrochene Linien.

Die zweite Gruppe nenne ich »organisch«, denn sie enthält Charakteristika eines lebendigen Organismus: Impuls, Durchdringung und Assimilation, mit anderen Worten: den *élan vital* in seinem schöpferischen und empfänglichen (transformierenden) Aspekt.

Das dritte Paar ist insofern »elementar«, als es so elementare Kräfte wie »Feuer« und »Wasser« enthält, die als Hitze und Kälte sowohl im Organischen wie im Anorganischen zu finden sind.

Die vierte Gruppe habe ich mit »anorganisch« bezeichnet, da sie in gewisser Weise das Verhalten der Materie widerspiegelt – Trägheit und Verflüchtigung: Der »Berg« und die aus dem »See« aufsteigenden Nebelschwaden sind ein Bild friedlicher, scheinbar statischer Wechselbeziehungen, das in Kontrast zu den anderen Paaren sich ergänzender Gegensätze steht.

Somit wiederholt sich im großen eine Polarität, die in jedem der Trigrammpaare besteht. Das Organische und das Anorganische bilden eine weitere Gruppe, ebenso wie das Universale und Elementare. Das wird nicht nur durch die Interpretation dieser Zeichen deutlich, sondern auch durch ihre inhärente Struktur: Die Trigramme der universalen und elementaren Gruppe sind, in der Vertikalen geteilt, symmetrisch:

```
a a a     a a a
b b b     b b b
```

Nicht symmetrisch hingegen die beiden anderen:

```
b b a     b a a
a a b     a b b
```

Dies weist darauf hin, daß bei den letzteren Gruppen die qualitative Polarität nicht die einzig mögliche ist. Eine zweite Art der Polarität gründet sich auf der Umkehrung der Linien, die hier sozusagen ein spiegelbildliches Gegenstück hervorruft. Wir werden diese Art der spiegelbildlichen Umkehrung der Struktur in weiteren Darstellungen der Hexagramme kennenlernen, durch die eine neue Beziehung der Trigramme bei ihrer Bildung von Hexagrammen ersichtlich wird.

Auf diese Art zeigen die fünf Elemente der das Leben beeinflussenden Kräfte und Formen nicht nur durch ihre bloße Gegenwart, sondern ebenso durch ihre Wechselbeziehungen an, ob sie günstig, hinderlich, destruktiv, intensivierend oder neutral sind.

Als ein Beispiel mag hier das sino-tibetische Diagramm der fünf traditionellen Elemente dienen (s. S. 86). Es zeigt die Entstehung und Auflösung der Elemente in ihrer wechselseitigen Abhängigkeit. »Holz« zum Beispiel durchdringt und durchbricht die »Erde« und erweist sich hier als das stärkere Element. Die »Erde« hingegen absorbiert das »Wasser«. »Wasser« aber löscht das »Feuer«, und »Feuer« schmilzt »Eisen«, während »Eisen« »Holz« durchschneidet. So scheint ein Element der Feind des anderen zu sein.

Wenn wir jedoch die Elemente in umgekehrter Reihenfolge betrachten, so entsteht ein Element aus dem anderen: »Feuer« wird so zur Mutter der »Erde« (da es Asche hervorbringt und feurige Lava zu Fels erstarren läßt, der zu Erde wird). »Erde« hingegen (in einem weiteren Sinn) bringt »Eisen« hervor, und »Eisen« wird, wenn es schmilzt, zu einer Flüssigkeit, die in Form von »Wasser« die Vegetation nährt und somit »Holz« hervorbringt. Das »Holz« aber ist die Mutter des »Feuers«, womit der Kreis der Evolution geschlossen ist.

In der ursprünglich chinesischen Tradition wird dieses voneinander abhängige Entstehen und Auflösen bzw. Aufheben durch einen Kreis dargestellt, dem ein durchgehend gezeichneter fünfzackiger Stern einbeschrieben ist, dessen Linien eine ununterbrochene Aufeinanderfolge bilden und dessen Spitzen verschiedene Farben aufweisen, die den Farben der Elemente entsprechen und die in den umgebenden viereckigen Feldern mit den Tiersymbolen des Zodiak übereinstimmen.

Die Aufeinanderfolge der Elemente innerhalb des fünfzackigen Sternes zeigt die gegenseitige Hervorbringung, d.h. die Evolution der Elemente an.

In der hier (S. 86) wiedergegebenen Darstellung sind die Namen der Tierkreissymbole ebenso wie die der Elemente in Tibetisch mit der entsprechenden deutschen Übersetzung wiedergegeben, da ich in Tibet das erste Mal mit der lebendigen Tradition des I Ging in Berührung kam.

Die Bedeutung der Trigramme

Die acht Trigramme	☰	☷	☳	☴
Namen	Kiän	Kun	Jen	Sun
Bilder	Himmel	Erde	Donner	Luft, Wind, Holz
Yang-Yin	Yang	Yin	Yang	Yin
Familien-beziehungen	Vater	Mutter	1. Sohn	1. Tochter
Bewegungs-richtung	aufwärts ↑ (+ A)	↓ (− A) abwärts	aufwärts ↑ (+ B)	↓ (− B) abwärts
Allgemeine Prinzipien	schöpferisch aktiv	rezeptiv passiv	aufregend anregend	durchdringend fühlend
Psychische Eigenschaften	stark Zeiterfahrung Dauer	nachgiebig Raumerfahrung Ausdehnung	stimulierend Wille Impuls	empfänglich Intuition Assimilation
Natur-eigenschaften	Energie unkörperlich	Materie körperlich	Befruchtung Vitalität	Wachstum Entfaltung
Daseins-zustände	universell		organisch	
Aggregat-zustände	formlos	formhaft	dynamisch	ausdehnend gasförmig
Zeitliche und räumliche Darstellungen	21^h NW Nr. 6	15^h SW Nr. 4	6^h Frühling O Nr. 1	9^h SO Nr. 2
Lebenszyklus	Anstrengung Kampf	Hingabe Dienst	Anfang der Bewegung	Reife Alter
Gemütshaltung Willenstendenz	schöpferisch angreifend	aufnehmend nachgebend	emotionell bewegend	durchdringend sanft
Körperteile	Kopf	Bauch	Fuß	Schenkel
Funktionen	Wahrnehmung	Verdauung	Bewegung	Rezeptivität

AUF VERSCHIEDENEN EBENEN

LI	KAN	DUI	GEN	
Feuer	Wasser	See, Nebel	Berg	} SYMBOLE
Yang	Yin	Yang	Yin	YANG-YIN
2. Sohn	2. Tochter	3. Sohn	3. Tochter	FAMILIEN-BEZIEHUNGEN
aufwärts ↑ (+ C)	↓ (− C) abwärts	aufwärts ↑ (+ D)	↓ (− D) abwärts	BEWEGUNGS-RICHTUNG
hell formend	dunkel formlos	reflektierend leicht hell	beharrend stetig schwer	ALLGEMEINE PRINZIPIEN
klärend Unterscheidung Denken (Logos)	ungewiß Emotion Fühlen (Eros)	froh Betrachtung Schauen	ruhig Gleichmut Sammlung	PSYCHISCHE EIGENSCHAFTEN
Wärme Solare Kräfte	Kälte Lunare Kräfte	Verdunstung Veränderlichkeit	Festigkeit Stete	
elementar		anorganisch		} NATUR-PRINZIPIEN
strahlend	absorbierend	verwandelnd	widerstrebend	
12ʰ Sommer S Nr. 3	24ʰ Winter N Nr. 7	18ʰ Herbst W Nr. 5	3ʰ NO Nr. 8	} SHUO GUA (Kap. II)
Erscheinung Wahrnehmung	Schmerz, Mühe Anstrengung	Freude Heiterkeit	Vollkommenheit Vollendung	
haftend abhängig	Tiefe, Abgrund Gefahr	Frohsinn Begeisterung	Geduld Stillhalten	} SHUO GUA (Kap. III)
Auge	Ohr	Mund	Hand	
Sehvermögen	Raumgefühl	Nahrung	Ausführungsorgan	FUNKTIONEN

Bei meinem Versuch, den Ursprung dieser Symbole aufzuspüren, hoffte ich zunächst, in Legges englischer Übersetzung des I Ging weitere Informationen zu finden, war aber sehr bald durch die trockene, rein mechanische Übersetzung enttäuscht, die – obwohl philologisch einwandfrei – nichts zur Erfassung des Sinnes dieses Werkes beitrug. (Legge gestand dies selbst ein, indem er die Hexagramme des I Ging als eine «farrago of emblematic representations» bezeichnete, also als ein wüstes Durcheinander sinnbildlicher Darstellungen.) Auch andere Übersetzungen erwiesen sich als nicht viel besser. Im Gegenteil, sie waren meist Ergebnisse rein philologischer Gelehrsamkeit und beinhalteten unhaltbare Theorien.

Ich hatte jedoch das Glück, Richard Wilhelms meisterhafte deutsche Übersetzung und Interpretation in die Hand zu bekommen. Sein *Buch der Wandlungen* überzeugte mich von der Sinnhaftigkeit und Tiefe dieses Werkes und wurde zur Grundlage meiner Studien. In der Zwischenzeit erschien eine gute englische Übersetzung von Cary F. Baynes, durch die das I Ging zu einem der wichtigsten Werke der Weltliteratur geworden ist.

VIII

Die Symbolik der Elemente und des chinesischen Tierkreises

> Das geistliche Leben wird nicht aufgebaut wie etwas, das über die Natur erhaben ist,
> oder wie etwas, wobei die Natur außer acht gelassen werden kann.
> Es wächst nicht heran in einer Abkehr vom düsteren Teil unseres Wesens, wie etwas, wobei unsere kosmischen und
> psychischen Wurzeln abgeschnitten werden.
> Es ist ein Heranwachsen des »ganzen Menschen«,
> eines Menschen, der mit seinem ganzen Wesen geöffnet ist für alles, was ist.
>
> *Otger Steggink (Der Sonnengesang des heiligen Franz von Assisi)*

Wenn man die traditionelle Reihenfolge der acht Grundsymbole (GUA) des *Buches der Wandlungen* betrachtet, erkennt man, daß die ersten drei – KIÄN, KUN und JEN – abstrakte Prinzipien darstellen, während die folgenden fünf Symbole »Elemente« unserer Wahrnehmungswelt sind. In ihnen spiegeln sich die immer erneut erfahrenen Zustände der Materie, wie Festigkeit, Kohäsion der Flüssigkeiten, Wärme, Gasförmigkeit beziehungsweise Verdunstung wider; mit anderen Worten, das, was man Aggregatzustände nennt, die mehr oder weniger den »Elementen« der alten Kulturen – Erde, Wasser, Feuer und Luft – vergleichbar sind. Als solche werden sie mit bestimmten Eigenschaften der Materie sowie mit den Tendenzen der Expansion und der Bewegung assoziiert.

Auch die Chinesen wählten einen Ausdruck, den wir mit »Elemente« übersetzen, um jene Zustandsformen zu beschreiben, die Materie annehmen kann. Diese Elemente spielen in der chinesischen Philosophie und Psychologie eine wichtige Rolle. Sie stehen hier für gewisse Verhaltenstendenzen nicht nur der Materie selbst, sondern auch der sie belebenden Energie und werden schließlich Ausdrucksformen für bestimmte Charaktermerkmale, die durch die Tiersymbole des chinesischen und tibetischen Zodiak dargestellt werden.

Die Bedeutung dieser Elemente wurde mir in Tibet bewußt, wo ich sie das erste Mal zusammen mit den ihnen assoziierten Farben sah. (Vgl. S. 83 bis S. 89).[16] Dabei wurde mir klar, daß diese zwölf Tiersymbole wesentliche psychische Eigenschaften des Menschen darstellen. Doch legt sich diese Charakterologie des Menschen auf keine Wertskala fest: Alle Qualitäten können sowohl positiv wie negativ verstanden werden. Jeder Mensch bringt eine Anlage mit, die die Fülle seiner Möglichkeiten ausmacht. Was er damit anfängt, hängt von ihm ab und ist sein selbstgeschaffenes »Schicksal«.

Um die Möglichkeiten einer Entwicklung sowohl nach der einen wie nach der anderen Seite hin offen zu halten, wird hier nicht zwischen edlen und unedlen, reinen und unreinen, schönen und unschönen Tieren unterschieden, auch nicht zwischen vorwiegend materiellen und geistigen Eigenschaften. Jede Qualität vielmehr kann im Sinne vergeistigter oder grob-materialistischer Charakterzüge in Erscheinung treten und sich auf den höchsten wie auf den primitivsten Lebensstufen manifestieren.

Wir müssen uns daher hüten, abendländische Vorurteile und Anschauungen über bestimmte Tiere sowie über deren Eigenschaften in die Tiersymbole des I GING hineinzuinterpretieren. Das Schwein beziehungsweise der Eber, die Ratte beziehungsweise die Maus, der Drache beziehungsweise die Schlange werden in den westlichen Kulturen als niedere Lebensformen betrachtet und lassen uns an Eigenschaften denken, die wir verabscheuen. Der Osten denkt hier ganz anders. So gilt beispielsweise in China der Drache als ein glückbringendes Symbol: Er wohnt in den Tiefen des

Himmelsraumes oder in den wandernden Wolken, die alle denkbaren Formen annehmen können und die aus dem Nichts zu kommen scheinen, um im Nichts des blauen Äthers zu zerfließen. Er kann Donnerkeile und Blitze schleudern oder Juwelen tragen, kann Gefahr oder Segen bringen. Er hat die Fähigkeit, die Natur aufzuwühlen, was einerseits fördernd, erfrischend und entspannend sein kann, andererseits aber auch erschreckend und furchterregend. Er ist vergleichbar der Macht der Intuition, dem Aufblitzen der Inspiration, die sich als Quelle allen Glücks erweisen, aber auch in einen Fluch verwandeln kann.

Während der Drache der uns vertrauten Welt enthoben ist, gehört die Schlange dem irdischen Lebensraum an, so wie das Element »Feuer«. Während im Abendland die Schlange die Verkörperung des Bösen und Todbringenden ist, wird sie im Osten nicht nur als ein Tier der Schlauheit, Verschlagenheit und Vorsicht gefürchtet, sondern auch verehrt als Hüter verborgener Schätze und geheimen Wissens. Ihre Eigenschaften können höchsten wie niedersten Zwecken dienen, je nach der Kräftekombination, die jenes Hexagramm ausmachen, das die Beziehungen aufzeigt, die im Leben eines Individuums die Konstellation eines bestimmten Zeitpunktes ausmachen. Dabei spielt die Geburtszeit eine wichtige Rolle, weil sie die zur Ausformung eines spezifischen Charakters erforderlichen Voraussetzungen schafft, die dann durch entscheidende Lebenssituationen ihre weitere Entwicklung erfahren.

Eber und Ratte (beziehungsweise Schwein und Maus) werden beide aufgrund ihrer Zuordnung zum Element »Wasser« – dem zur Tiefe strömenden Element des dunklen, unsichtbaren Raumes – mit der Erforschung dessen assoziiert, was verborgen ist, also auch mit der Erforschung der Tiefen unseres Bewußtseins. Deshalb wird der elefantenköpfige indische Gott *Ganeśa* – der Beseitiger aller Hindernisse – auf einer Ratte reitend dargestellt. Ohne damit irgendeine gegenseitige Beeinflussung von Indien und China behaupten zu wollen, zeichnet sich hier eine vom Westen grundlegend verschiedene Haltung ab: eine Betrachtungsweise, die weit weniger von menschlichen Vorurteilen getrübt ist. Andererseits jedoch verbergen die Charakterzüge, die Eber und Ratte von den Chinesen zugesprochen werden, keineswegs jene Gefahr, die uns droht, wenn wir ohne entsprechende Vorbereitung und innere Stärke es wagen sollten, forschend in die unbegrenzten Tiefen einzudringen: Wir würden in einen bodenlosen Abgrund stürzen. So bedeuten die Symbole »Eber« und »Ratte« auf einer geistig unentwickelten Ebene einen Zustand geistiger Verdunkelung, charakterisiert durch Leidenschaftlichkeit, Triebhaftigkeit, Sinnlichkeit, Materialismus, Erdgebundenheit bei gleichzeitiger Schlauheit in kleinen Dingen, womit gleichzeitig auf eine gewisse intellektuelle Wendigkeit hingewiesen wird.

Das Schaf gilt im Westen als Herdentier, das mehr seinem Instinkt als seiner Intelligenz folgt. Es gilt als harmlos, störrisch und dumm. Im alten China war es Symbol für ein sorglos heiteres und daher glückliches Temperament, dessen Basis entweder Oberflächlichkeit beziehungsweise Naivität sein kann oder die innere Ausgeglichenheit und Klarheit eines harmonisch gelebten Lebens der Reife.

Der Hund erscheint uns hier oft als ein unterwürfiges, erdgebundenes und von seinem Herrn abhängiges Tier. Aber es ist auch ein Symbol der Zuverlässigkeit, der Treue, der selbstlosen Hingabe und der Freundschaft, in der sich die »Beständigkeit des Himmels« widerspiegelt.

Der Affe kann ein Bild der Unbeständigkeit unseres Bewußtseins sein, das von einem Objekt zum anderen springt. Aber er ist auch der Inbegriff eines lebhaften Geistes und einer schnellen Auffassungsgabe.

Der Vogel ist auch leicht beweglich, ist jedoch nicht an die greifbaren Objekte dieser Erde gebunden, sondern bewegt sich ungehindert und frei in der Luft, vergleichbar den Gedanken, die sich frei im Raume bewegen und deren Wert ihrer Höhe und Beständigkeit entspricht.

Das Pferd ist schnell und temperamentvoll. Seine Natur ist feuriger Art; aber sein Handeln hängt von seinem Reiter ab.

Die Kuh beziehungsweise der Stier sind nicht so leicht aus der Fassung zu bringen. Aber einmal erregt, stürmen sie blind auf ihr Ziel los. Die Kuh selbst ist darüber hinaus ein Beispiel mütterlicher Fürsorge und Liebe. Sie ist geduldig und beständig, aber etwas beschränkt in ihren intellektuellen Fähigkeiten. So ist der chinesische Ausdruck zu verstehen, daß jemand »in eine gelbe Kuhhaut eingenäht ist«, was besagt, daß jemand von Vorurteilen und konventionellen Ideen beherrscht und dadurch gehemmt wird. Die Farbe Gelb im Zusammenhang mit der Kuhhaut weist darauf hin, daß die »Kuh« dem Element »Erde« zuzuordnen ist, dessen stabilisierender Einfluß unter Umständen zu Stillstand führen kann, wenn man in der jeweils gegebenen Situation be- und verharrt und dadurch jegliche Weiterentwicklung blockiert.

In tibetischen Darstellungen, in denen jede Tiergattung ohne Angabe des Geschlechts erscheint, wird für die gesamte Tierart »Rind« ein gehörntes Tier abgebildet, das sowohl eine Kuh, ein Ochse oder aber auch ein Stier sein kann. Die chinesische Tradition hingegen läßt keinen Zweifel darüber aufkommen, daß hier ursprünglich die Kuh als Symbol des Rezeptiven, mütterlichen und nährenden Prinzips konzipiert wurde. Doch in dem Maße, in dem das *Buch der Wandlungen* zunehmend zu einer Charakterologie entwickelt wurde, entkleidete man auch hier die Tiersymbole ihres Geschlechtscharakters. So ist das Symbol »Vogel« offensichtlich auch im Zuge dieser Veränderung entstanden. Ursprünglich wurde es durch einen Hahn dargestellt. Da der Hahn jedoch mit der frühen Morgenstunde assoziiert wird, paßte er nicht in das System des Königs Wen Wang, in dem das Vogelsymbol entweder den späten Nachmittag oder den Herbst darstellt. So erschien es sinnvoller, den Hahn durch einen unspezifischen Vogel zu ersetzen.

Es gibt in der chinesischen Tradition allerdings noch ein anderes Vogelsymbol: den Fasan, der wegen seines leuchtenden Gefieders mit dem »Feuer« gleichgesetzt wurde – wie der »rote Hahn« in der westlichen Tradition. Die Schönheit des Fasans ist jedoch nur oberflächlicher Art und betrifft lediglich die äußere Erscheinung und ist – wie alle nur ästhetische Schönheit – ohne einen spezifischen Charakter. Die spätere chinesische (wie auch tibetische) Tradition verbindet daher das Element »Feuer« mit dem Pferd und dessen »feurigem Temperament«, während der Drache als außerweltliches Symbol nun eine vermittelnde Position einnimmt. Diese Veränderungen berühren jedoch nicht das Grundprinzip des *Buches der Wandlungen,* erweitern vielmehr seinen Anwendungsbereich. Erwähnt sei hier noch, daß möglicherweise der Tierkreissymbolismus eine Zutat späterer Zeit war.

Tiger und Hase sind beide als zwei unterschiedliche Frühlingsaspekte zu verstehen: der Tiger im aggressiven Sinne eines sich mit rücksichtsloser Gewalt entwickelnden lebendigen Organismus, der Hase hingegen in einem zurückhaltenden, auf friedliche Vermehrung bedachten Charakter, der mehr einem gesunden Geschlechtstrieb als einer gewaltsamen Selbstbehauptung huldigt.

Aus diesen kurzen Darstellungen läßt sich bereits folgern, daß die Bedeutung und Deutung dieser Tiersymbole zum großen Teil von ihren Beziehungen zu den vier Jahreszeiten und den mit ihnen eng verknüpften fünf Elementen abhängen. Wir müssen daher mit unseren Interpretationen sehr vorsichtig sein und dürfen uns nicht von unseren konventionellen, im westlichen Denken wurzelnden Auffassungen verführen lassen. Nur so können wir begreifen, daß die Zuordnung der fünf Elemente zu den Tiersymbolen uns wesentliche Schlüssel zum Verständnis in die Hand gibt. Denn es wird uns hier bewußt gemacht, daß jene vier Tiersymbole, die den Übergang von einer Jahreszeit zur anderen kennzeichnen (d. h. den Übergang vom Winter zum Frühling, vom Frühling zum Sommer, vom Sommer zum Herbst und vom Herbst zum Winter), alle dem ausgleichenden Element »Erde« zugeordnet werden, das als ruhende Mitte und Basis aller anderen Elemente empfunden wird. Ihm wird die Schlüsselzahl »fünf« im Zentrum des sogenannten »magischen Quadrates« zugeordnet.

Nach chinesischer Auffassung ist die Fünf deshalb eine Schlüsselzahl, weil es in ihrem Ordnungssystem nicht nur fünf Elemente, sondern auch fünf Töne, die die Tonleiter der klassischen chinesischen Musik bilden, gibt (ähnlich der Pentatonik der altgriechischen und mediterranen Musik); darüber hinaus kennen sie fünf Geschmacksarten, fünf Planeten, fünf Tugenden, fünf Hauptorgane, fünf Farben, fünf Arten von Wetter usw. In den Zeiten, als der Buddhismus in China dominierte, sprach man auch von fünf heiligen Bergen, die man als Wohnsitz der fünf Transzendenten Buddhas betrachtete. So spielte die Zahl Fünf in der chinesischen Kultur immer eine große Rolle, was möglicherweise darauf zurückzuführen ist, daß die menschliche Hand fünf Finger hat – etwas, worauf auch die Schreibweise der römischen Ziffern zurückgeht. Ein magisches Quadrat mit der Schlüsselzahl Fünf in der Mitte ergibt immer gleiche Resultate, wenn man seine Zahlen in gerader Linie senkrecht, horizontal oder diagonal addiert. Das Resultat ist immer fünfzehn (vgl. S. 84):

$$1 + 5 + 9 = 15 \qquad 8 + 3 + 4 = 15$$
$$8 + 5 + 2 = 15 \qquad 4 + 9 + 2 = 15$$
$$3 + 5 + 7 = 15 \qquad 2 + 7 + 6 = 15$$
$$4 + 5 + 6 = 15 \qquad 6 + 1 + 8 = 15$$

Solche magischen Quadrate wurden auch in Europa angefertigt, wie man in Dürers berühmtem Kupferstich *Melencolia* sehen kann.

Die vier dem Erdelement zugeordneten Tiere sind der Stier (oder die Kuh) im Nordosten, der Drache im Südosten, das Schaf (oder der Bock) im Südwesten und der Hund im Nordwesten. In ähnlicher Weise werden Tiger und Hase dem Element »Holz«, d.h. dem organischen Prinzip zugeordnet, die Schlange und das Pferd dem Element »Feuer« (dem Prinzip des Warmen und Lichten), der Affe und der Vogel dem Element »Eisen«, d.h. dem anorganischen Prinzip, und Eber und Maus schließlich dem Element »Wasser«, also dem Element der Tiefe, Dunkelheit und Kälte.

Das organische Prinzip ist nun in diesem System im Osten angesiedelt, dem Ursprung des Lichtes und dem Beginn allen Lebens, während das Anorganische die entgegengesetzte Himmelsrichtung einnimmt, d.h. den Westen. Wärme und Licht sind dem Süden zugeordnet und die Dunkelheit und Kälte dem Norden. Daraus ergibt sich wiederum die Zuteilung zu den Jahreszeiten, wobei der Frühling im Osten steht, der Sommer im Süden, der Herbst im Westen und der Winter im Norden.

Die zwölf Tiersymbole entsprechen den zwölf Monaten des Jahres, allerdings nicht den zwölf Monaten des Sonnenjahres (was eine künstliche Zeiteinteilung relativ jüngeren Datums ist), sondern den ursprünglichen Monaten der Mondperiodik. Da die zwölf Mondmonate aber eine Differenz zum Sonnenjahr aufweisen, wird diese jedes Jahr durch einige Extratage (in China achtzehn Tage) kompensiert, die als eine Periode der Ruhe und der religiösen Festlichkeiten begangen werden. Durch diese Praktik aber stimmen die Monate des Mondkalenders nicht mit den astrologischen Kennzeichen der Monate unseres Kalenders überein. Ob deshalb oder aus anderen Gründen die sino-tibetischen Monate nicht nach den Namen der Symboltiere benannt werden, sondern einfach vom Nordosten beginnend als erster, zweiter, dritter, vierter Monat usf. bezeichnet werden, bleibe dahingestellt. Sehr wahrscheinlich jedoch sind die zwölf Tiere des chinesischen Zodiak erst relativ spät in das *Buch der Wandlungen* integriert worden, und zwar in einer Zeit nach König Wen Wang, da in dessen System der Donner oder das »Erregende« (JEN) im Osten stand, während das »Durchdringende« oder »Sanfte« (SUN) dem Südosten zugeteilt war. Wie es scheint, wurden GEN, SUN und DUI in späterer Zeit (jedoch nur in Tibet) verschoben, was eine Disharmonie in das System des Königs Wen Wang brachte, das in China immer konsequent wiedergegeben wurde.

Für das Verständnis der zyklischen Aufeinanderfolge der Symboltiere sei doch folgendes bemerkt: Sie ist gewöhnlich dadurch charakterisiert, daß ein starkes und ein schwaches Tier nebeneinanderstehen, z. B. Tiger und Hase, Pferd und Schlange, Affe und Vogel, Eber und Maus. Diese Paare verkörpern innerhalb der gleichen Kategorie aggressive und passive Eigenschaften beziehungsweise jeweils selbstbewußte und furchtsame Wesen.

Wenn wir nun die fünf Elemente mit den zwölf Symboltieren kombinieren, so ergeben sich sechzig mögliche Verbindungen ($5 \times 12 = 60$), die einen Zyklus von sechzig Jahren ergeben, der im chinesischen Kulturkreis im allgemeinen einem ein »Jahrhundert« währenden menschlichen Leben gleichgesetzt wurde, d. h. der durchschnittlichen Lebensdauer eines Menschen. Diejenigen, die ein höheres Alter erreichten, betrachtete man als in einem zweiten Lebenszyklus stehend, in dem sich nun ähnliche Erfahrungen auf einer höheren Ebene wiederholen. So spielt die Vorstellung der Periodizität im chinesischen Leben eine große Rolle. Doch wiederholen sich die Dinge niemals in genau der gleichen Weise: Nur gewisse Ähnlichkeiten des Geschehens sind erkennbar, die uns Rückschlüsse auf eine universale Gesetzmäßigkeit erlauben: das Gesetz der Periodizität, wie es sich in den Jahreszeiten und im Lauf der Sterne offenbart.

Bemerkungen zu den nachfolgenden Jahrestabellen, ihren Farben, Elementen und Tiersymbolen

Der äußere Ring enthält die fünf Elemente und ihre Farben. Der nächste nach innen gelegene Ring zeigt die Reihenfolge der Tiersymbole entsprechend dem sino-tibetischen Tierkreis. Die drei innersten Ringe geben die entsprechenden Jahre nach abendländischer Zeitrechnung wieder.

Die Aufeinanderfolge der Tiersymbole und ihre Entsprechung ist wie folgt:

Farbe	Element	Symbol	Monat	Jahreszeit	Stunde
Gelb	Erde	Stier	1. Monat		von Mitternacht bis 2 Uhr
Grün	Holz	Tiger	2. Monat	Frühling	2 bis 4 Uhr nachts
		Hase	3. Monat		4 bis 6 Uhr
Gelb	Erde	Drachen	4. Monat		6 bis 8 Uhr
Rot	Feuer	Schlange	5. Monat	Sommer	8 bis 10 Uhr
		Pferd	6. Monat		10 bis 12 Uhr
Gelb	Erde	Schaf	7. Monat		12 bis 14 Uhr
Weiß	Eisen	Affe	8. Monat	Herbst	14 bis 16 Uhr
		Vogel	9. Monat		16 bis 18 Uhr
Gelb	Erde	Hund	10. Monat		18 bis 20 Uhr
Blau	Wasser	Eber	11. Monat	Winter	20 bis 22 Uhr
		Maus	12. Monat		22 bis 24 Uhr

Die Tiernamen stehen hier immer für die gesamte Gattung ohne Geschlechtsunterschiede. So werden Schaf und Widder, Schwein und Eber nicht unterschieden. Auch werden Ratte und Maus gleichgesetzt. Jedoch wird in den alten chinesischen Texten die Kuh genannt, während die Tibeter dasselbe Tier in seiner männlichen Form als Ochse oder Stier darstellen.

Vorliegende Zeittabelle gibt nur das Geburtsjahr an. Um persönliche Charaktereigenschaften festzustellen, ist es jedoch notwendig, außer dem Geburtsjahr die Jahreszeit beziehungsweise den Geburtsmonat und Geburtstag zu beachten und, wenn möglich, auch die ungefähre Tageszeit, d. h. ob dieser Mensch morgens, mittags, nachmittags, abends oder nachts geboren wurde. Steigt man jedoch zu sehr ins Detail, so werden die Ergebnisse zunehmend ungenauer: der Blick für das Wesentliche wird getrübt, so wie in der allgemeinen Statistik, deren Aussage Durchschnittswerte genau herausarbeitet, die aber weitgehend versagen muß, wenn man mit ihrer Hilfe individuelle Verhaltensvoraussagen machen will. Denn Statistik befaßt sich mit Wahrscheinlichkeiten, kann aber keine Gewißheit über zukünftige Geschehnisse geben. Sie gleicht damit der höheren Mathematik, wo auch mehrere Resultate gleichzeitig möglich sind.

Die Übergänge von einer Jahreszeit zur anderen werden durch ein gelbes Feld dargestellt, denn Gelb – als Farbe der Erde – ist die Farbe der »Mitte« und der Stabilität. Die Übergänge stellen somit ein neutrales Zwischenglied dar, das vermittelnd zwischen den Jahreszeiten wirkt.

Jedes Element »regiert« während zweier Jahre, wobei das erste Jahr als männlich, das zweite als weiblich betrachtet wird. Die Tiersymbole hingegen wechseln von Jahr zu Jahr.

Um bekannte Persönlichkeiten der Vergangenheit charakterologisch zu verstehen beziehungsweise um sie vergleichen zu können, haben wir auch die vorangegangenen Jahrhunderte in unsere Jahrestabellen aufgenommen. Dies mag interessante Einzelheiten enthüllen.

Um Mißverständnissen vorzubeugen, sei noch einmal daran erinnert, daß die chinesischen Monate l u n a r e Monate sind. Der Jahresanfang fällt in China gewöhnlich in den Beginn des Februar, in Tibet dagegen wird er im März gefeiert. Da diese Jahresanfänge jedoch variabel sind, können sie nicht nach westlicher Zeitrechnung festgelegt werden. – Jedes Jahr beginnt im Zeichen des Stieres und endet im Zeichen der Maus. Doch bedenke man immer, daß diese Tiersymbole keine Sternbilder sind, auch nichts mit astrologischen Konstellationen zu tun haben, sondern lediglich Bezeichnungen der Aufeinanderfolge der Mondmonate sind. »Zodiak« ist hier im wörtlichen Sinne von »Tierkreis« zu verstehen, nicht im Sinne von Sternbildern und astrologischen Konstellationen.

Die sino-tibetische Schildkröte
mit Tierkreiszeichen, Trigrammen und
magischem Quadrat.

(Nach einem tibetischen Farbdruck.)

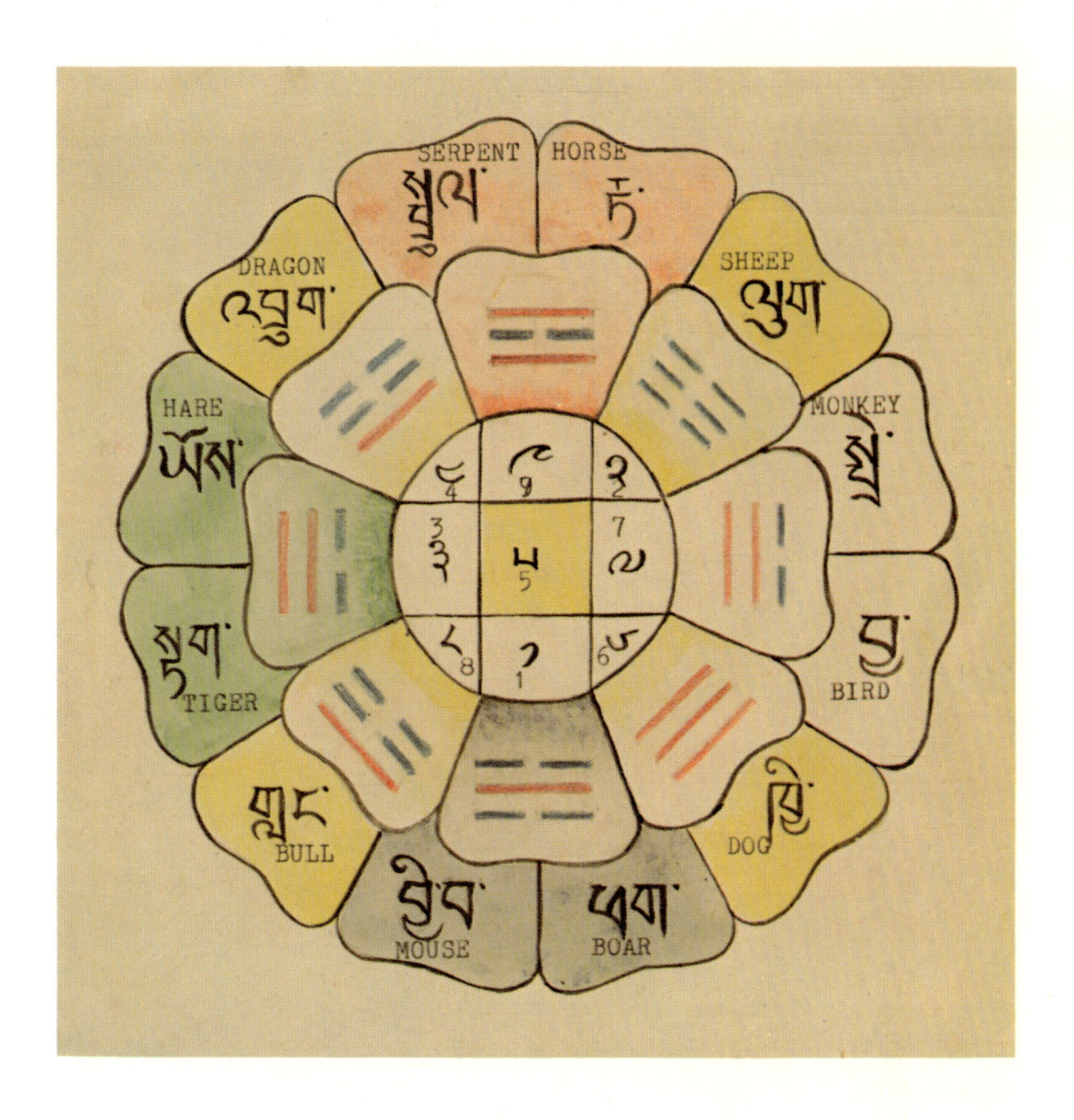

(serpent = Schlange; dragon = Drachen; hare = Hase; tiger = Tiger; bull = Stier; mouse = Ratte/Maus; boar = Eber; dog = Hund; bird = Vogel; monkey = Affe; sheep = Schaf; horse = Pferd.)

DIE TIERSYMBOLE DES SINO-TIBETISCHEN ZODIAK
SOWIE DIE FARBEN DER ELEMENTE, DIE TRIGRAMME UND
DAS MAGISCHE QUADRAT.

(Nach einem tibetischen Farbdruck.)

SINO-TIBETISCHER TIERKREIS, TRIGRAMME UND
MAGISCHES QUADRAT.

(Nach einem tibetischen Holzdruck.)

Die Elemente und ihre Entsprechungen

Element	Holz	Feuer	Erde	Eisen	Wasser
Tibetische und chinesische Bezeichnungen	ཤིང 木	མེ 火	ས 土	ལྕགས 金	ཆུ 水
Entstehung	gebiert Feuer	gebiert Erde (Asche)	gebiert Eisen	gebiert Wasser (Flüssigkeit)	gebiert Holz
Auflösung	durchbricht Erde	schmilzt Eisen	absorbiert Wasser	schneidet Holz	löscht Feuer
Ort	Osten	Süden	Mitte	Westen	Norden
Jahreszeit	Frühling	Sommer	die letzten 18 Tage des Jahres	Herbst	Winter
Tageszeit	Morgen	Mittag	—	Abend	Nacht
Bedingung	Wind	Hitze	Feuchtigkeit	Trockenheit	Kälte
Tugenden	Liebe	Virtuosität	Treue	Gerechtigkeit	Weisheit
Organ	Magen Milz	Lunge	Herz	Leber	Nieren
Geschmack	sauer	bitter	süß	heiß	salzig
Farbe	grün	rot	gelb	weiß	schwarz dunkelblau
(Chinesisch) Planet (tibetisch*)	Mu-Sing (8) Jupiter Phur-bu	Huo-Sing (7) Mars Mig-mar	Tu-Sing (5) Saturn Pen-pa	Jin-Sing (9) Venus Pa-sang	Shui-Sing (6) Merkur Lhag-pa

* Nach tibetischer Schreibweise: Mig-dMar, sPen-pa, sPa-Sangs, Lhag-pa.

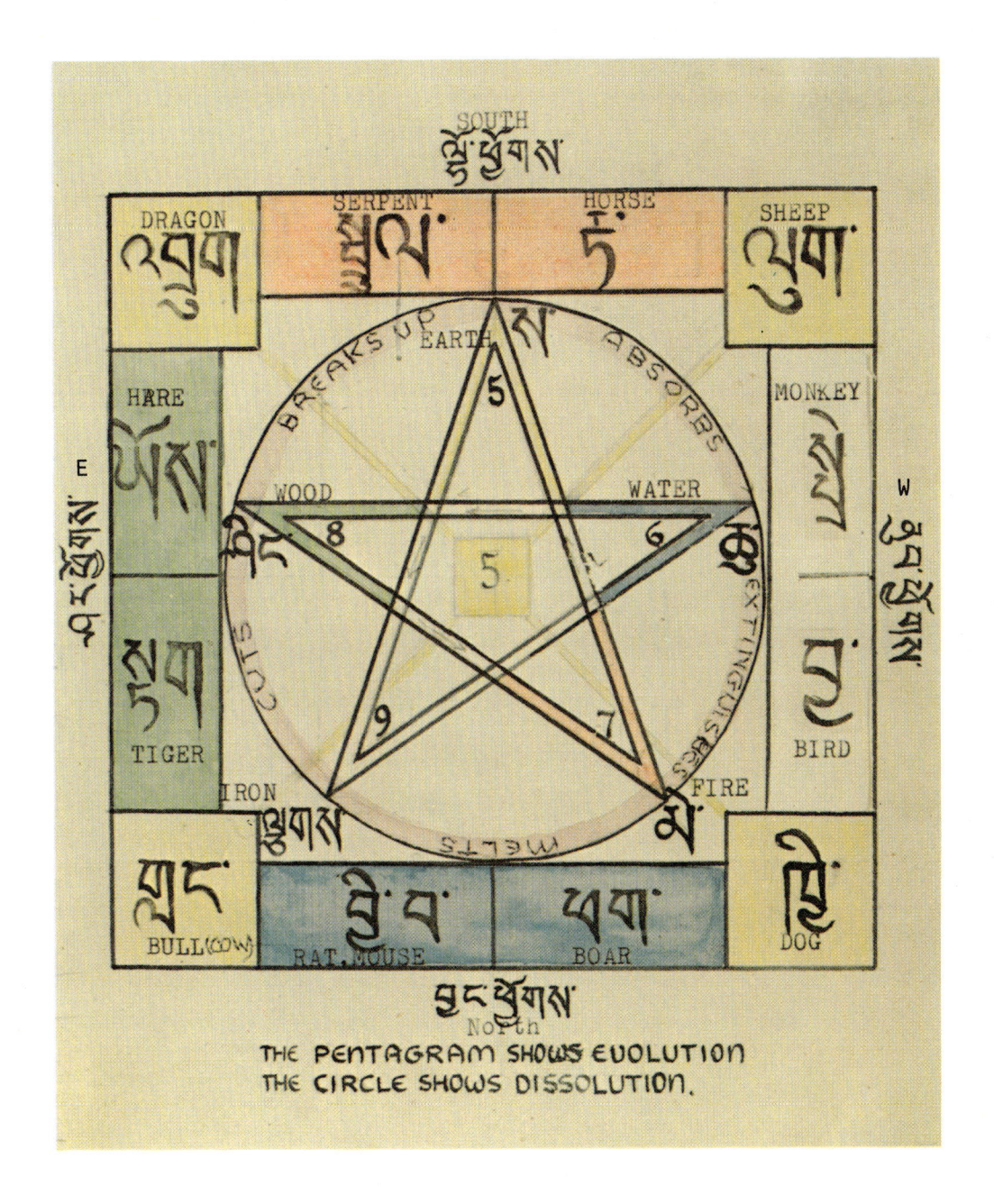

(serpent = Schlange; dragon = Drachen; hare = Hase; tiger = Tiger; bull (cow) = Stier (Kuh); rat/mouse = Ratte/Maus; boar = Eber; dog = Hund; bird = Vogel; monkey = Affe; sheep = Schaf; horse = Pferd. – earth = Erde; wood = Holz; iron = Eisen; fire = Feuer; water = Wasser. – breaks up = bricht auf; cuts = schneidet; melts = schmilzt; extinguishes = löscht; absorbs = absorbiert. – Das Pentagramm zeigt Entstehung. Der Kreis zeigt Auflösung.)

DIE FÜNF ELEMENTE UND IHRE ENTSPRECHUNGEN.

(Nach einem tibetischen Farbdruck.)

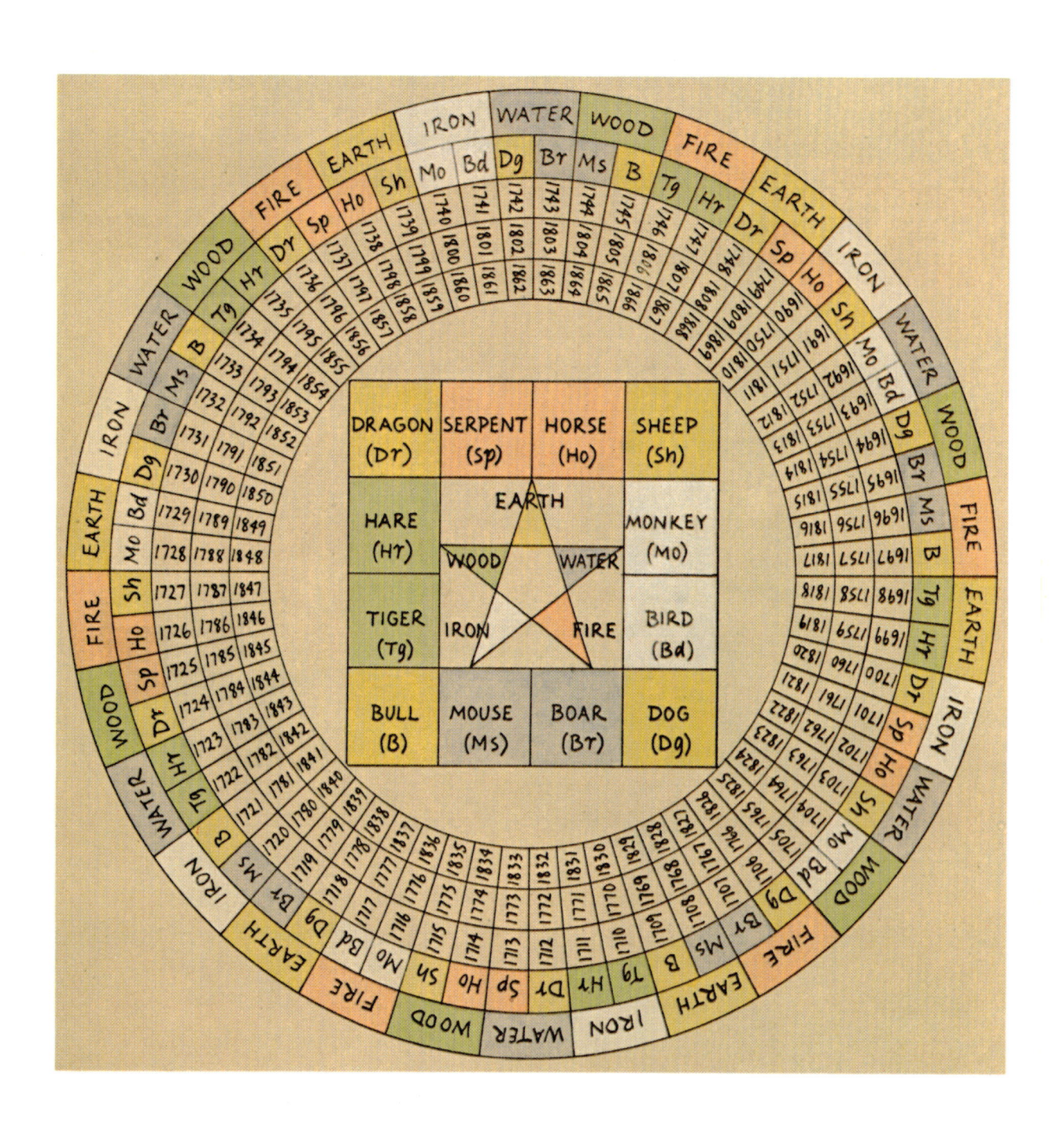

Die Elemente und Tiersymbole
bezogen auf die abendländische Zeitrechnung von 1690 bis 1869
entsprechend der sino-tibetischen Tradition

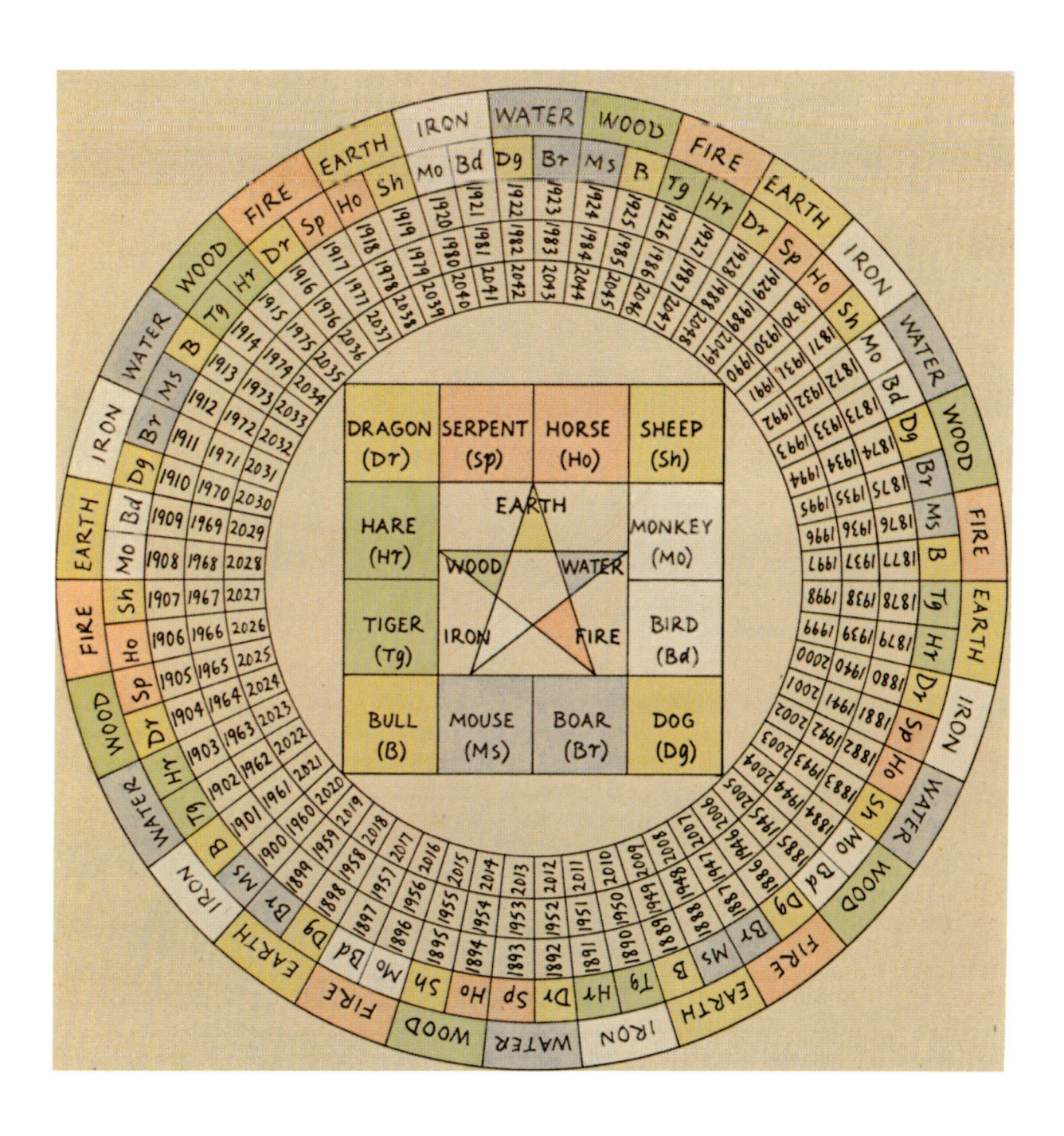

Die Elemente und Tiersymbole
bezogen auf die abendländische Zeitrechnung von 1870 bis 2049
entsprechend der sino-tibetischen Tradition

IX

Die grundlegende Bedeutung der Bewegung im Buch der Wandlungen

> Diese Welt, dieselbe für alle Wesen,
> hat weder ein Gott noch ein Mensch erschaffen:
> sie war immer, ist und wird immer sein,
> ein lebendiges Feuer,
> das periodisch aufflammt und wieder verlöscht.
>
> *Herakleitos*

Das *Buch der Wandlungen* hat vieles mit einem Computer gemeinsam. So muß beispielsweise die Fragestellung richtig sein, damit man eine richtige Antwort bekommt. Auch kann man nur auf eine klar durchdachte und klar formulierte Frage eine ebenso klare Antwort erwarten. Denn wie in der höheren Mathematik haben wir es auch hier vorwiegend mit Wahrscheinlichkeiten, nicht aber mit Gewißheiten zu tun. Die Aussagen haben den Wert von Statistiken, die allerdings sehr exakte Auskünfte zu geben vermögen. Sie können uns beispielsweise sagen, wieviele Menschen in einem bestimmten Land oder aber auf der ganzen Erde, bezogen auf je 100 000 Einwohner, in einem bestimmten Zeitabschnitt sterben müssen, ohne allerdings voraussehen zu können, welche Individuen davon betroffen sein werden.

»Je größer die universelle Gültigkeit einer Theorie ist, desto weniger kann sie individuellen Fakten gerecht werden. Jede auf Erfahrung basierende Theorie ist notwendigerweise s t a t i s t i s c h, mit anderen Worten, sie drückt einen idealen Durchschnittswert aus, der alle Ausnahmen nach beiden Enden der Skala hin negiert und sie durch einen abstrakten Mittelwert ersetzt. Dieser Mittelwert ist völlig korrekt, obwohl er nicht notwendigerweise realiter in Erscheinung treten muß: er wird trotzdem in der Theorie als ein unumstößliches Faktum betrachtet. Die Ausnahmen an den entgegengesetzten Seiten [der Skala] erscheinen hingegen, obwohl sie faktisch existieren, überhaupt nicht im Endresultat, da sie einander aufheben.«[17]

»Diese Erwägungen muß man sich immer wieder vergegenwärtigen, wenn die Rede auf eine Theorie kommt, die als Weg zur Selbsterkenntnis dienen soll. Es gibt und kann auch keine Selbsterkenntnis geben, die auf theoretischen Annahmen basiert, denn das Objekt der Selbsterkenntnis ist immer ein Individuum – eine relative Ausnahme und ein irreguläres Phänomen. Aus diesem Grunde ist das Universelle und Reguläre nicht das für das Individuum Charakteristische, sondern vielmehr das Einmalig-Einzigartige.«[18]

Doch durch diese Irregularität und Einzigartigkeit, die das Individuum charakterisiert, muß es seines Platzes im Universum nicht verlustig gehen. Denn diese Irregularität ist Teil der universellen Gesetzmäßigkeit, die keineswegs so eng umschrieben werden kann, wie es unser begriffliches Denken vermeint, da dies selbst im allgemeinen keine genügende Komplexität besitzt, um mehr als eine Lösung desselben Problems für möglich zu erachten, wozu es allerdings in der höheren Mathematik gezwungen ist. Das, was wir schlechthin als »Naturgesetz« bezeichnen, ist das Ergebnis vieler, zum Teil widerstreitender Kräfte, deren erst am Ende in Erscheinung tretendes Gleichgewicht uns als »ewig« und »unwandelbar« erscheint. Da wir es hier aber mit l e b e n d i g e n Kräften zu tun haben und nicht nur mit toten Endzuständen, müssen wir begreifen lernen, daß selbst das, was unveränderlich und statisch erscheint, Teil eines Stromes ist, dessen Bewegung für uns nicht wahrnehmbar ist. Die Chinesen nannten es Tao.

Eines der Hauptprinzipien der buddhistischen Philosophie der *Sarvāstivādins* war, daß allen Elementen der Wirlichkeit *(dharmā)* und allen Lebensbedingungen nur die Eigenschaft des Momentanen zuzuerkennen ist. Dennoch – so behaupten sie – habe all diese Momentanheit eine gewisse »Stabilität« zur Folge, die uns zu der Auffassung berechtige, daß »alles ist« *(sarva asti)*. Doch wie beim Film selbst das Bild eines in Ruhe befindlichen, nicht-bewegten Gegenstandes sich aus vielen, in schneller Abfolge wechselnden Augenblicksbildern zusammensetzt, so besteht die scheinbar sich gleichbleibende Natur aus sich wiederholenden Erscheinungsformen beziehungsweise Strukturen, wobei das diesen zugrunde liegende Material sich in dauernder Veränderung befindet, so daß es den Anschein hat, als hätten wir es konstant mit derselben Substanz beziehungsweise mit demselben lebendigen Wesen zu tun.

Diese Illusion, der die ganze Menschheit unterworfen ist, hat der Buddhismus ein für alle Mal ad absurdum geführt. Die altchinesische Weltanschauung, der wir im *Buch der Wandlungen* begegnen, auf dem Taoismus wie Konfuzianismus basieren, ging gleiche Wege. Die Chinesen widerstanden der Versuchung, den ständigen Wandel als »gut« oder »schlecht« zu beurteilen. Sie zeigten vielmehr die Gesetzmäßigkeiten auf, unter denen sich der Wandel vollzieht, so daß sich der Mensch entsprechend verhalten kann, um so entweder das Beste aus der Situation zu machen oder die für ihn unheilsamen Folgen zu vermeiden.

So vermeidet das *Buch der Wandlungen* alle Entgleisungen in Optimismus wie Pessimismus, die die meisten Philosophien und Religionen entstellen und die regelmäßig ihren Ursprung in rein persönlichen Erfahrungen, Werturteilen und Charakterzügen des jeweiligen Begründers oder aber in traditionellen Glaubensansichten haben.

Das *Buch der Wandlungen* zeigt uns die Möglichkeiten des Lebens auf, macht aber keine Voraussagen betreffs zukünftiger, unabwendbarer Ereignisse. Es respektiert vielmehr unseren freien Willen, überläßt uns die Entscheidung, weist aber auf die zu erwartenden Folgen hin, falls wir eine bestimmte Handlungsweise weiter beibehalten oder in einer entsprechenden Haltung verharren. Die Sprüche des »Orakels« wollen uns also lediglich einen Rat erteilen, nicht aber unsere Zukunft voraussagen oder diese gar als ein festgelegtes Schicksal verkünden. Jede Form des Determinismus liegt ihnen fern, und diejenigen, die in ihnen unfehlbare Orakelsprüche beziehungsweise eine Art Weissagung sehen, mißverstehen das *Buch der Wandlungen* völlig. Wie bei einer Wahrscheinlichkeitsrechnung geht es auch hier um das Verstehen der zugrunde liegenden und grundlegenden Prinzipien. So ist die Auseinandersetzung mit dem I Ging keine Angelegenheit blinden Glaubens, sondern ein Bemühen um tiefere Einsicht in die Gesetze der Natur.

Ob die Menschen in grauer Vorzeit beziehungsweise in früheren Zeitaltern durch Intuition oder durch Beobachtung oder durch Kombination beider zu so tiefen Einsichten kamen, sei dahingestellt. Tatsache aber ist, daß sie logisch und konsequent ein klar strukturiertes System schufen, das wir heute wieder erforschen müssen, um es für unsere Zeit und für unsere individuellen Gegebenheiten anwendbar zu machen. Indem die Alten die Naturgesetze und die Lebensrhythmen beobachteten, entdeckten sie, ohne sich dessen bewußt zu werden, die Geheimnisse des genetischen Code, wie Martin Schönberger in seinem natur- und geisteswissenschaftlich bedeutsamen Buch *Verborgener Schlüssel zum Leben* überzeugend darlegt. In einer kurzen Zusammenfassung seiner These zeigt er, daß die Entdeckung des genetischen Code eine der wichtigsten Entdeckungen in der Geschichte der Menschheit ist. Alles pflanzliche und tierische Leben entstand, erfuhr seine Ausformung und seine Fortpflanzung durch ein seltsames System (das zu gleicher Zeit die Form dieses Lebens darstellt), das aus 64 Code-Wörtern besteht, die zur Beschriftung des langkettigen

Moleküls DNS verwendet werden. Das fünftausend Jahre alte chinesische Weltsystem des I GING nimmt diese naturphilosophische Erkenntnis vorweg. Nur drei der Code-Wörter des genetischen Code haben einen eindeutigen Sinn. Sie dienen als Interpunktionen für die genetischen »Sätze«. Zwei dieser Code-Wörter bedeuten »halt« (d.h. das Ende eines genetischen »Satzes«); ein Code-Wort bedeutet »vorwärts« (d.h. den Beginn eines neuen genetischen »Satzes«).

DER GENETISCHE CODE
DARGESTELLT DURCH HEXAGRAMME

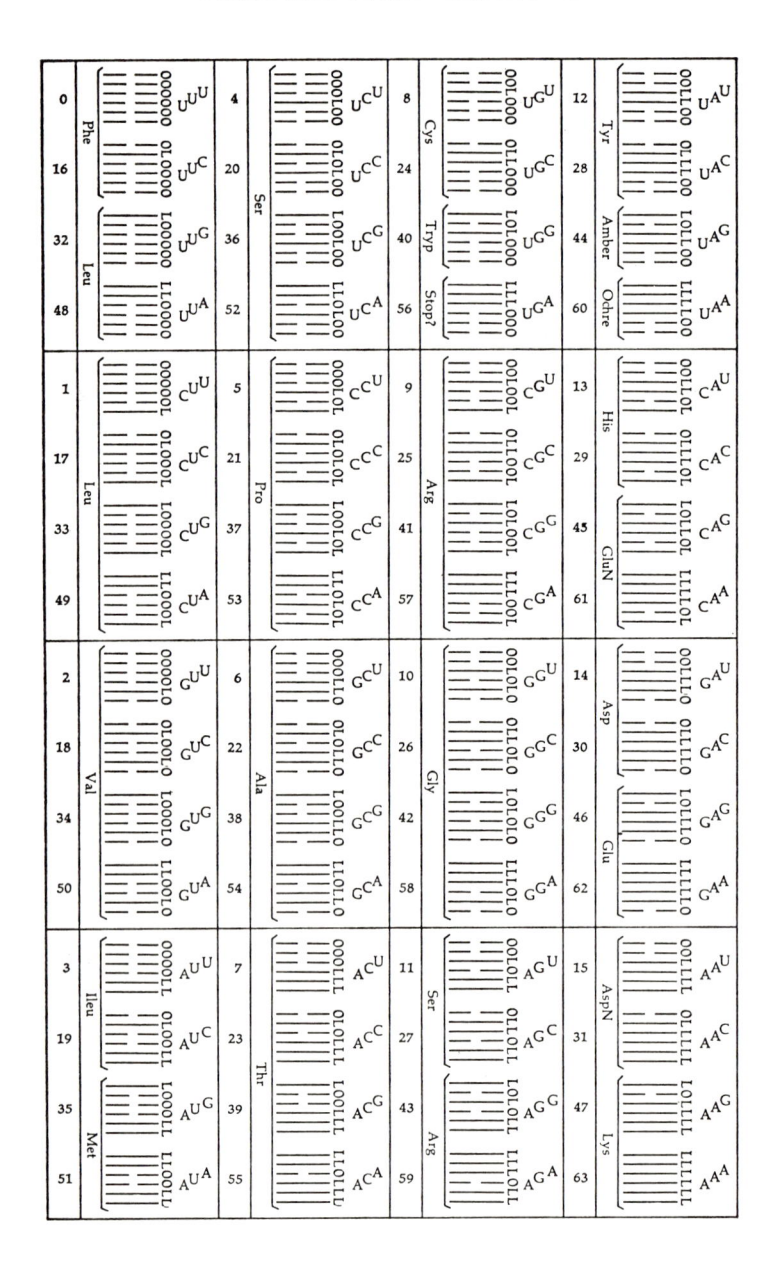

DIE UMSCHREIBUNG DER BEIDEN CODES IN DER BINÄREN ORDNUNG
(nach Martin Schönberger)

Ala = Alanin	Glu = Glutaminsäure	Leu = Leucin	Ser = Serin
Arg = Arginin	GluN = Glutamin	Lys = Lysin	Thr = Threonin
Asp = Asparginsäure	Gly = Glycin	Met = Methionin	Trp = Tryptophan
AspN = Asparagin	His = Histidin	Phe = Phenylalanin	Tyr = Tyrosin
Cys = Cystin	Ileu = Isoleucin	Pro = Prolin	Val = Valin

Wenn man nun dies auf die nachstehende, entsprechend umgeformte Tabelle des alten Weisheitsbuches I Ging anwendet, so stellt man bald fest, daß die zwei Halt-Codons UAA und UAG des genetischen Code in der Sprache des I Ging »Rückzug« (Kap. 33) und »Stockung« (Kap. 12) heißen, während das Startsignal des genetischen Code UAG im I Ging »Wanderer« (Kap. 56) bedeutet. Die beiden Systeme des genetischen Code und des I Ging – jedes für sich allein rätselhaft – ergänzen und bestätigen einander in einer ähnlich geheimnisvollen Einheit wie Geist und Materie, so daß möglicherweise hier ein Code als »Weltformel« sichtbar wird.

C. G. Jung äußerte einst bei seiner Ansprache am Grabe des von ihm verehrten Übersetzers des I Ging Richard Wilhelm: »Auf die Dauer kann es nicht verborgen bleiben, daß wir hier den archimedischen Punkt berühren, mit dessen Hilfe unser ganzes westliches Denken aus den Angeln gehoben werden könnte.« Und eben genau das ist geschehen, seitdem der genetische Code im I Ging entdeckt wurde.

Der genetische Code zeigt uns nicht nur, wie offensichtlich so entgegengesetzte Kräfte wie etwa männliche und weibliche Eigenschaften sich trotz ihrer scheinbaren Gegensätzlichkeit ergänzen, miteinander kooperieren und unzählige neue Verbindungen und Variationen erschaffen, sondern er demonstriert gleichzeitig überzeugend und für jedermann einsichtig, daß zwischen Dualismus und Polarität ein himmelweiter Unterschied besteht. Jahrhundertelang haben wir dies leider nicht erkannt und uns in den Schlingen reiner Abstraktionen verfangen. Bestärkt durch logische Schlußfolgerungen, welche die Richtigkeit philosophischer Konstruktionen und metaphysischer Spekulationen zu beweisen schienen, hielten wir an religiösen Dogmen selbst dann fest, wenn sie für die Gegenwart keine wie auch immer geartete Bedeutung hatten und den Überzeugungen des größten Teils der Menschheit widersprachen. »Dem Chinesen ist die Fähigkeit der Kaukasier, sich in metaphysischen Abstraktionen zu verirren, immer eine Quelle der Verwunderung gewesen.«[19]

Unsere Achtung vor geistigen Errungenschaften der Vergangenheit und historisch geheiligte, überlieferte Anschauungsformen hindern uns oft daran, die Wirklichkeit der Gegenwart beziehungsweise neue Erfahrungen gelten zu lassen und zu schätzen. Tun wir es dennoch, so werden wir uns mancher schöner Illusionen berauben, werden aber, wenn wir unsere Augen öffnen, eine unermeßliche Fülle von Dingen wahrnehmen, die selbst die romantischsten Vorstellungen der Vergangenheit weit übertreffen. Wir erleben heute Berglandschaften wie beispielsweise die Alpen, den Himalaya und die Kordilleren ganz selbstverständlich als Naturschönheiten. Doch noch vor wenigen Jahrhunderten wurden die gleichen Landschaften als etwas Furchterregendes und Schreckliches empfunden. Der Mond dagegen, der vergangene Generationen mit poetischen, ja sentimentalen Gefühlen erfüllte, ist für die junge Generation eine Wüste von Staub und Asche, ein toter Himmelskörper, der die Erde umkreist. Und dennoch mag das, was uns heute enttäuscht, weil es unseren bisherigen Vorstellungen und Erwartungen nicht entspricht, uns eines Tages wieder wie ein Wunder erscheinen, wenn wir uns von alten Vorurteilen gelöst haben.

Eines der größten Vorurteile, das wir immer noch mit uns herumtragen, besteht darin, daß wir uns selbst im Gegensatz zu der uns umgebenden Welt stehend sehen und daß wir glauben, wir könnten dieser Welt entfliehen oder sie beherrschen. Die Folge beider Einstellungen ist in jedem Fall ein extremer Dualismus, der die Welt in »Ich« und »Nicht-Ich« spaltet und die Menschen in eine Schizophrenie treibt. Aber wie wir bereits bei der Betrachtung des genetischen Code und der anderen Gesetze des Lebens gesehen haben, zwingt uns die Natur immer erneut, unsere Haltung zu korrigieren und zu erkennen, daß die Welt sich nicht auf Dualismus, sondern auf Polarität gründet.

Der Unterschied zwischen Dualismus und Polarität besteht, wie wir nicht oft genug wiederholen können, in der Tatsache, daß der Dualismus nur unvereinbare Gegensätze kennt – Gegensätze, die einander ausschließen und die zu einseitigen Bewertungen und Entscheidungen führen. Die

Polarität hingegen setzt eine höhere übergeordnete Einheit voraus, ebenso wie sie den Begriff der Ganzheit eines Organismus einschließt. Die entsprechenden Pole ergänzen einander und sind so untrennbar miteinander verbunden wie der positive und der negative Pol eines Magneten. Der Irrtum des Dualismus besteht in dem Versuch, nur eine Seite des Lebens anzuerkennen, und zwar die, die unseren Wünschen und Idealen entspricht, oder aber die, die unserem Verhaftetsein an gegenwärtige Bedingungen oder an unser illusorisches Selbst und an all das, das mit ihm identifiziert wird, adäquat ist.

In diesem Zusammenhang wird verständlich, warum der Begriff der »Beständigkeit« mit »Dauer« oder »Kontinuität« gleichgesetzt wird. Aber wie das *Buch der Wandlungen* aufzeigt, ist »›Dauer‹ eine Bedingung, deren Bewegung durch Hindernisse nicht zum Erliegen kommt. Sie ist kein Zustand des Ausruhens (im Sinne des Stillstandes), denn Stillstand ist Rückschritt. ›Dauer‹ ist daher die sich selbst erneuernde Bewegung eines organischen ind integralen Ganzen, das sich entsprechend inhärenter Gesetze fortpflanzt.«

In diesen Sätzen ist das zentrale Anliegen des *Buches der Wandlungen* in kürzester Formulierung so dargestellt, daß es auch von der modernen Wissenschaft akzeptiert werden kann, wie Schönberger in seinem oben erwähnten Buch dargelegt hat. Hier sei nur noch einmal daran erinnert, daß die Bejahung von Naturgesetzen keineswegs die Annahme eines Determinismus bedeutet. Naturgesetze sind vielmehr regulative Prinzipien, ohne die Freiheit unmöglich wäre. Denn so wie man sich nicht ohne Reibung fortbewegen kann (nicht einmal auf glattem Eis), ebenso ist Widerstand für jeden Fortschritt im physischen wie im spirituellen Bereich notwendig. Denn selbst im geistigen Leben können wir uns nicht ausschließlich auf unsere Intuitionen verlassen. Wir müssen vielmehr dem intuitiv Erschauten in Form von Symbolen oder mittels der Logik oder der Mathematik eine Struktur geben, die jedoch nichts Endgültiges ist und die wir, wenn sie ihren Zweck erfüllt hat, nicht mehr beachten sollten. Diejenigen aber, die Strukturen vorzeitig über Bord werfen wollen, sind Phantasten, die sich in ihre Träumereien verlieren. Denn wer zur Wirklichkeit seines eigenen Lebens und Erlebens erwachen will, muß sowohl seine Vernunft wie auch seine Vorstellungskraft gebrauchen.

In den vorangegangenen Kapiteln haben wir versucht, den Symbolismus des *Buches der Wandlungen* zu verstehen, ohne der ihm zugrunde liegenden Struktur viel Aufmerksamkeit zu schenken. Es ist nun an der Zeit, jene erkennbaren Bewegungen zu veranschaulichen, die zu den verschiedenartigen Formulierungen, die das Gefüge des I GING ausmachen, führten.

Als König Wen Wang den Versuch unternahm, die abstrakten Prinzipien des Fu Hi den zeitabhängigen und zeitbedingten Gegebenheiten des menschlichen Lebens anzupassen, verfuhr er keineswegs willkürlich. Er folgte vielmehr einer logischen Systematik, mit der er alles unter einem einheitlichen Gesichtspunkt konsequent betrachtete und bearbeitete. Wenn wir seine Gedankengänge nachvollziehen, verstehen wir am Ende, wie er sein System entwickelte und in welcher Beziehung es zu dem seines Vorgängers steht.

Diesen Nachvollzug haben jedoch die Übersetzer des I GING in Vergangenheit und Gegenwart nicht gewagt. Sie sahen im *Buch der Wandlungen* (das sie oft zwar wörtlich richtig, aber nicht dem Sinn entsprechend mit *Buch des Wechsels* übersetzten) lediglich ein Konglomerat nicht beweisbarer Ansichten und wilder Spekulationen, das man bestenfalls als ein Nachschlagewerk für literarische oder philosophische Fachausdrücke benutzen konnte. Andere Sinologen versuchten, nicht existierende Verbindungen zur biblischen Tradition zu konstruieren, wieder andere betrachteten es als ein primitives Wahrsagebuch, und schließlich meinten einige sogar, in ihm ein Handbuch für politisch vorteilhafte Handlungsweise zu entdecken. Das Erstaunliche aber war, daß die, die solche Theorien aufstellten, hervorragende Kenner der chinesischen Sprache und Literatur waren: ein Beispiel dafür, wie selten Gelehrsamkeit und angehäuftes Fachwissen mit innerem Verstehen einhergehen. Je mehr sich aber die Vertreter der akademischen Sinologie in philologische und historische Einzelheiten und Kontroversen verrannten, um so weniger waren sie in der Lage, die dem I Ging zugrunde liegende Struktur zu erkennen, wodurch allein die Bedeutung des ursprünglichen Systems verständlich wird, die sich hinter jener voluminösen Literatur verbirgt, welche sich um dieses Buch gebildet hat.

Um so mehr muß das Verdienst eines Menschen wie das Richard Wilhelms herausgestellt werden, der an dieses Buch nicht nur als Gelehrter heranging und es als professioneller Philologe übersetzte, sondern der zugleich mit bewunderswürdiger Unvoreingenommenheit diese Arbeit unternahm, wobei er sich ehrlich bemühte, seine eigenen religiösen Überzeugungen hintanzustellen, um die kulturellen Werte der damals noch lebendigen chinesischen Tradition in ihrem Selbstverständnis zu erforschen und darzustellen. Er, der als christlicher Missionar hinausgezogen war, um die Chinesen zu seinen eigenen religiösen Glaubensvorstellungen zu bekehren, entdeckte, daß es wesentlich wichtiger wäre, von ihren jahrtausendealten Erfahrungen zu lernen.

Nach einem langen Wirken in China, verbunden mit einem intensiven Studium, kehrte er schließlich nach Europa zurück, um die Früchte seiner Arbeit dem Westen zu vermitteln und um so ein tieferes Verständnis zwischen den Kulturen des Ostens und des Westens zu ermöglichen. Selbst wenn wir mit gewissen Details seines Werkes heute aus logischen oder historischen Gründen oder aufgrund moderner Forschungsergebnisse nicht übereinstimmen, so schmälert dies in keiner Weise seine Verdienste.

Das Werk, das Richard Wilhelm geschaffen hat, ist ein Meilenstein am Wege zum Verständnis fernöstlicher Kulturen. Mit der Übersetzung des I Ging hat er uns eines der größten geistigen Denkmale der Menschheit zugänglich gemacht. In seinem Vorwort zum *Buch der Wandlungen* läßt er uns ahnen, welche gewaltige Arbeit damit verbunden war. Er schreibt: »Als Tsingtau zum Aufenthaltsort einiger der größten Gelehrten der alten Schule wurde, traf ich meinen verehrten Lehrer Lao Nai Hsüan. Ich verdanke ihm nicht nur ein tieferes Verständnis..., sondern auch, daß er als erster meinen Geist für das Wunder des *Buches der Wandlungen* öffnete. Unter seiner erfahrenen Leitung wanderte ich entzückt durch diese seltsame und dennoch vertraute Welt. Die Übersetzung des Textes wurde erst nach eingehender Diskussion gemacht. Dann wurde die deutsche Version ins Chinesische zurückübersetzt, und nur, wenn die Bedeutung des Textes vollkommen klar war, betrachteten wir unsere Wiedergabe als eine wirkliche Übersetzung.«

DER WANDEL
VON DER ABSTRAKTEN
ZUR ZEITLICHEN ORDNUNG

Innerer Kreis: Die abstrakte, innerweltliche Ordnung des Fu Hi
Äußerer Kreis: Die zeitbedingte Ordnung des Königs Wen Wang
(Erste Version)

KIÄN und KAN bewegen sich diagonal in divergierenden Richtungen.
LI und KAN bewegen sich parallel in entgegengesetzten Richtungen.
SUN und GEN bewegen sich parallel in gleichen Richtungen.
JEN und DUI bewegen sich ohne Beziehung in unterschiedlichen Richtungen.

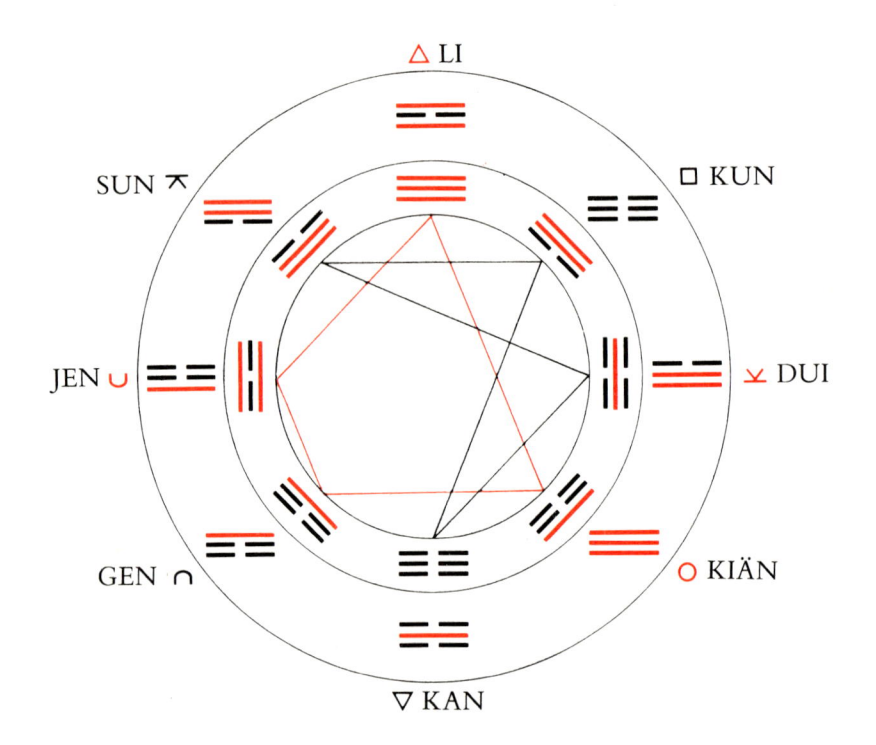

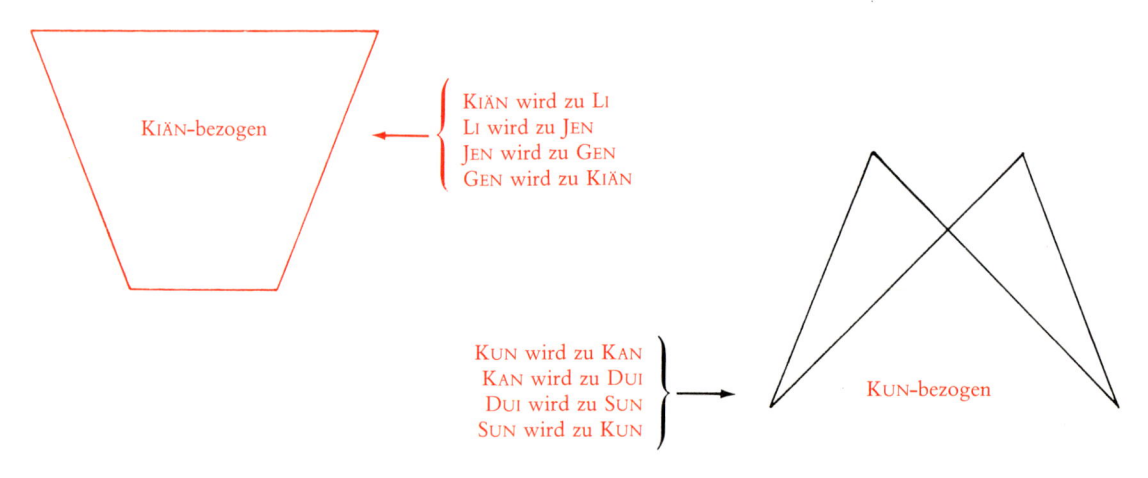

KIÄN-bezogen

KIÄN wird zu LI
LI wird zu JEN
JEN wird zu GEN
GEN wird zu KIÄN

KUN wird zu KAN
KAN wird zu DUI
DUI wird zu SUN
SUN wird zu KUN

KUN-bezogen

X

Die Bedeutung
der
Linien und Richtungen

> Leben und Tod, Wachen und Schlafen, Jugend und Alter
> ist bei uns ein und dasselbe:
> denn dieses verwandelt sich in jenes und jenes wiederum in dieses.
>
> *Herakleitos*

Jedes der Hexagramme im *Buch der Wandlungen* setzt sich aus je zwei Trigrammen, d. h. aus je zwei dreizeiligen Zeichen zusammen, die ihrerseits jeweils zwei Kräfte darstellen, die sich in einer bestimmten Richtung bewegen. Dabei unterstützen sie sich entweder gegenseitig, durchdringen einander, bekämpfen sich oder fliehen einander. Auf diese Weise entsteht zwischen den zwei Richtungstendenzen der beiden Trigramme eine Spannung, beziehungsweise es baut sich hier ein Kraftfeld auf, das den Charakter des Hexagramms bestimmt. Um nun das gegenseitige Sichausgleichen oder das sich gegenseitige Verstärken der Tendenzen verstehen zu können, müssen wir den Wert und die Bedeutung jeder Linie ebenso beachten wie die Richtung des durch ihre Kombination gebildeten Trigramms.

Der Wert jeder Linie hängt von ihrer jeweiligen relativen Position innerhalb eines Hexagramms ab. Denn jedes Hexagramm ist eine sinnvolle Komposition, die einer musikalischen Komposition weitgehend vergleichbar ist, in der nicht nur Zeitfolge, Länge und Tonqualität einer Note die Melodie ausmachen, sondern in der ebenso wesentlich die Stelle ist, an der die Note steht, wie auch der Notenschlüssel und die Vorzeichen, die der Notenzeile vorangestellt sind und durch die Tonart und Charakter der Gesamtkomposition bestimmt werden.

In gleicher Weise müssen wir bei der Beurteilung eines Hexagramms d e n Ort betrachten, den die jeweilige Linie einnimmt, d. h. welche Stelle sie in der Aufeinanderfolge der sechs Striche von der Basis bis zur Höhe des Zeichens einnimmt. Dabei stellt die unterste Linie die Ausgangssituation dar, d. h. sie kennzeichnet den Ort, wo wir zur Zeit stehen. Die oberste Linie hingegen weist auf das hin, was wir zu erreichen suchen, beziehungsweise auf das wahrscheinliche Resultat unserer gegenwärtigen Handlungen. Denn wie die untere Linie das Produkt früheren Tuns ist, so deutet die obere Linie auf das wahrscheinliche Ergebnis unseres augenblicklichen Handelns. Die Striche im Hexagramm drücken ihrerseits entweder *Aktivität* (ungebrochene Linien) oder *Passivität* beziehungsweise *Rezeptivität* (gebrochene Linien) aus, so daß sich folgendes Bild ergibt:

	6	▬▬ ▬▬	Ende/Der Weise	rezeptiv	(gebrochen)
Gatte	5	▬▬▬▬▬	Herr oder Herrscher	aktiv	(ungebrochen)
Gattin	4	▬▬ ▬▬	Minister	rezeptiv	(gebrochen)
	3	▬▬▬▬▬	(Übergang)	aktiv	(ungebrochen)
Sohn	2	▬▬ ▬▬	Beamter	rezeptiv	(gebrochen)
	1	▬▬▬▬▬	Anfang	aktiv	(ungebrochen)

In den Hexagrammen steht Rot immer für aktiv und Schwarz für rezeptiv.

Wie im menschlichen Leben, so sind auch im Hexagramm die engsten und tiefsten Beziehungen einerseits die zwischen Gatte und Gattin, andererseits zwischen Mutter und Sohn. Und wie im individuellen Leben ist auch auf politischer wie sozialer Ebene die fünfte Linie die wichtigste. Sie wird darum mit einem Herrscher verglichen, während die Linien 4 und 2 für Minister und Beamter stehen, die beide nur ausführende Organe sind, d. h. nicht aus eigener Initiative handeln können. Ebenso sind vom Standpunkt des Handelns die Linien auf dem ersten und sechsten Platz des Hexagramms weniger wichtig, da sie die Summe vergangenen Handelns sind. So ist die Aktivität auf dem ersten Platz eine unbewußt bedingte (als Charakteranlage oder als Ergebnis eines früheren Lebens).[20] Platz 6 steht für die geistige Haltung eines Weisen, der, sich äußerer Handlung enthaltend, nach außen hin passiv erscheint.

Wenn wir aber nun den Charakter eines Hexagramms als Ganzes erfassen wollen, müssen wir die äußeren und inneren Trigramme zu Rate ziehen, was im folgenden Diagramm veranschaulicht sei:

A und B sind die zwei äußeren und wichtigsten Trigramme, aus denen sich das Hexagramm zusammensetzt. C und D sind die inneren Zeichen, welche die unter- oder unbewußten Tendenzen eines Charakters zeigen. Sie greifen übereinander und sind sekundäre, kompensatorische Faktoren, die nur unter gewissen Umständen an die Oberfläche treten und selten bewußt werden.

Die Linien in unserem Beispiel lassen nun folgende Beziehung erkennen:
Linie 1 gehört zu A   Linie 4 gehört zu B, C und D
Linie 2 gehört zu A und C   Linie 5 gehört zu B und D
Linie 3 gehört zu A, C und D Linie 6 gehört zu B

Wir wir aus vorstehender Karte der grundlegenden Symbole ersehen können, gibt es nur zwei Richtungen, in denen sich die Trigramme bewegen können: nach oben oder nach unten. Sind nun die Trigramme in einem Hexagramm vereinigt, so ergeben diese zwei Richtungen fünf unterschiedliche Resultate:

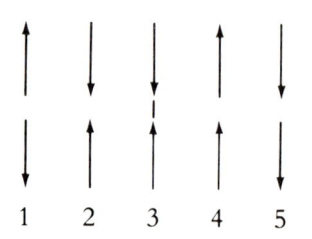

1. Divergenz
2. Opposition
3. Durchdringung
4. Verstärkung nach oben (gemeinsame Aufwärtsbewegung)
5. Verstärkung nach unten (gemeinsame Abwärtsbewegung)

Da wir es hier nun mit Bewußtseinszuständen beziehungsweise mit Lebensbedingungen oder anderen immateriellen Phänomenen zu tun haben, die nur vorübergehende Stadien der Wandlung sind – also Bewegungen, die nach inhärenten Gesetzen entstehen –, müssen wir diese als die wichtigsten Faktoren des Lebens erkennen. Man kann unterschiedlicher Meinung über die Interpretation der sechs Linien eines Hexagramms sein. So kann man – wenn ein Hexagramm der Geburtskonstellation eines Individuums entspricht – es in sechs Perioden von je zehn Jahren unterteilen, da der durchschnittliche Lebenszyklus eines Menschen (nicht aber seine tatsächliche Lebensdauer, die mehr oder weniger betragen kann) nach chinesischer Tradition auf sechzig Jahre berechnet wird. Da es sich hier aber um Durchschnittswerte handelt, können diese Zehnjahres-Perioden für kürzere oder längere Intervalle – entsprechend dem Lebensrhythmus des betreffenden Individuums – stehen. Man sollte daher mit dieser Methodik sehr vorsichtig umgehen.

Doch es gibt nicht nur »bewegte« oder veränderliche Liniensymbole (die im allgemeinen entweder durch einen kleinen Kreis ○ oder durch ein kleines Quadrat ☐ bezeichnet werden): jede Linie hat auch ihre Eigenbewegung, die über ihren Wert im Verein mit anderen Linien entscheidet, wobei ihre Stellung und ihr Eingebundensein in ein Trigramm von besonderer Bedeutung ist. Das Trigramm selbst ist eine Einheit, die sich als Ganzes entweder aufwärts oder abwärts bewegt, wodurch es – wie wir bereits sahen – das andere, zum gleichen Hexagramm gehörige Trigramm entweder verstärken, durchdringen, konfrontieren oder negieren kann.

Die Zeichen selbst sind von Natur weder Glücks- noch Unglückszeichen, sind weder fördernd noch hemmend: sie werden es in ihrer Verbindung mit anderen – inneren oder äußeren – Zeichen.

Durch die Bewegtheit und die dadurch bedingte Momenthaftigkeit dieser Zeichen wird es verständlich, daß Voraussagen äußerst schwierig sind. Denn selbst wenn zukünftige Ereignisse vorbestimmt und deshalb voraussehbar wären, würden Menschen unterschiedlicher Art und verschiedener Zeitepochen völlig anders auf solche Ereignisse reagieren. Auch würde die Treffsicherheit einer solchen Voraussage davon abhängen, ob der Mensch, für den sie gemacht wird, die gleiche Einstellung beziehungsweise die gleiche geistige Richtung oder das gleiche bewußte Verhalten beibehält. Nur wenn zwei Bewegungen bestimmt werden können oder festliegen, kann die Zukunft mit einem gewissen Grad von Gewißheit vorausgesagt werden.

Um diese Bewegungen, die sich in den Trigrammen ausdrücken, anschaulich zu machen, bedienen wir uns jener Symbole, die von den Chinesen von Alters her als Gedächtnisstütze benutzt wurden und die zu einer wesentlichen Vereinfachung der Hexagramme führten. Wie verwirrend die Liniensymbole für den ungeübten Betrachter sein können, dürfte dem nichtgeschulten Leser bereits bei der Betrachtung der vorangegangenen Tabelle der 64 Hexagramme in Verbindung mit dem genetischen Code deutlich geworden sein. Wir folgen daher dem altchinesischen Beispiel und bedienen uns vereinfachter, anschaulicher Symbole, die nicht nur die acht grundlegenden Trigramme ersetzen, sondern zugleich auch deren Bewegungsrichtung ausdrücken. Auf diese Weise können wir klar erkennen, ob ein Hexagramm aus entgegengesetzten, parallellaufenden, sich gegenseitig durchdringenden oder einander fliehenden Komponenten (Trigrammen) besteht.

Betrachten wir zunächst die Bedeutung der wichtigsten Zeichen »Himmel« und »Erde«. Im *Shuo Gua heißt es:* »Das SCHÖPFERISCHE ist der ›Himmel‹. Er ist rund ○ ... Das EMPFANGENDE ist die ›Erde‹.« Sie wurde als bewegendes Zeichen durch ein kleines Quadrat ☐ gekennzeichnet. Ob wir es nun als Zufall oder als »mystische Tradition« bezeichnen wollen, Tatsache ist, daß *Maṇḍalas* (in Indien wie im Tibet) im allgemeinen als ein von einem Kreis umschlossenes Quadrat dargestellt wurden und werden und daß diese Quadrate wiederum einen kleineren Kreis umschließen. Die Symbolik ist hier klar: Der äußere Kreis stellt das Universum dar, das Quadrat die begrenzte Welt, in der wir leben. Aber diese von uns erlebte Welt birgt in ihrem Inneren das Universum als Mikrokosmos oder inneren Himmel. Mit anderen Worten: der Kreis steht für das Unendliche, das Quadrat für das Endliche. Nur der, der das Unendliche im Endlichen schauen kann, kann die Welt als ein *Maṇḍala* des Universums betrachten; nur er kann erkennen, daß das Universale von unserem menschlichen Bewußtsein umfangen wird und zugleich ihm innewohnt.

»Das ERREGENDE«, so heißt es im gleichen Text, »ist wie eine offene Schale ∪ . Das STILLEHALTEN – symbolisiert durch den Berg – ist wie eine umgestülpte Schale ∩ .«

»Feuer« steigt nach oben und gleicht somit einer Pyramide oder einem Dreieck, dessen Spitze nach oben zeigt △ .

»Wasser« fließt abwärts. Es sucht immer den tiefsten Punkt, den niedrigsten Ort und wird darum in den taoistischen Gleichnissen als Beispiel für Bescheidenheit und Anpassungsfähigkeit gepriesen. Es wird dargestellt durch das umgekehrte Feuersymbol, d. h. als ein Dreieck, dessen Spitze nach unten weist ∇ .

Die zwei noch verbleibenden Zeichen, das HEITERE und das SANFTE, öffnen sich nach oben und nach unten wie die nach außen reflektierende Oberfläche eines ruhenden Sees oder die nach innen strahlende Empfindungsfähigkeit lebender Organismen. Sie sind symbolisiert durch die Zeichen $\veebar$ und $\barwedge$.

Durch diese acht Zeichen kann die Beziehung zwischen den zwei Trigrammen eines Hexagramms unmittelbar sichtbar gemacht werden. Wir haben daher in den vorangegangenen Diagrammen diese Zeichen im äußeren Kreis bereits ergänzt und werden sie auch allen nachfolgenden Diagrammen einfügen.

Wie die Tafel der acht Grundelemente (s. S. 72 f.) bereits zeigt, wechseln die nach oben und nach unten gerichteten Zeichen einander ab, woraus ersichtlich wird, daß jede Bewegung eine Gegenbewegung verursacht, die sich allerdings in sehr unterschiedlicher Weise äußert und – wie wir bereits sahen – in fünf unterschiedlichen Erscheinungsformen auftreten kann: in Opposition, in Durchdringung, in Verstärkung der nach oben oder nach unten gerichteten Bewegung oder in Schwächung durch ein auseinanderstrebendes Sich-Fliehen.

XI

Die acht Häuser der Grundsymbole

> Menschen, die die Welt erkennen wollen,
> müssen sie zunächst
> in all ihren spezifischen Eigenschaften kennenlernen.
>
> *Herakleitos*

In Übereinstimmung mit den Bewegungen der acht Grundsymbole (Trigramme) entsteht bei deren Kombination zu Hexagrammen eine Spannung, die für die Dynamik bestimmter Bewußtseinszustände erforderlich ist. So unterscheiden die Chinesen entsprechend den Bewegungen der acht zugrunde liegenden Trigramme auch acht sogenannte Häuser von Hexagrammen, von denen jedes acht Kombinationen von Trigrammen beinhaltet. Die Aufeinanderfolge und Art dieser Kombinationen sind in jedem Haus genau die gleichen. Wir haben es also mit einer konsequent durchgeführten Systematik eines Hexagrammsystems zu tun. Hieraus geht klar hervor, daß die Urheber des I GING weder unlogisch noch rein intuitiv verfuhren; im Gegenteil, sie vereinten Intuition mit klarem Denken und ordneten alles unter logischen Gesichtspunkten. Daß wir es hier mit einer anderen als der uns gewohnten Logik zu tun haben (die aber genauso konsequent und berechtigt wie die unsere ist), werden wir aus dem folgenden ersehen.

Die erste Kombination zeigt die Verdoppelung des Haussymbols und ist somit die Darstellung der inneren Bewegung zwischen zwei Zeichen der gleichen Art, was gleichbedeutend ist mit einer gegenseitigen Intensivierung und Verstärkung der jeweiligen Charaktertendenzen. Selbstverständlich kann diese Bewegung nicht in einer Linie oder Kurve sichtbar dargestellt werden (wie wir in späteren Diagrammen sehen werden), sondern nur durch einen feststehenden Punkt an der Peripherie des entsprechenden kreisförmigen Systems des Fu Hi oder des Königs Wen Wang oder durch eine lineare Aufeinanderfolge des gewählten Grundschemas. Dieser feststehende Punkt ist somit der Ausgangspunkt der Bewegungen bzw. der Kombination des in Frage stehenden Hauses. Als Beispiel mag uns das Haus KIÄN dienen.

Das erste Hexagramm dieses Hauses hat sechs, das zweite fünf, das dritte vier, das vierte drei, das fünfte zwei ungebrochene (rote) Linien und das sechste eine durchgehende (rote) Linie. Die dem ersten Hexagramm folgenden zwei Hexagramme sind Kombinationen mit Parallelwerten (die entweder vom komplementär entgegengesetzten Trigramm des Haussymbols ausgehen oder von diesem selbst).

Die erste Kombination ist das Trigramm KIÄN-KIÄN: I GING, Kap. 1.

Die zweite Kombination zeigt das Haussymbol (KIÄN) oben mit seinem koordinierten Wert ersten Grades, dem Symbol SUN (ein Wert, der zwei positive Linien beinhaltet, sich aber in entgegengesetzter Richtung bewegt), das den unteren Teil des Hexagramms bildet: I GING, Kap. 44.

Die dritte Kombination zeigt das Haussymbol (KIÄN) oben und als unteren Teil des Hexagramms seinen koordinierten Wert zweiten Grades, das Symbol GEN (das eine positive Lininie beinhaltet, aber eine dem Haussymbol entgegengesetzte Richtung aufweist): I GING, Kap. 33.

Die vierte Kombination zeigt das Haussymbol (KIÄN) oben mit seinem komplementären Gegenpol KUN unten: I GING, Kap. 12.

Die fünfte Kombination zeigt SUN ⊼, den ersten koordinierten Wert des Haussymbols (KIÄN), oben mit KUN, dem komplementären Gegenpol des Haussymbols, unten: I GING, Kap. 20.

Die sechste Kombination zeigt GEN, ∩, den zweiten koordinierten Wert des Haussymbols (KIÄN) im oberen Teil des Hexagramms und KUN □, den komplementären Gegenpol des Haussymbols im unteren Teil: I GING, Kap. 23.

Die siebente Kombination zeigt LI △, den Parallelwert des Haussymbols (KIÄN) oben und KUN (das komplementäre Gegenstück des Haussymbols) unten: I GING, Kap. 35.

Die achte Kombination zeigt LI △ (den Parallelwert des Haussymbols (KIÄN) oben, während das Haussymbol selbst den unteren Teil des Hexagramms bildet: I GING, Kap. 14.

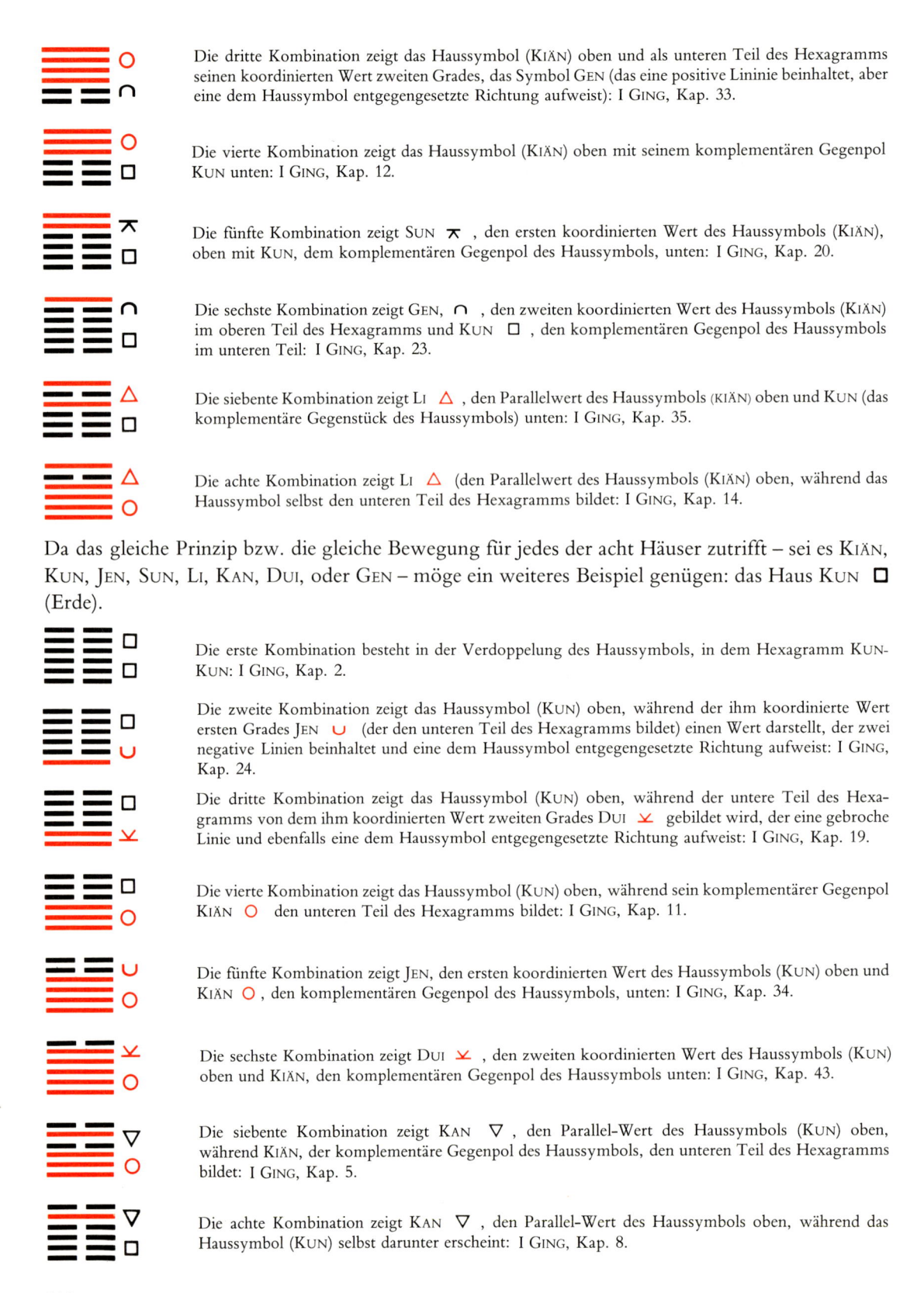

Da das gleiche Prinzip bzw. die gleiche Bewegung für jedes der acht Häuser zutrifft – sei es KIÄN, KUN, JEN, SUN, LI, KAN, DUI, oder GEN – möge ein weiteres Beispiel genügen: das Haus KUN □ (Erde).

Die erste Kombination besteht in der Verdoppelung des Haussymbols, in dem Hexagramm KUN-KUN: I GING, Kap. 2.

Die zweite Kombination zeigt das Haussymbol (KUN) oben, während der ihm koordinierte Wert ersten Grades JEN ∪ (der den unteren Teil des Hexagramms bildet) einen Wert darstellt, der zwei negative Linien beinhaltet und eine dem Haussymbol entgegengesetzte Richtung aufweist: I GING, Kap. 24.

Die dritte Kombination zeigt das Haussymbol (KUN) oben, während der untere Teil des Hexagramms von dem ihm koordinierten Wert zweiten Grades DUI ⊻ gebildet wird, der eine gebroche Linie und ebenfalls eine dem Haussymbol entgegengesetzte Richtung aufweist: I GING, Kap. 19.

Die vierte Kombination zeigt das Haussymbol (KUN) oben, während sein komplementärer Gegenpol KIÄN O den unteren Teil des Hexagramms bildet: I GING, Kap. 11.

Die fünfte Kombination zeigt JEN, den ersten koordinierten Wert des Haussymbols (KUN) oben und KIÄN O, den komplementären Gegenpol des Haussymbols, unten: I GING, Kap. 34.

Die sechste Kombination zeigt DUI ⊻, den zweiten koordinierten Wert des Haussymbols (KUN) oben und KIÄN, den komplementären Gegenpol des Haussymbols unten: I GING, Kap. 43.

Die siebente Kombination zeigt KAN ▽, den Parallel-Wert des Haussymbols (KUN) oben, während KIÄN, der komplementäre Gegenpol des Haussymbols, den unteren Teil des Hexagramms bildet: I GING, Kap. 5.

Die achte Kombination zeigt KAN ▽, den Parallel-Wert des Haussymbols oben, während das Haussymbol (KUN) selbst darunter erscheint: I GING, Kap. 8.

Um die Regelmäßigkeit der Bewegungen in der Darstellung der Häuser augenfälliger zu machen, seien hier drei weitere Beispiele ihrer systematischen Struktur gegeben:

Das Haus Gen (Berg)

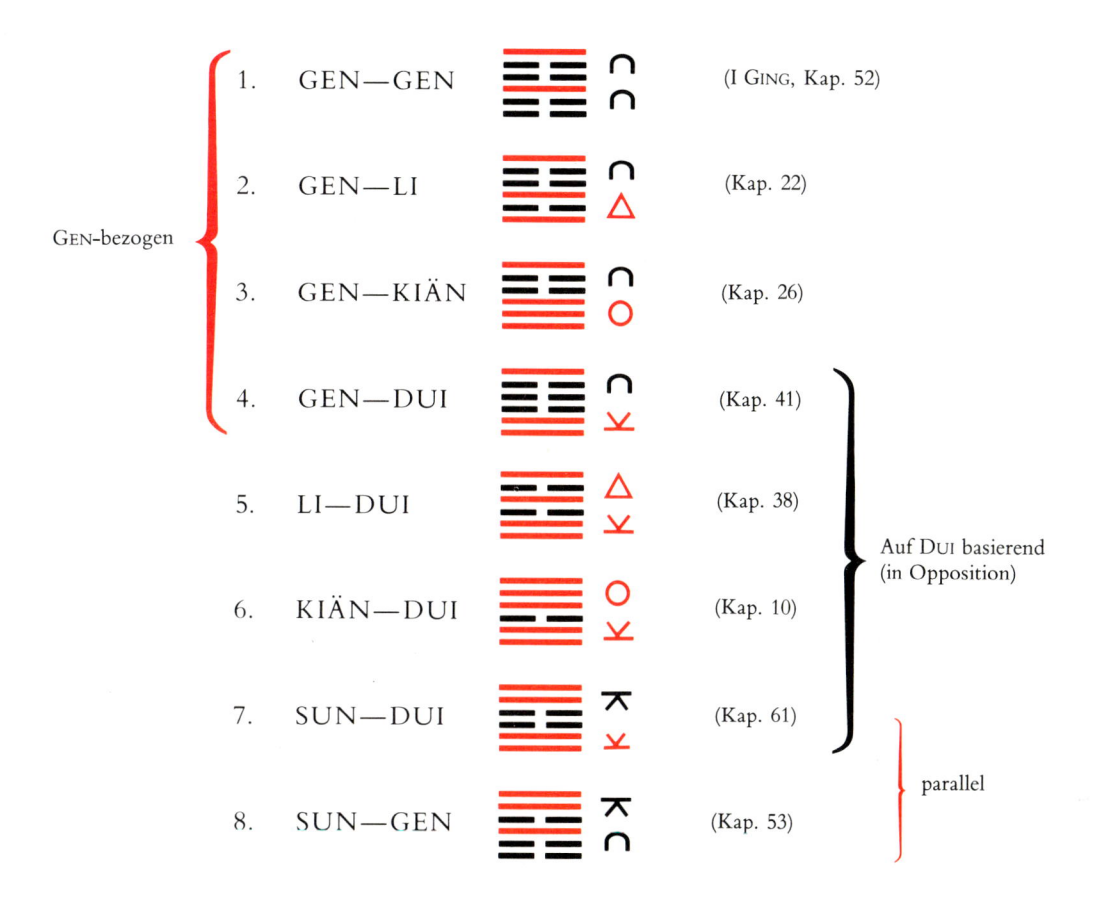

Gen-bezogen
1. GEN—GEN (I Ging, Kap. 52)
2. GEN—LI (Kap. 22)
3. GEN—KIÄN (Kap. 26)
4. GEN—DUI (Kap. 41)

5. LI—DUI (Kap. 38)
6. KIÄN—DUI (Kap. 10)
7. SUN—DUI (Kap. 61)
8. SUN—GEN (Kap. 53)

Auf Dui basierend (in Opposition)

parallel

Das Haus Jen (Donner)

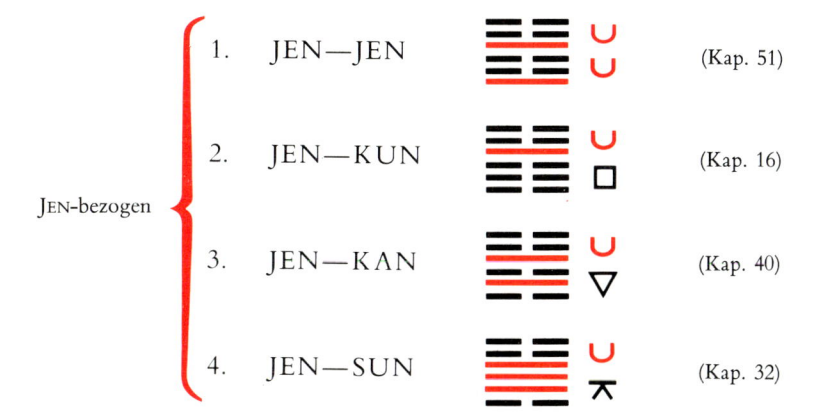

Jen-bezogen
1. JEN—JEN (Kap. 51)
2. JEN—KUN (Kap. 16)
3. JEN—KAN (Kap. 40)
4. JEN—SUN (Kap. 32)

111

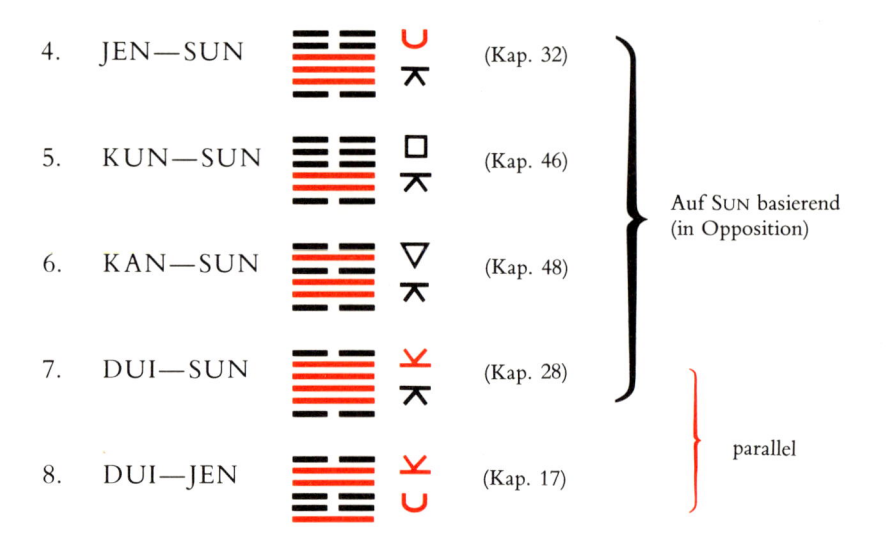

4. JEN—SUN	☳☴	(Kap. 32)	⎫
5. KUN—SUN	☷☴	(Kap. 46)	⎬ Auf Sun basierend (in Opposition)
6. KAN—SUN	☵☴	(Kap. 48)	⎭
7. DUI—SUN	☱☴	(Kap. 28)	⎫ parallel
8. DUI—JEN	☱☳	(Kap. 17)	⎭

Das Haus Kan (Wasser)

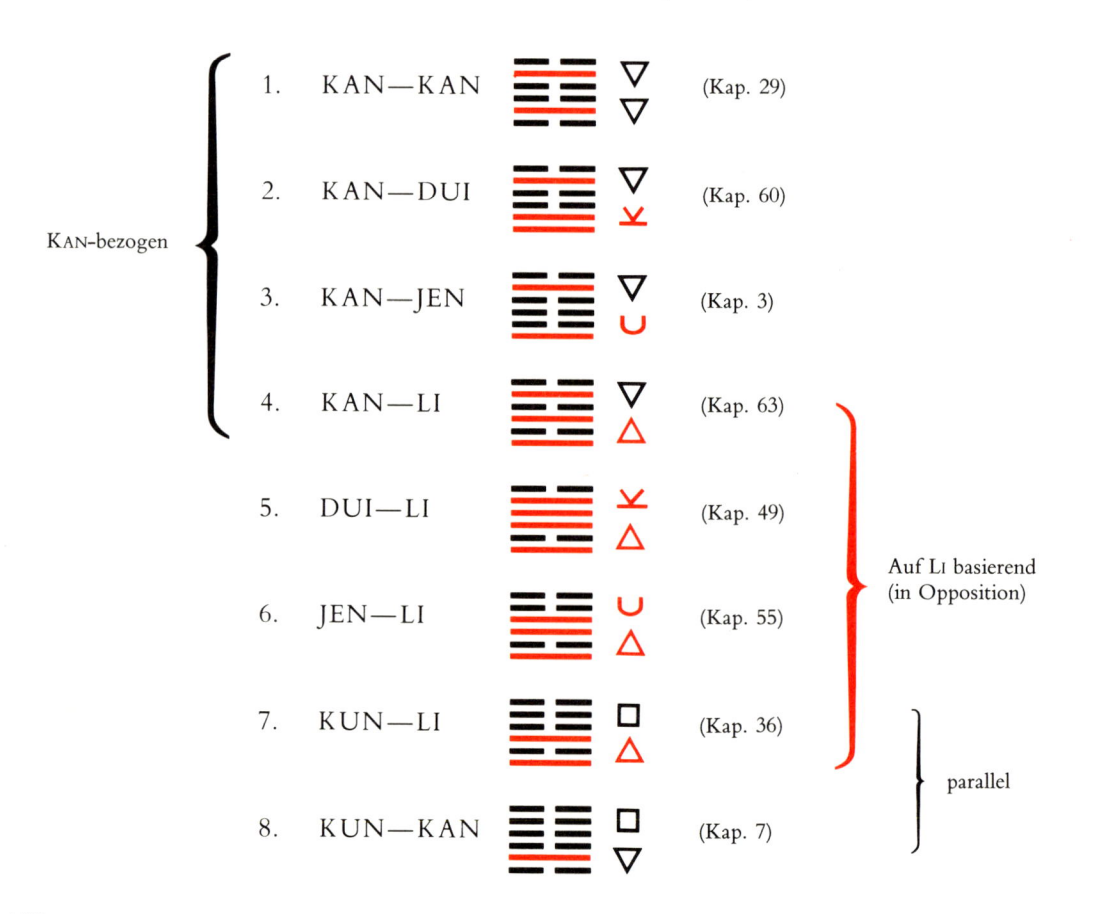

1. KAN—KAN	☵☵	(Kap. 29)	⎫
2. KAN—DUI	☵☱	(Kap. 60)	⎬ Kan-bezogen
3. KAN—JEN	☵☳	(Kap. 3)	⎪
4. KAN—LI	☵☲	(Kap. 63)	⎭
5. DUI—LI	☱☲	(Kap. 49)	⎫
6. JEN—LI	☳☲	(Kap. 55)	⎬ Auf Li basierend (in Opposition)
7. KUN—LI	☷☲	(Kap. 36)	⎭
8. KUN—KAN	☷☵	(Kap. 7)	⎫ parallel ⎭

Die Spannung zwischen den beiden Bewegungen im Hexagramm (oder aber die Intensivierung der Bewegung durch Verdoppelung bei zwei gleichen Zeichen) bestimmt die vorherrschenden Tendenzen der wirkenden Kräfte, und zwar nicht nur hinsichtlich ihrer Qualitäten und Eigenschaften, sondern auch in Bezug auf den spezifischen Charakter bzw. auf eine bestimmte Lebenssituation eines Individuums. Denn ein Individuum bewegt sich entsprechend seinem ihm inhärenten Charakter auf bestimmte neue Situationen hin, was wir dann als sein »Schicksal« empfinden.

Wie bereits dargelegt, ist jedes der vierundsechzig Hexagramme des I Ging aus je zwei Trigrammen zusammengesetzt, die nicht nur in ihren Qualitäten und Eigenschaften regelmäßig voneinander völlig verschieden sind, sondern auch in ihrer Bewegung meist verschiedene Richtungen aufweisen.

Die Spannung zwischen den beiden Bewegungen im Hexagramm (oder aber die Intensivierung der Bewegung durch Verdoppelung bei zwei gleichen Zeichen) bestimmt die vorherrschenden Tendenzen der wirkenden Kräfte, und zwar nicht nur hinsichtlich ihrer Qualitäten und Eigenschaften, sondern auch in Bezug auf den spezifischen Charakter, bzw. auf eine bestimmte Lebenssituation eines Individuums. Denn ein Individuum bewegt sich entsprechend seinem ihm inhärenten Charakter auf bestimmte neue Situationen hin, was wir dann als sein »Schicksal« empfinden.

Je nachdem, ob sich nun ein Trigramm unter oder aber über einem anderen Trigramm befindet, ändert sich die Wertigkeit seiner Bewegung: Wenn zum Beispiel Trigramm A eine aufsteigende und Trigramm B eine abwärtsgerichtete Bewegung zeigt, dann hängt es ausschließlich von der jeweiligen Position der beiden Trigramme ab, ob sie einander konfrontieren oder auseinanderstreben. Ist A oben und B unten, so werden sie sich meiden oder voreinander fliehen. Ist aber A unten und B oben, so werden sie sich treffen, entweder als Opponenten oder in gegenseitiger Durchdringung, d. h. entweder, um sich gegenseitig zu behindern oder um miteinander zu kooperieren. So erschaffen die gleichen Kräfte im einen Falle eine Harmonisierung und im anderen einen nicht zu überbrückenden Zwiespalt, was dann unterschiedliche neue Ausgangspositionen schafft.

Wenn wir jedoch lediglich die Bewegungen innerhalb eines Hauses und die Beziehungen von einem Trigramm zum anderen in systematischer und folgerichtiger Weise sichtbar machen wollen, dann müssen wir die Bewegungstendenzen und Kombinationen der Trigramme wie die Seite eines Buches lesen, d. h. von oben nach unten; denn wir beschäftigen uns hier nicht mit individuellen Entwicklungen, sondern bemühen uns nur um eine klare, systematische Klassifizierung.

Um die Bewegungen von einem Trigramm zum anderen graphisch darzustellen und sichtbar zu machen, müssen wir uns daran erinnern, daß jedes dieser Symbole seinen festen Platz in einem jeden der beiden Systeme hat, die von Fu Hi und König Wen Wang von unterschiedlichen Gesichtspunkten aus geschaffen wurden.

Sobald wir festgestellt haben, welches dieser beiden Systeme der allgemeinen Struktur des I Ging am meisten entspricht, indem es uns einen gemeinsamen Nenner für das Gesamtsystem liefert, müssen wir dieses zur Grundlage unserer weiteren Beobachtungen machen. Nachdem wir das zeitgebundene System des Königs Wen Wang untersucht haben, ohne dort ein allgemeingültiges bzw. einheitliches Prinzip zu finden, wenden wir uns nun dem ursprünglichen Prinzip des Fu Hi zu, in dem sich ein gemeinsamer Nenner in einer klar darstellbaren, sinnvollen und folgerichtigen Struktur aufzeigen läßt, in der die Polarität der sich scheinbar ausschließenden Werte eine ungeahnte Symmetrie ergibt, die sich in einer einheitlichen geometrischen Figur darstellen läßt. Dies gibt jedem Symbol eine im Gesamtsystem feststehende Position und ermöglicht es uns gleichzeitig, ihre gegenseitigen Beziehungen und Bewegungen zu sehen, die jedes Symbol mit den anderen Symbolen verbinden, so daß sich das Ganze zu einem organischen und dynamischen Weltbild zusammenfügt.

Das abstrakte und das zeitbedingte System

Da jedes der Trigramme in den Systemen des Fu Hi und des Königs Wen Wang seinen festgelegten Platz hat, seien hier die Kombinationen und Bewegungen, wie sie uns in den vierundsechzig Hexagrammen des *Buches der Wandlungen* entgegentreten, versuchsweise dargestellt. Die zwei Systeme bzw. die Grundrisse der Systeme des Fu Hi und des Königs Wen Wang ergeben dann folgende graphische Darstellung:

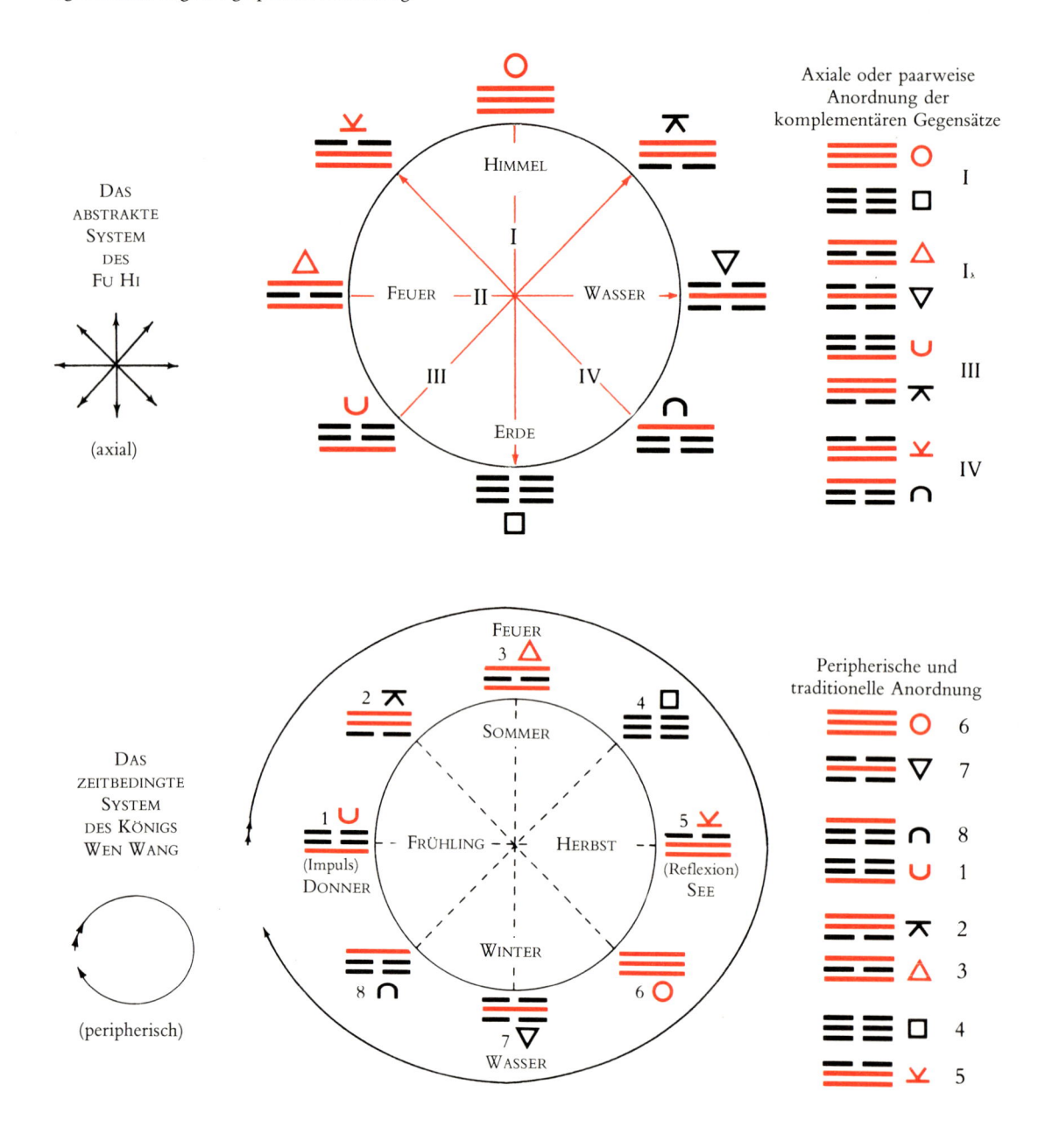

Beginnen wir mit der zeitlichen Ordnung des Königs Wen Wang, die unseren weltlichen Bedingungen am nächsten ist und uns vielleicht einen Hinweis auf das hinter ihr stehende allgemeine Prinzip zu geben vermag.

114

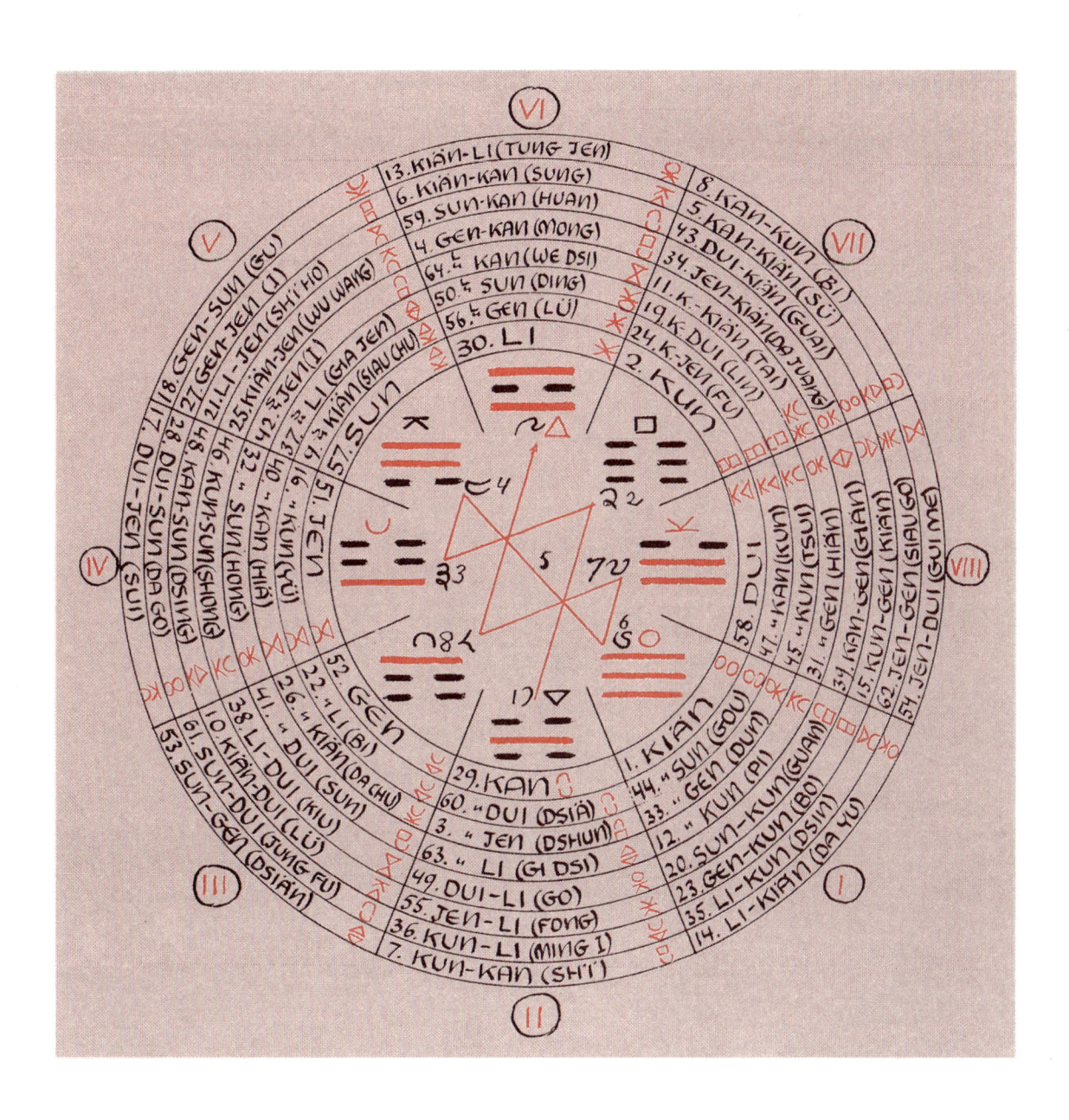

DIE AUFTEILUNG DER VIERUNDSECHZIG HEXAGRAMME AUF ACHT HÄUSER

mit den ihnen zugrunde liegenden inneren Trigrammen.
In der Mitte das magische Diagramm, das die Aufeinanderfolge der Zahlen (1–9) zeigt.

XII

Die traditionelle Anordnung der acht Häuser entsprechend dem zeitlichen System des Königs Wen Wang

> Geh' hin: Der Seele Grenzen findest du nicht,
> auch wenn du alle Straßen wanderst;
> so tief reicht ihr Wesen.
>
> *Herakleitos*

DIE ACHT HÄUSER
ENTSPRECHEND DEM ZEITLICHEN SYSTEM DES KÖNIGS WEN WANG
EINSCHLIESSLICH DER KALLIGRAPHIEN DER ACHT GRUNDSYMBOLE

I. DAS HAUS KIÄN

II. DAS HAUS KAN

III. DAS HAUS GEN

IV. DAS HAUS JEN

V. DAS HAUS SUN

VI. DAS HAUS LI

VII. DAS HAUS KUN

VIII. DAS HAUS DUI

☰

乾

KIÄN

I. Das Haus Kiän

1. Kiän-Kiän (Nr. 1)   Kiän   *Himmel*   Das Schöpferische   4. Monat: Mai–Juni
2. Kiän-Sun   (Nr. 44) Gou   *Himmel u. Wind* Das Entgegenkommen   5. Monat: Juni–Juli
3. Kiän-Gen   (Nr. 33) Dun   *Himmel u. Berg* Der Rückzug   6. Monat: Juli–August
4. Kiän-Kun   (Nr. 12) Pi   *Himmel u. Erde* Die Stockung   7. Monat: August–September
5. Sun-Kun   (Nr. 20) Guan   *Wind u. Erde*   Die Betrachtung   8. Monat: September–Oktober
6. Gen-Kun   (Nr. 23) Bo   *Berg u. Erde*   Die Zersplitterung   9. Monat: Oktober–November
7. Li-Kun   (Nr. 35) Dsin   *Feuer u. Erde*   Der Fortschritt   (Oben: Lunare Monate des
8. Li-Kiän   (Nr. 14) Da Yu *Feuer u. Himmel* Der Besitz von Großem chinesischen Kalenders)

Auf Kiän bezogen

2 SUN — 5
3 GEN — 6
4 KUN — 7
LI

Komplementäres Gegenstück: Kun
Koordiniert: Gen und Sun
Eng verwandt (parallel): Li

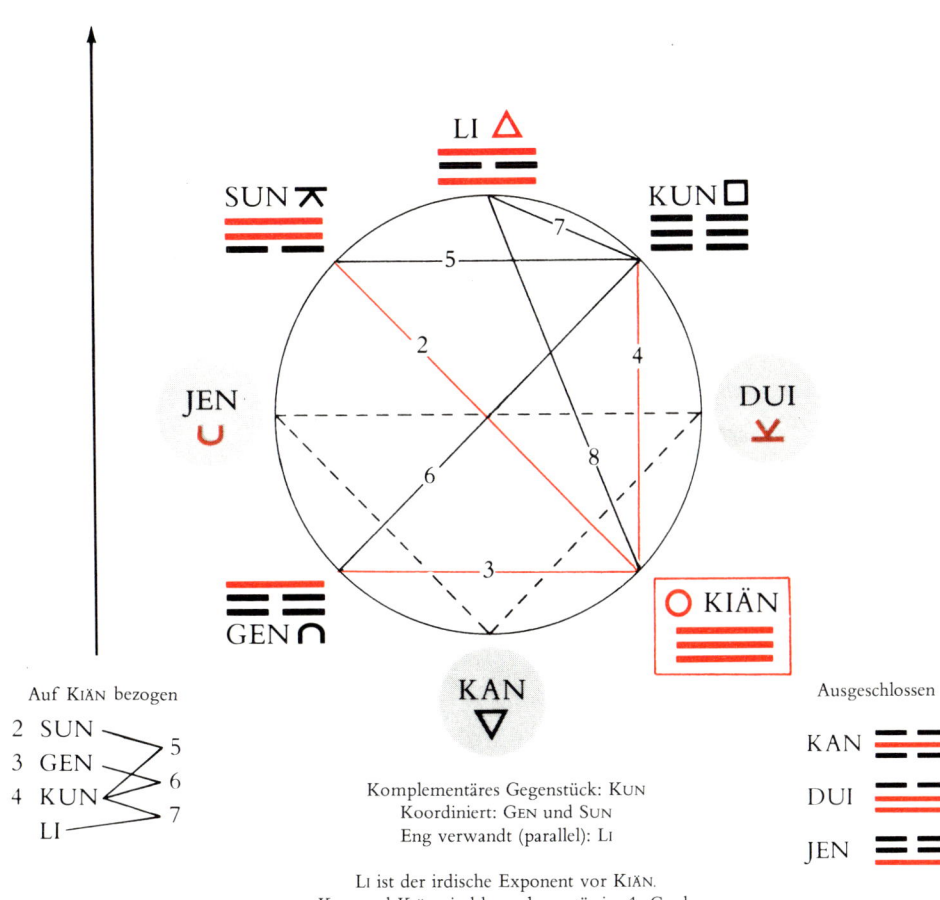

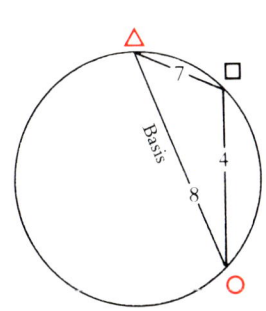

Li ist der irdische Exponent vor Kiän.
Kun und Kiän sind komplementär im 1. Grad.
Kun und Li sind komplementär im 2. Grad.
Daher bilden Kiän-Li-Kun ein Dreieck,
in dem ähnliche oder verwandte (parallele) Elemente,
wie Kiän und Li, die Basis darstellen.

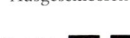

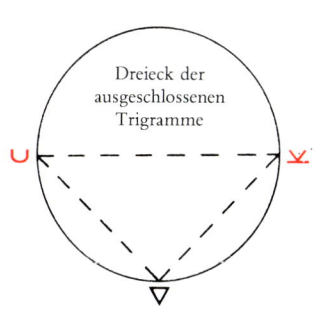

Ausgeschlossen

KAN
DUI
JEN

Dreieck der ausgeschlossenen Trigramme

坎

KAN

II. Das Haus Kan

1. Kan-Kan   (Nr. 29)   Kan   *Wasser*   Das Abgründige
2. Kan-Dui   (Nr. 60)   Dsiä   *Wasser und See*   Die Beschränkung
3. Kan-Jen   (Nr. 3)   Dshun   *Wasser und Donner* Die Anfangsschwierigkeit
4. Kan-Li   (Nr. 63)   Gi Dshi *Wasser und Feuer* Nach der Vollendung
5. Dui-Li   (Nr. 49)   Go   *See und Feuer*   Die Umwälzung
6. Jen-Li   (Nr. 55)   Fong   *Donner und Feuer* Die Fülle
7. Kun-Li   (Nr. 36)   Ming I *Erde und Feuer*   Die Verfinsterung des Lichts
8. Kun-Kan   (Nr. 7)   Shi   *Erde und Wasser*   Das Heer

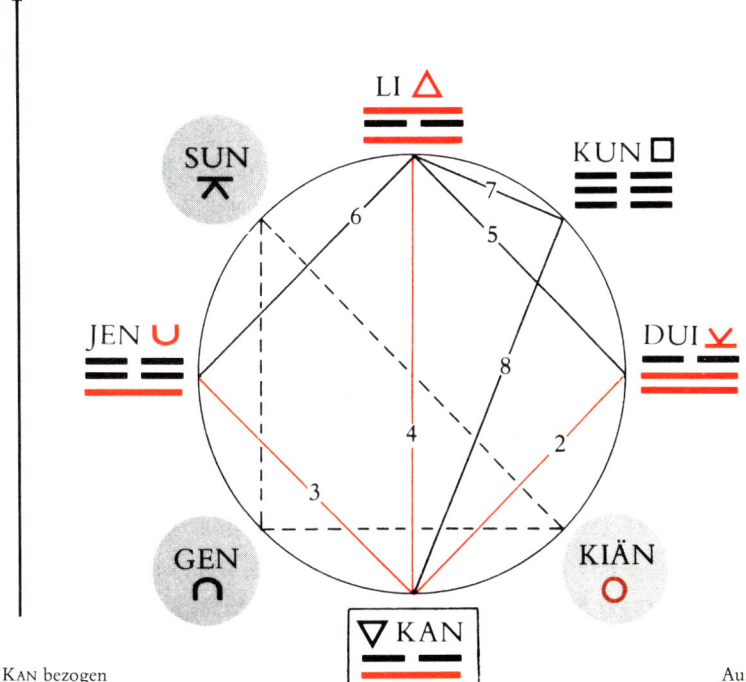

Auf Kan bezogen

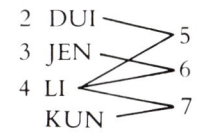

2 DUI
3 JEN
4 LI
  KUN
  5
  6
  7

Komplementäres Gegenstück: Li
Koordiniert: Jen und Dui
Eng verwandt (parallel): Kun

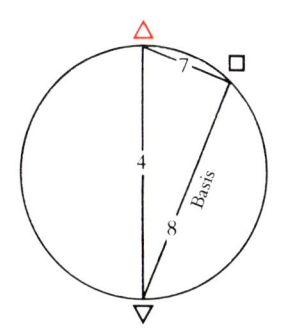

Ausgeschlossen

KIÄN
GEN
SUN

Kan ist der Exponent von Kun im elementaren Bereich.
Kan und Li sind im 1. Grad komplementär.
Li und Kun sind im 2. Grad komplementär.
Daher bilden Kan-Kun-Li ein Dreieck,
in dem die ähnlichen (parallelen) Elemente Kan und Kun
die Basis bilden.

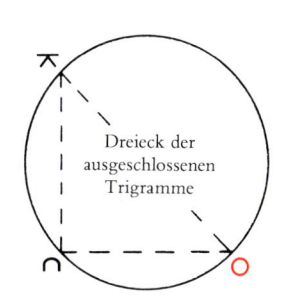

Dreieck der ausgeschlossenen Trigramme

艮

GEN

III. Das Haus Gen

1. Gen-Gen   (Nr. 52)   Gen   *Der Berg*   Das Stillhalten
2. Gen-Li   (Nr. 22)   Bi   *Berg und Feuer*   Die Anmut
3. Gen-Kiän   (Nr. 26)   Da Chu   *Berg und Himmel*   Des Großen Zähmungskraft
4. Gen-Dui   (Nr. 41)   Sun   *Berg und See*   Die Minderung
5. Li-Dui   (Nr. 38)   Kiu   *Feuer und See*   Der Gegensatz
6. Kiän-Dui   (Nr. 10)   Lü   *Himmel und See*   Das Auftreten
7. Sun-Dui   (Nr. 61)   Jung Fu   *Wind und See*   Innere Wahrheit
8. Sun-Gen   (Nr. 53)   Dsiän   *Wind und Berg*   Die Entwicklung

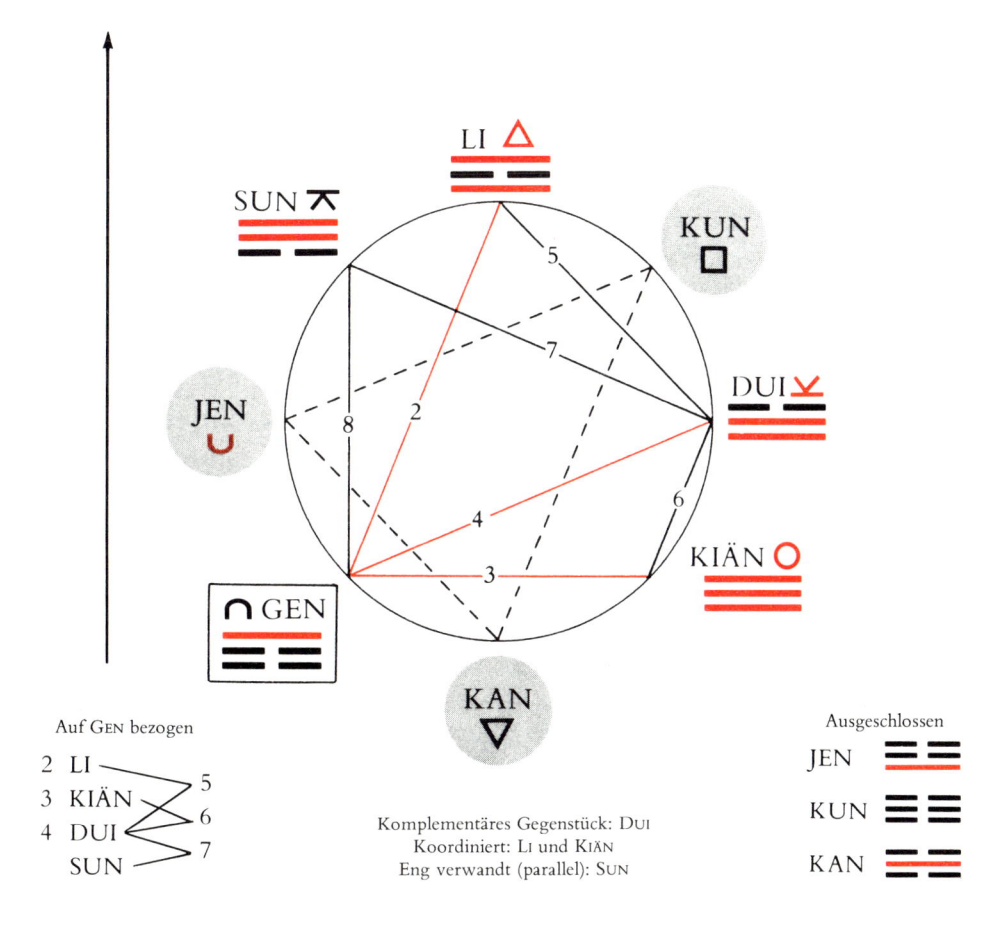

Auf Gen bezogen

2 LI
3 KIÄN
4 DUI
  SUN

5
6
7

Ausgeschlossen

JEN
KUN
KAN

Komplementäres Gegenstück: Dui
Koordiniert: Li und Kiän
Eng verwandt (parallel): Sun

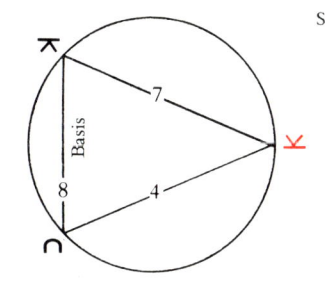

Sun steht in Beziehung zu Gen wie Kun zu Kan oder Kiän zu Li.
Gen und Dui sind im 1. Grad komplementär.
Dui und Sun sind im 2. Grad komplementär.
Daher bilden Gen – Dui – Sun ein Dreieck, in dem
ähnliche (parallele) Elemente, wie Gen und
Sun, die Basis darstellen.

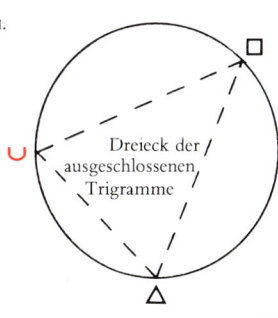

Dreieck der ausgeschlossenen Trigramme

☷
☳

震

JEN

⊔ IV. Das Haus Jen ☷

1. Jen-Jen   (Nr. 51) Jen   *Donner*   Das Erregende
2. Jen-Kun   (Nr. 16) Yü   *Donner und Erde*   Die Begeisterung
3. Jen-Kan   (Nr. 40) Hiä   *Donner und Wasser*   Die Befreiung
                               (oder das Abgründige)
4. Jen-Sun   (Nr. 32) Hong   *Donner und Wind*   Die Dauer
5. Kun-Sun   (Nr. 46) Shong *Erde und Wind*   Das Empordringen
6. Kan-Sun   (Nr. 48) Dsing *Wasser und Wind*   Der Brunnen
7. Dui-Sun   (Nr. 28) Da Go *See und Wind*   Des Großen Übergewicht
8. Dui-Jen   (Nr. 17) Sui   *See und Donner*   Die Nachfolge

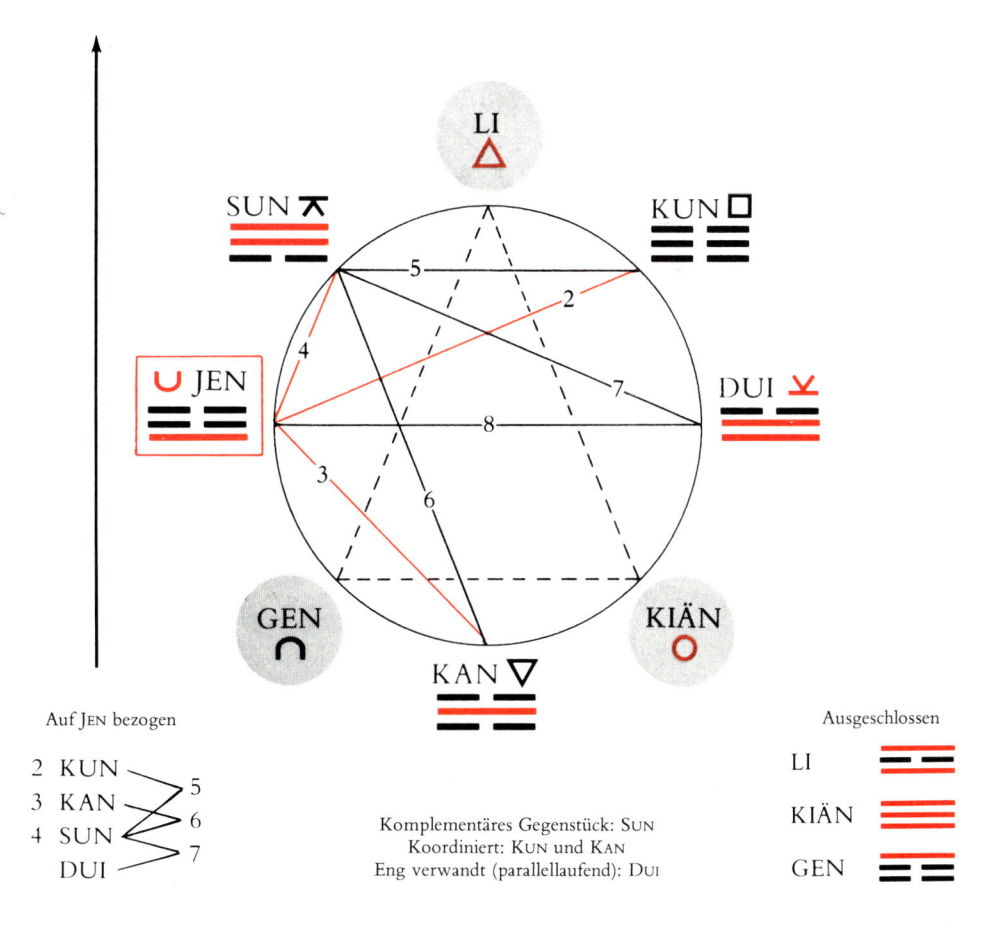

Auf Jen bezogen

2 KUN
3 KAN
4 SUN
DUI

⟶ 5
⟶ 6
⟶ 7

Komplementäres Gegenstück: Sun
Koordiniert: Kun und Kan
Eng verwandt (parallellaufend): Dui

Ausgeschlossen

LI
KIÄN
GEN

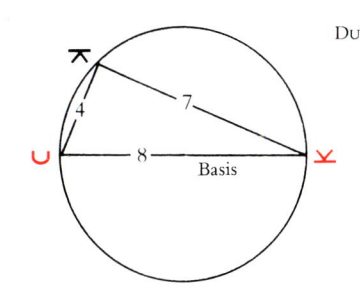

Dui steht in Beziehung zu Jen wie Li zu Kiän (parallel im 1. Grad).
Jen und Sun sind komplementär im 1. Grad.
Sun und Dui sind komplementär im 2. Grad.
Daher bilden Jen – Dui – Sun ein Dreieck,
in dem ähnliche (parallele) Elemente
die Basis bilden.

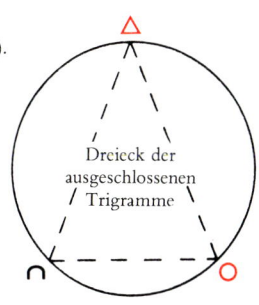

Dreieck der ausgeschlossenen Trigramme

SUN

V. Das Haus Sun

1. Sun-Sun   (Nr. 57)   Sun   *Der Wind (oder Holz)*   Der Sanfte
2. Sun-Kiän   (Nr. 9)   Siau Chu   *Wind und Himmel*   Des Kleinen Zähmungskraft
3. Sun-Li   (Nr. 37)   Gia Jen   *Wind und Feuer*   Die Sippe
4. Sun-Jen   (Nr. 42)   I   *Wind und Donner*   Die Mehrung
5. Kiän-Jen   (Nr. 25)   Wu Wang   *Himmel und Donner*   Die Unschuld
6. Li-Jen   (Nr. 21)   Shï Ho   *Feuer und Donner*   Das Durchbeißen
7. Gen-Jen   (Nr. 27)   I   *Berg und Donner*   Die Mundwinkel
8. Gen-Sun   (Nr. 18)   Gu   *Berg und Wind*   Die Arbeit am Verdorbenen

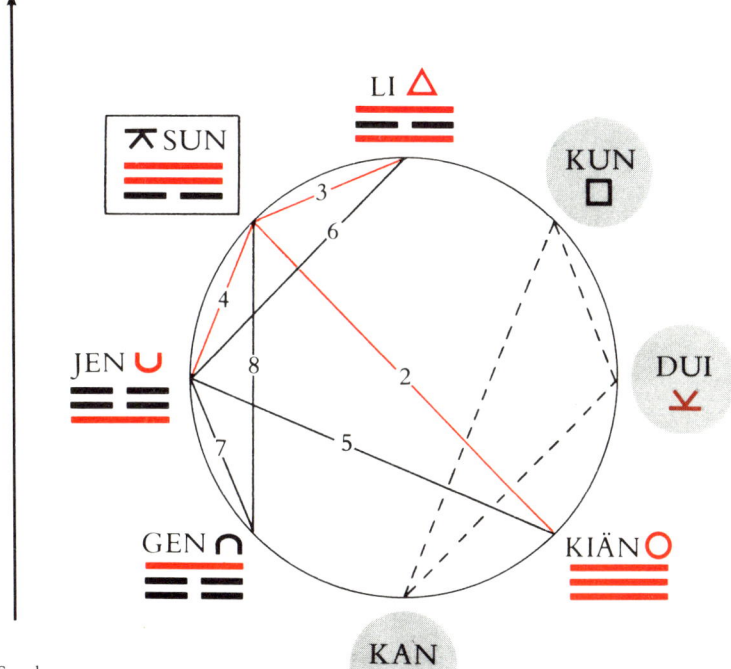

Auf Sun bezogen

2 Kiän — 5
3 Li — 6
4 Jen — 7
Gen

Komplementäres Gegenstück: Jen
Koordiniert: Li und Kiän
Eng verwandt (parallel): Gen

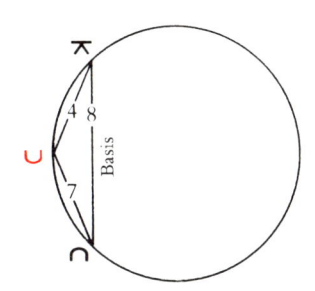

Ausgeschlossen

KUN
DUI
KAN

Gen steht in Beziehung zu Sun wie Kiän zu Li (parallel).
Sun und Jen sind komplementär im 1. Grad.
Jen und Gen sind komplementär im 2. Grad.
Daher bilden Sun – Jen – Gen ein Dreieck,
in dem die ähnlichen (parallelen) Elemente Sun und Gen
die Basis bilden.

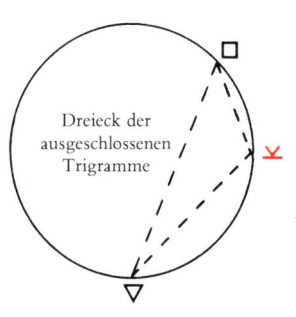

Dreieck der ausgeschlossenen Trigramme

離

LI

VI. Das Haus Li

1. Li-Li   (Nr. 30)   Li   *Das Feuer*   Das Haftende
2. Li-Gen   (Nr. 56)   Lü   *Feuer und Berg*   Der Wanderer
3. Li-Sun   (Nr. 50)   Ding   *Feuer und Wind*   Der Tiegel
4. Li-Kan   (Nr. 64)   We Dsi   *Feuer und Wasser*   Vor der Vollendung
5. Gen-Kan   (Nr. 4)   Mong   *Berg und Wasser*   Die Jugendtorheit
6. Sun-Kan   (Nr. 59)   Huan   *Wind und Wasser*   Die Auflösung
7. Kiän-Kan   (Nr. 6)   Sung   *Himmel und Wasser*   Der Streit
8. Kiän-Li   (Nr. 13)   Tung Jen   *Himmel und Feuer*   Gemeinschaft mit Menschen

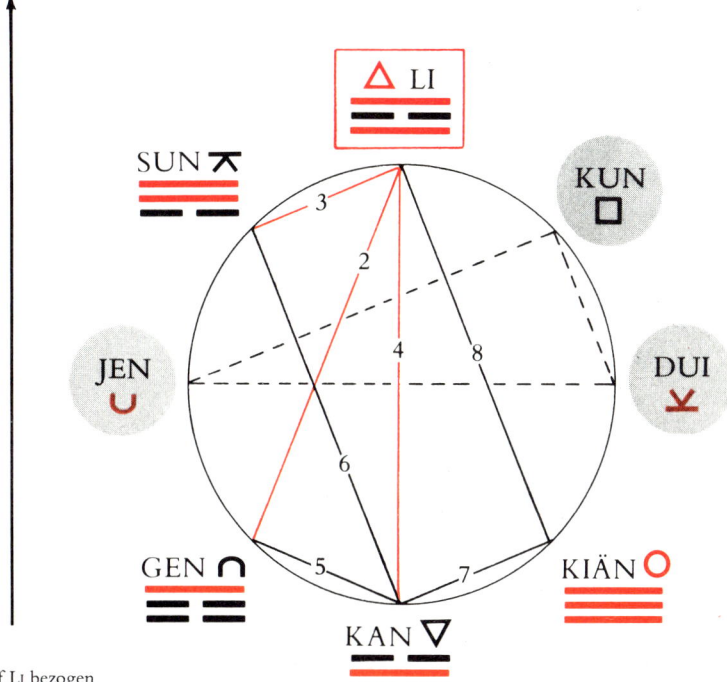

Auf Li bezogen

2 GEN — 5
3 SUN — 6
4 KAN — 7
KIÄN

Ausgeschlossen

JEN
KUN
DUI

Komplementäres Gegenstück: Kan
Koordiniert: Gen und Sun
Eng verwandt (parallel): Kiän

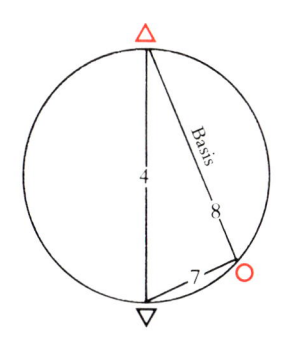

Kiän ist das universelle Prinzip, aus dem Li hervorgeht.
Li und Kan sind komplementär im 1. Grad.
Kan und Kiän sind komplementär im 2. Grad.
Daher bilden Li – Kan – Kiän ein Dreieck,
in dem ähnliche (parallele) Elemente, wie Li und Kiän,
die Basis ausmachen.

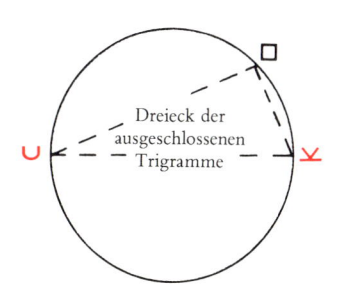

Dreieck der ausgeschlossenen Trigramme

坤

KUN

VII. DAS HAUS KUN

1. Kun-Kun   (Nr. 2)   Kun   *Erde*   Das Empfangende   10. Monat: November–Dezember
2. Kun-Jen   (Nr. 24)   Fu   *Erde und Donner*   Die Wiederkehr   11. Monat: Dezember–Januar
3. Kun-Dui   (Nr. 19)   Lin   *Erde und See*   Die Annäherung   12. Monat: Januar–Februar
4. Kun-Kiän (Nr. 11)   Tai   *Erde und Himmel*   Der Friede   1. Monat: Februar–März
5. Jen-Kiän (Nr. 34)   Da Juan *Donner und Himmel* Des Großen Macht   2. Monat: März–April
6. Dui-Kiän (Nr. 43)   Guai   *See und Himmel*   Der Durchbruch   3. Monat: April–Mai
7. Kan-Kiän (Nr. 5)   Sü   *Wasser und Himmel* Das Warten   (Lunare Monate des
8. Kan-Kun   (Nr. 8)   Bi   *Wasser und Erde*   Das Zusammenhalten   chinesischen Kalenders)

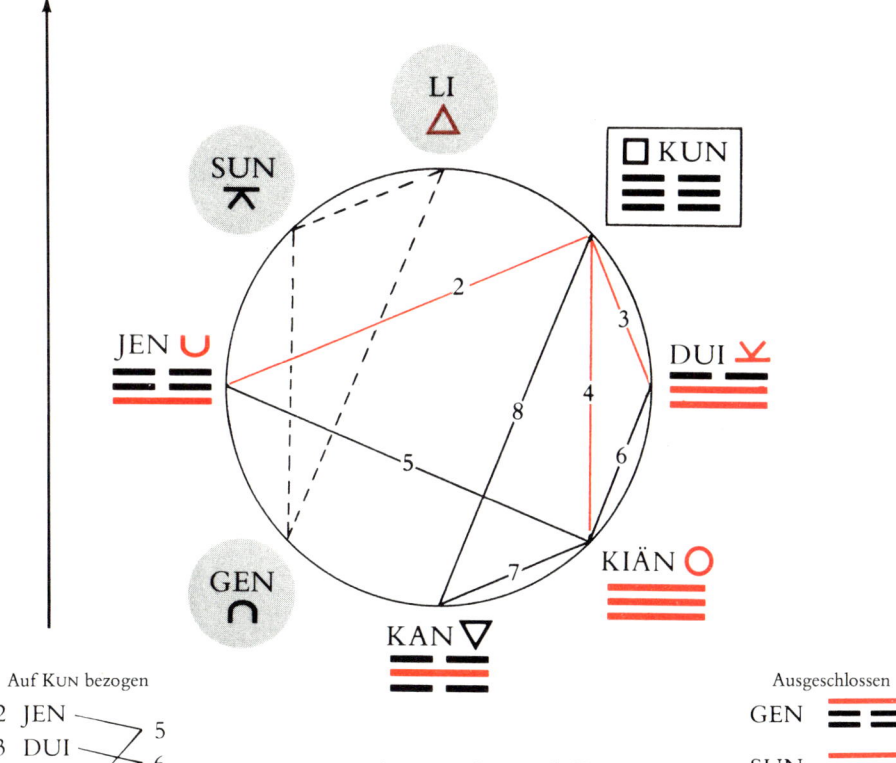

Auf Kun bezogen

2 JEN — 5
3 DUI — 6
4 KIÄN — 7
  KAN

Komplementäres Gegenstück: Kiän
Koordiniert: Jen-Dui
Eng verwandt (parallel) (1°): Kan

Ausgeschlossen

GEN
SUN
LI

Kun und Kän sind komplementär im 1. Grad.
Kiän und Kan sind komplementär im 2. Grad.
Daher bilden Kun – Kan – Kiän ein Dreieck,
in dem die ähnlichen (parallelen) Elemente Kan und Kun
die Basis ausmachen.

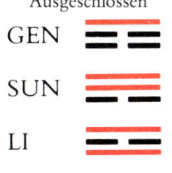

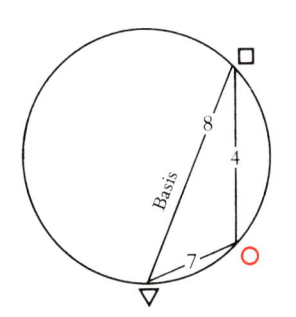

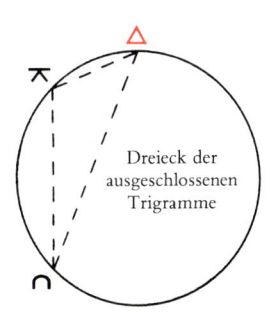

Dreieck der
ausgeschlossenen
Trigramme

☱

兑

DUI

VIII. DAS HAUS DUI

1. DUI-DUI   (Nr. 58)   DUI   Der See   Das Heitere
2. DUI-KAN   (Nr. 47)   KUN   See und Wasser   Die Bedrängnis
3. DUI-KUN   (Nr. 45)   TSUI   See und Erde   Die Sammlung
4. DUI-GEN   (Nr. 31)   HIÄN   See und Berg   Die Einwirkung
5. KAN-GEN   (Nr. 39)   GIÄN   Wasser und Berg   Die Hemmnis
6. KUN-GEN   (Nr. 15)   KIÄN   Erde und Berg   Die Bescheidenheit
7. JEN-GEN   (Nr. 62)   SIAU GO Donner und Berg   Des Kleinen Übergewicht
8. JEN-DUI   (Nr. 54)   GUI ME   Donner und See   Das heiratende Mädchen

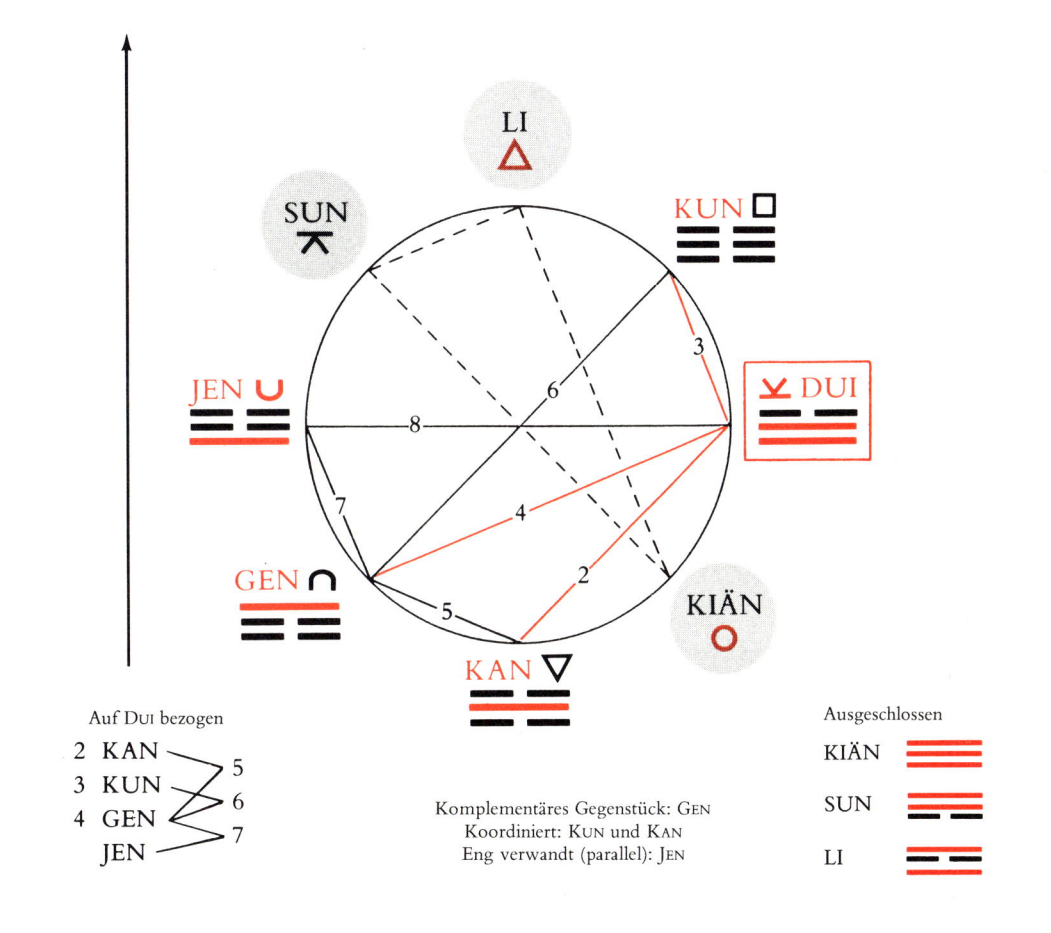

Auf DUI bezogen

2 KAN — 5
3 KUN — 6
4 GEN — 7
JEN

Komplementäres Gegenstück: GEN
Koordiniert: KUN und KAN
Eng verwandt (parallel): JEN

Ausgeschlossen

KIÄN
SUN
LI

JEN steht in Beziehung zu DUI wie KIÄN zu LI.
DUI und GEN sind komplementär im 1. Grad.
GEN und JEN sind komplementär im 2. Grad.
Daher bilden DUI – GEN – JEN ein Dreieck,
in dem die ähnlichen (parallelen) Elemente JEN und DUI
die Basis ausmachen.

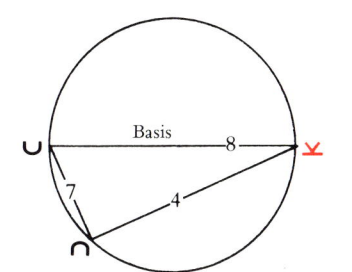

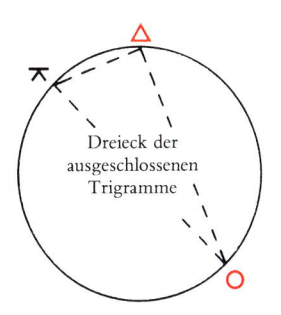

Basis

Dreieck der
ausgeschlossenen
Trigramme

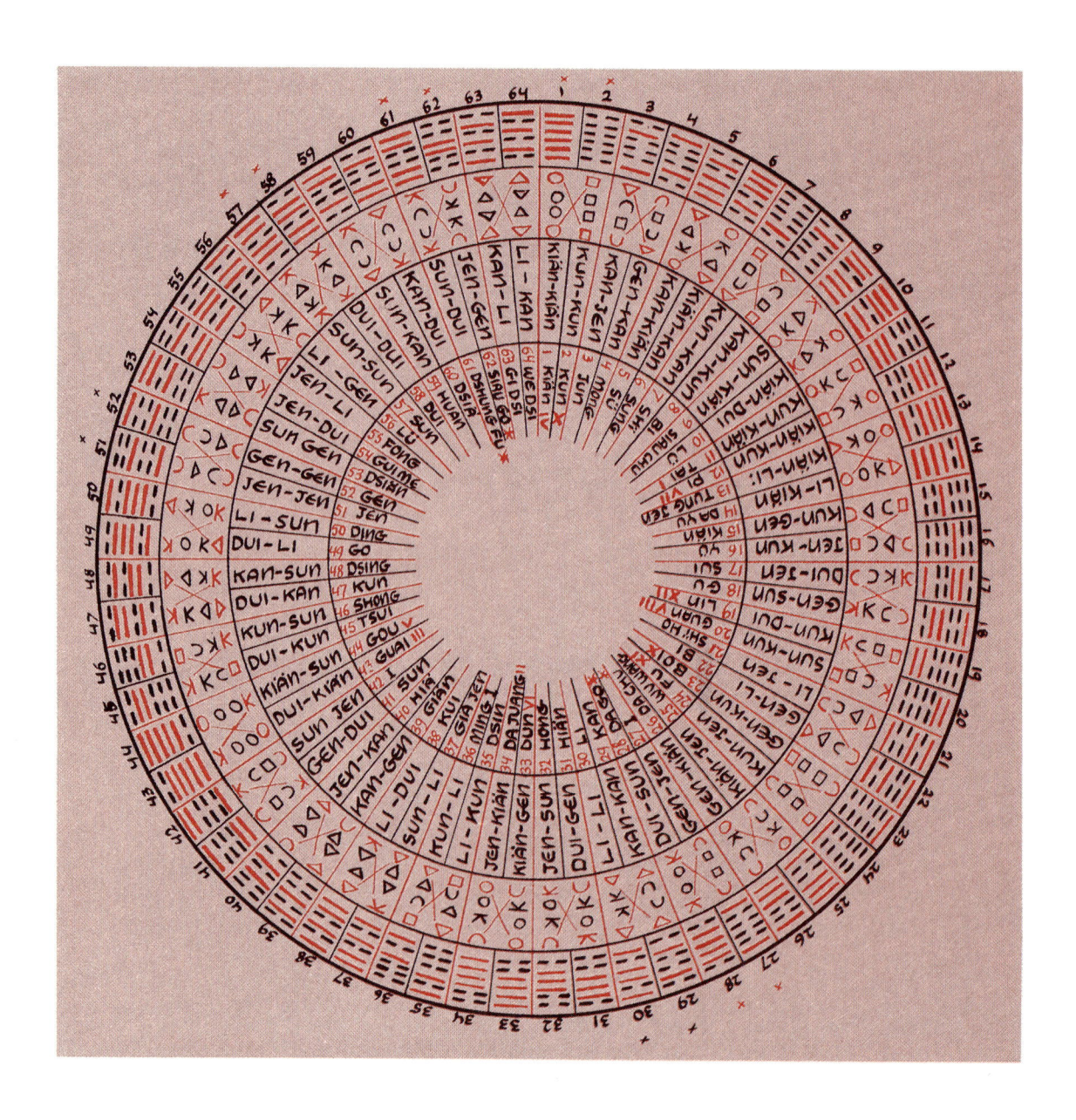

Die traditionelle Anordnung der 64 Hexagramme

Geht man im vorliegenden Diagramm vom äußeren Rand des Kreises aus, enthält der erste Ring die 64 Hexagramme. Der darauf folgende Ring zeigt die inneren und äußeren Zeichen in Form der abgekürzten Symbole. Der dritte Ring gibt die Namen der Trigramme an, aus denen die 64 Hexagramme zusammengesetzt sind (beginnend mit dem Grundtrigramm). Der innere Ring vermerkt mit seinen Zahlen die jeweiligen Kapitelnummern des I Ging und deren chinesischen Namen. Die römischen Ziffern, die hinter einigen Namen stehen, bezeichnen die Mondmonate, denen diese Hexagramme entsprechend der chinesischen Tradition zugeordnet sind.

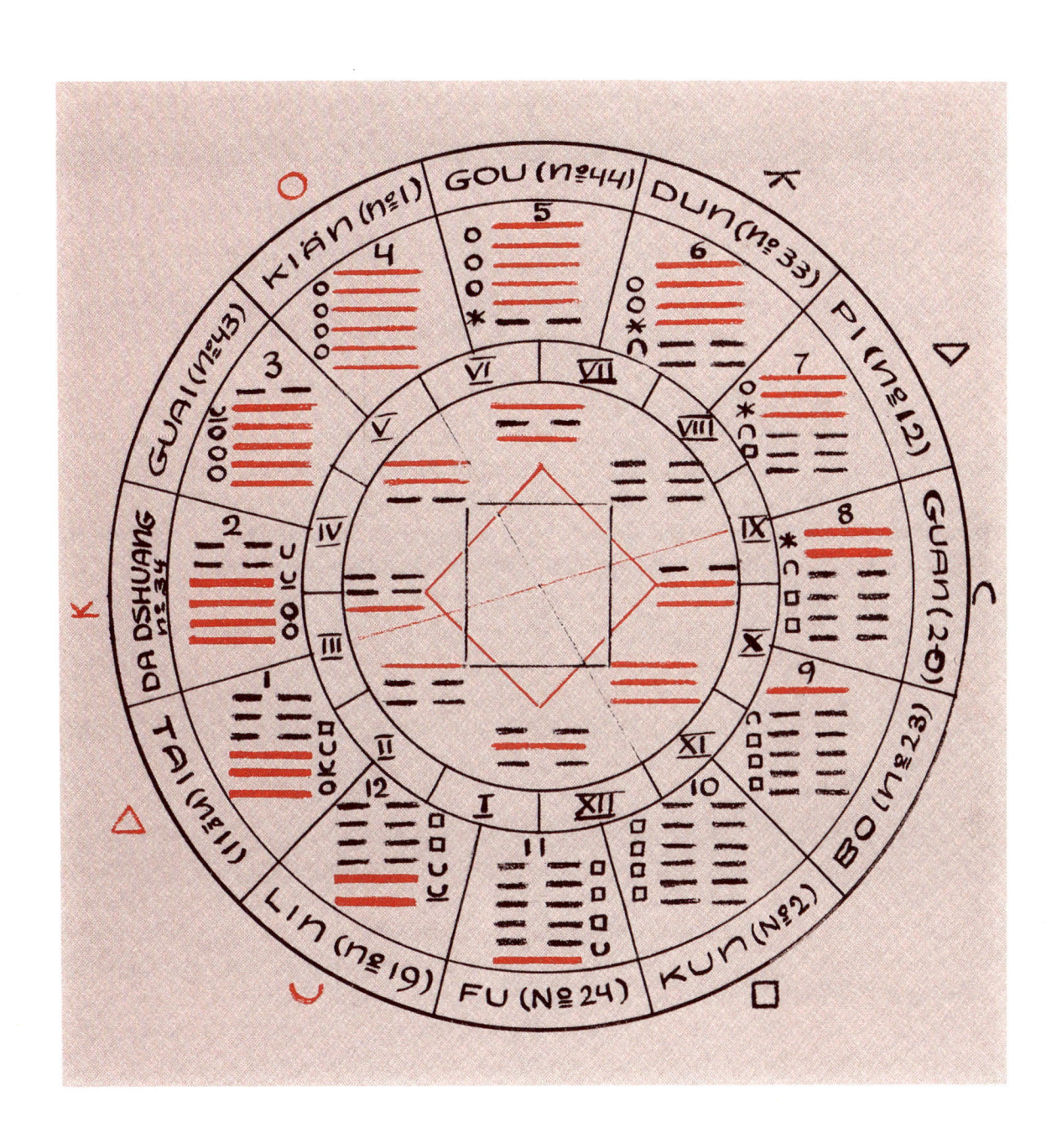

DIE LUNAREN MONATE
IN IHREM VERHÄLTNIS ZUM ZU- UND ABNEHMENDEN LICHT

1–12: Die lunaren Monate
I–XII: Die Monate des solaren Jahres (angenähert)

Schlußfolgerung aus der Analyse der zeitgebundenen Ordnung

Nachdem wir versucht haben, eine dem Ganzen zugrunde liegende und durchweg gleichbleibende Struktur zu finden, die geometrisch darstellbar und selbstevident ist, müssen wir zugeben, daß wir nichts dergleichen finden konnten, abgesehen von der Tatsache, daß in jedem Fall zwei koordinierte Trigramme des ersten und zweiten Grades die Seiten eines Dreiecks bildeten, dessen Basis aus der Verbindung zweier Paralleltrigramme besteht. Doch diese Dreiecke weisen weder feststehende noch gleiche Winkel auf, noch lassen sie irgendeine Regelmäßigkeit oder gleichbleibende Form erkennen, durch die man auf eine geplante, einheitliche Grundstruktur schließen könnte.

Mit anderen Worten, die zeitgebundene Ordnung bzw. das zeitgebundene System des Königs Wen Wang kann keinesfalls jenes allgemein gültige Fundament sein, auf dem sich die innere Struktur des *Buches der Wandlungen* aufbaut. Wir müssen uns daher nach einem anderen Prinzip umsehen. Das in diesem Falle Naheliegendste ist, sich dem vorweltlichen oder abstrakten System des Fu Hi zuzuwenden, dessen Abstraktheit im Sinne größerer Universalität zu verstehen ist, die selbst durch das zeitbedingte System des Königs Wen Wang hindurchschimmert, wie bereits Richard Wilhelm andeutete.

Man dürfte nicht fehlgehen anzunehmen, daß wir im System des Fu Hi die ursprüngliche strukturelle Form des *Buches der Wandlungen* zu sehen haben, die zweifellos die früheste Systematisierung des I Ging darstellt. Dies wollen wir in den folgenden Diagrammen nachzuweisen versuchen. Dabei dürfte deutlich werden, daß das gesamte Material des *Buches der Wandlungen* auf dieser alten abstrakten Ordnung beruht, welche die chinesische Tradition mit Recht als »vorweltliche Ordnung« bezeichnete.

Der Mensch war sich in seinen ältesten Kulturen weitaus mehr seiner kosmischen Eingebundenheit und seiner Abhängigkeit von einer universellen Ordnung bewußt, innerhalb der alle Dinge miteinander verbunden und verwoben sind, wobei kein Ding streng isoliert vom anderen existieren konnte. Dies wird ganz besonders deutlich, wenn wir scheinbar konträre Trigramme paarweise zusammenstellen, wobei jedes Trigramm einen der beiden Pole derselben Einheit darstellt. Wenn wir die Aufeinanderfolge der vier Hauptachsen in Fu His System nachvollziehen, so können wir die Trigramme in einer Linie – entsprechend den Kapiteln der verschiedenen Häuser – paarweise nebeneinander anordnen und sie dann durch einander entsprechende Kurven miteinander verbinden, was im nebenstehenden Diagramm durch Halbkreise geschieht. Auf diese Weise erhalten wir für jedes Haus eine charakteristische Figur, die den sieben Kapiteln des jeweiligen Hauses entspricht. Das erste Kapitel wird nicht durch eine Kurve dargestellt, da sein Hexagramm durch eine Doppelung desselben Trigramms gebildet wird und daher eine innere Bewegung und den Ausgangspunkt kennzeichnet.

DIE UMWANDLUNG DER ABSTRAKTEN ORDNUNG DES FU HI IN DIE ZEITLICHE ORDNUNG DES WEN WANG
Axiale oder polare Anordnung

| Abstrakte Ordnung: | KIÄN – KUN | JEN – SUN | LI – KAN | DUI – GEN |
| Zeitliche Ordnung: | LI – KAN | GEN – KUN | JEN – DUI | SUN – KIÄN |

I. Abstrakt
II. Zeitlich

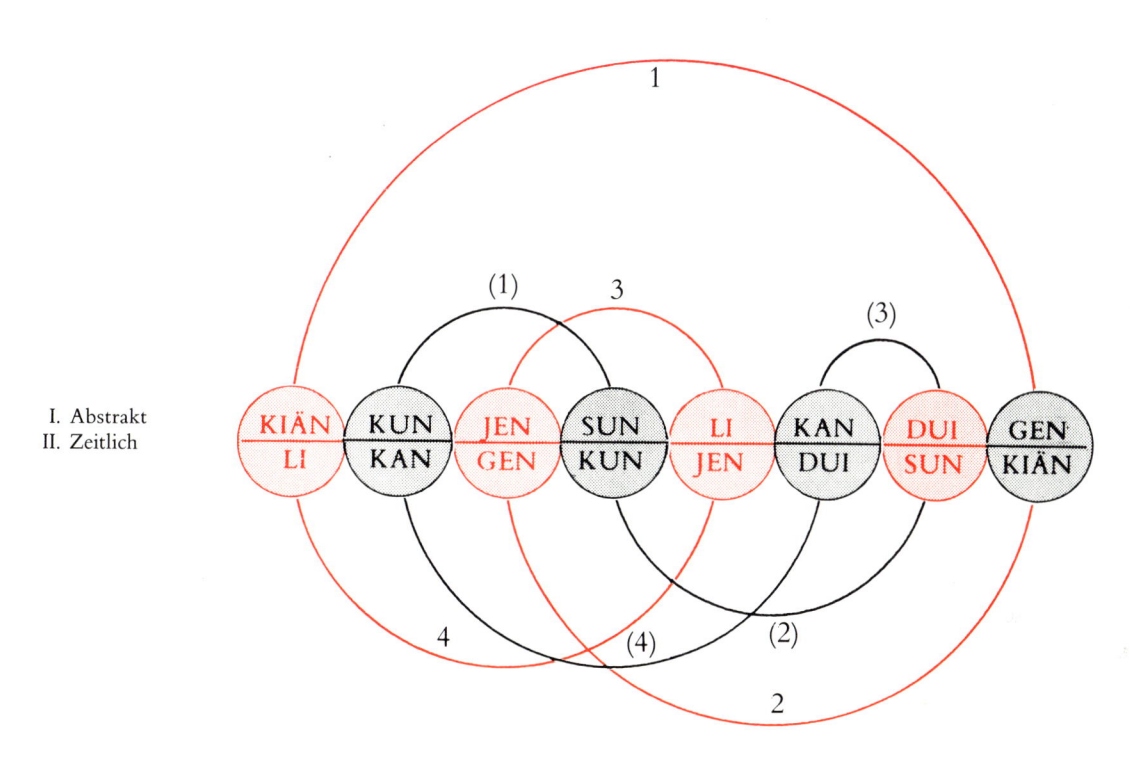

Bewegungen

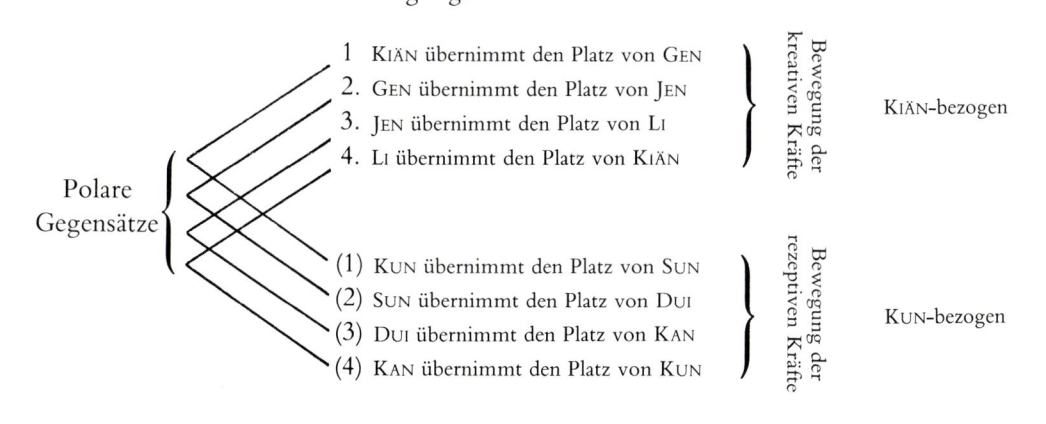

Polare Gegensätze:

1. KIÄN übernimmt den Platz von GEN
2. GEN übernimmt den Platz von JEN
3. JEN übernimmt den Platz von LI
4. LI übernimmt den Platz von KIÄN

} Bewegung der kreativen Kräfte — KIÄN-bezogen

(1) KUN übernimmt den Platz von SUN
(2) SUN übernimmt den Platz von DUI
(3) DUI übernimmt den Platz von KAN
(4) KAN übernimmt den Platz von KUN

} Bewegung der rezeptiven Kräfte — KUN-bezogen

139

Die Umwandlung der abstrakten Ordnung des Fu Hi in die zeitliche Ordnung des Wen Wang

Darstellung der Bewegungen der kreativen und rezeptiven Trigramme
unter Anwendung unterschiedlicher Methoden

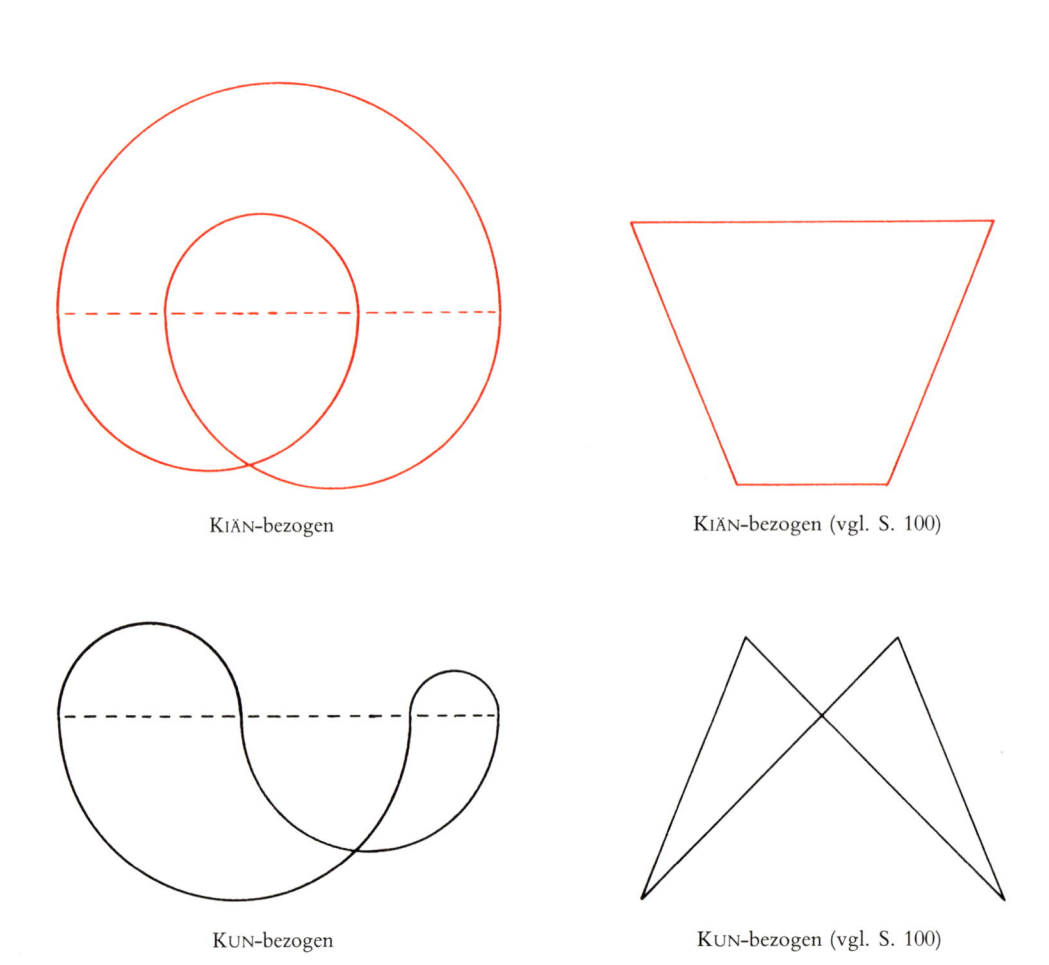

Kiän-bezogen

Kiän-bezogen (vgl. S. 100)

Kun-bezogen

Kun-bezogen (vgl. S. 100)

XIII

Die acht Häuser der Hexagramme nach der abstrakten Ordnung des Fu-Hi

(Bewegungsabläufe in Kurven)

Die meisten Menschen denken nicht nach über Dinge,
auf die sie täglich stoßen,
noch verstehen sie, was sie erfahren haben;
ihnen selber kommt es freilich so vor.

Herakleitos

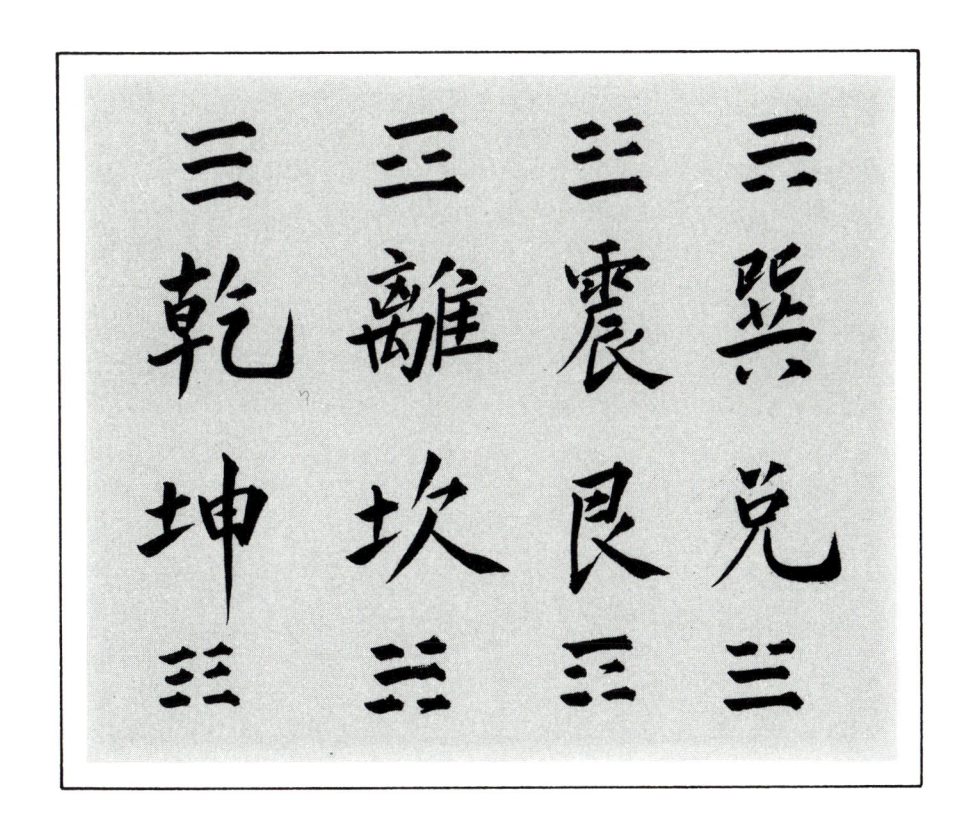

143

DAS HAUS KIÄN

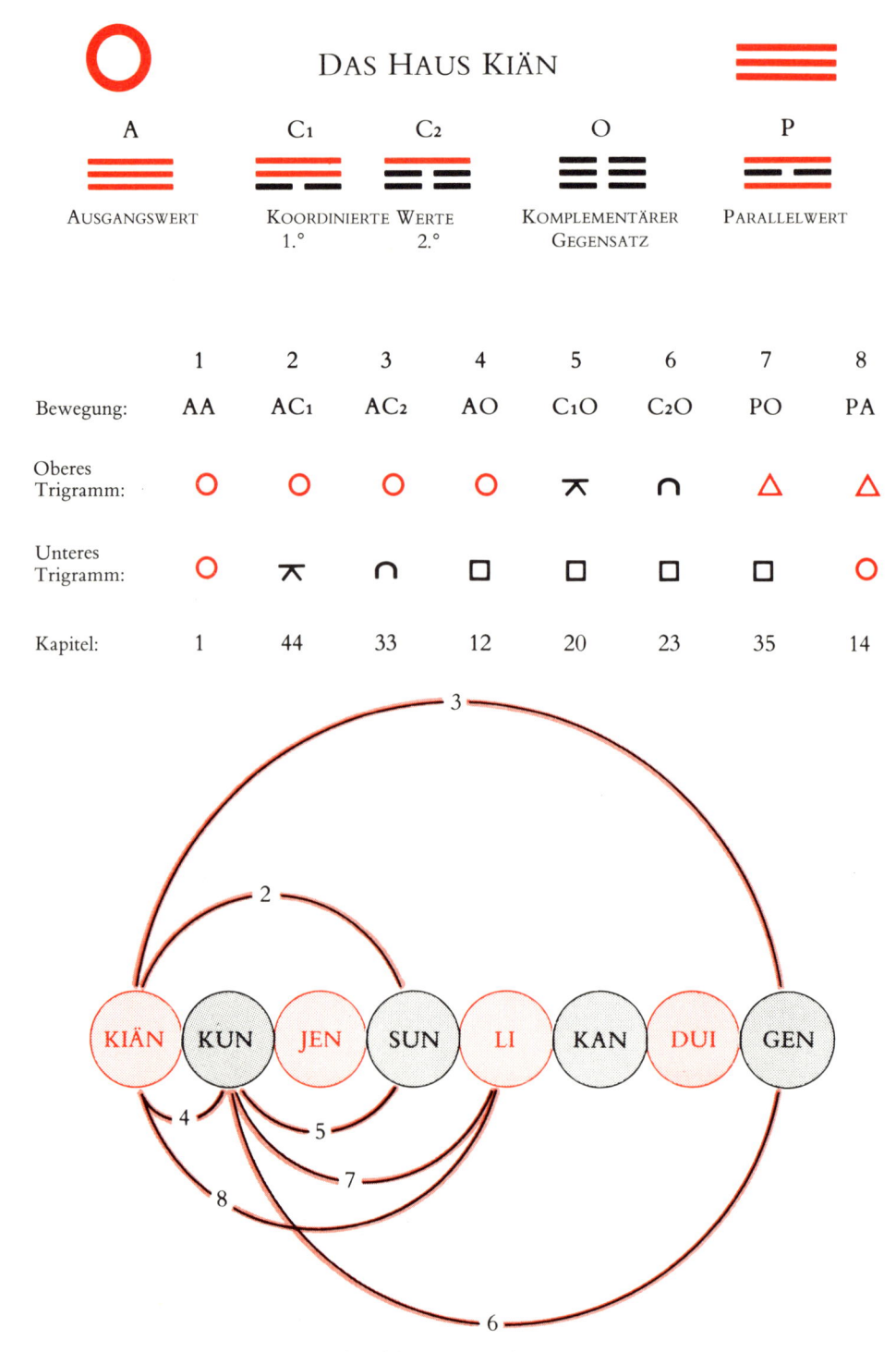

	A	C₁	C₂	O	P
	AUSGANGSWERT	KOORDINIERTE WERTE 1.°	KOORDINIERTE WERTE 2.°	KOMPLEMENTÄRER GEGENSATZ	PARALLELWERT

	1	2	3	4	5	6	7	8
Bewegung:	AA	AC₁	AC₂	AO	C₁O	C₂O	PO	PA
Oberes Trigramm:	○	○	○	○	ㄭ	∩	△	△
Unteres Trigramm:	○	ㄭ	∩	□	□	□	□	○
Kapitel:	1	44	33	12	20	23	35	14

Die Nummern dieses Diagramms beziehen sich auf die oben erwähnten Trigramm-Kombinationen, wie auf die entsprechenden Kapitelnummern des *Buches der Wandlungen*, die sich mit dem Haus KIÄN befassen.

Kapitel 1 des *I Ging* ist durch keine Kurven dargestellt, da es keine Kombination von zwei unterschiedlichen Trigrammen ist, sondern lediglich die Verdoppelung des Zeichens dieses Hauses (KIÄN-KIÄN), was eine Intensivierung oder eine innere Bewegung bedeutet.

DAS HAUS GEN

	A	C₁	C₂	O	P
	AUSGANGSWERT	KOORDINIERTE WERTE 1.°	2.°	KOMPLEMENTÄRER GEGENSATZ	PARALLELWERT

	1	2	3	4	5	6	7	8
Bewegung:	AA	AC₁	AC₂	AO	C₁O	C₂O	PO	PA
Oberes Trigramm:	⌒	⌒	⌒	⌒	△	O	ㅈ	ㅈ
Unteres Trigramm:	⌒	△	O	⋎	⋎	⋎	⋎	⌒
Kapitel:	52	22	26	41	38	10	61	53

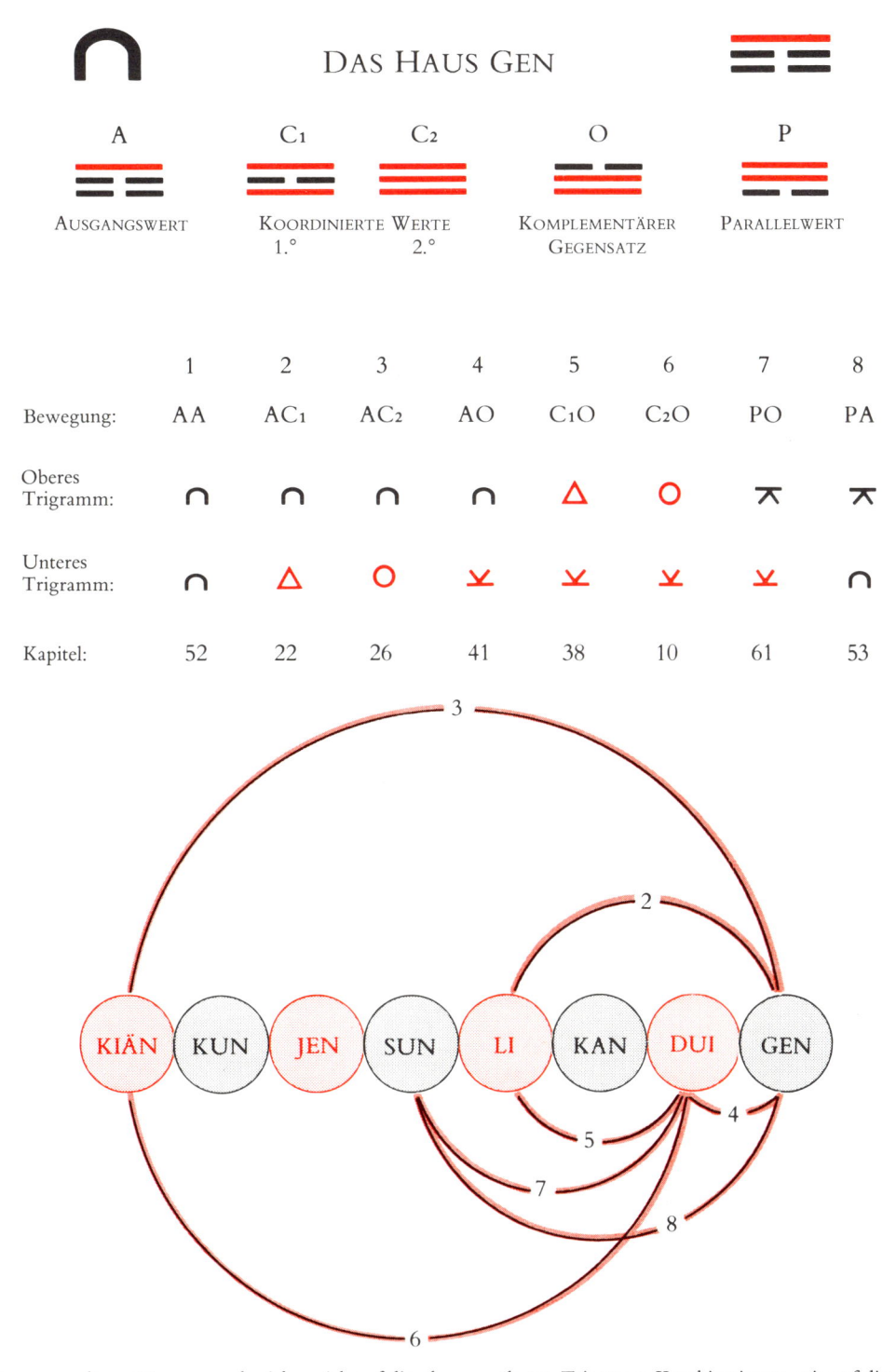

Die Nummern dieses Diagramms beziehen sich auf die oben erwähnten Trigramm-Kombinationen, wie auf die entsprechenden Kapitelnummern des *Buches der Wandlungen,* die sich mit dem Haus GEN befassen.
Kapitel 52 des *I Ging* ist durch keine Kurve dargestellt, da es keine Kombination von zwei unterschiedlichen Trigrammen ist, sondern lediglich die Verdoppelung des Zeichens dieses Hauses (GEN-GEN), was eine Intensivierung oder eine innere Bewegung bedeutet.

DAS HAUS KUN

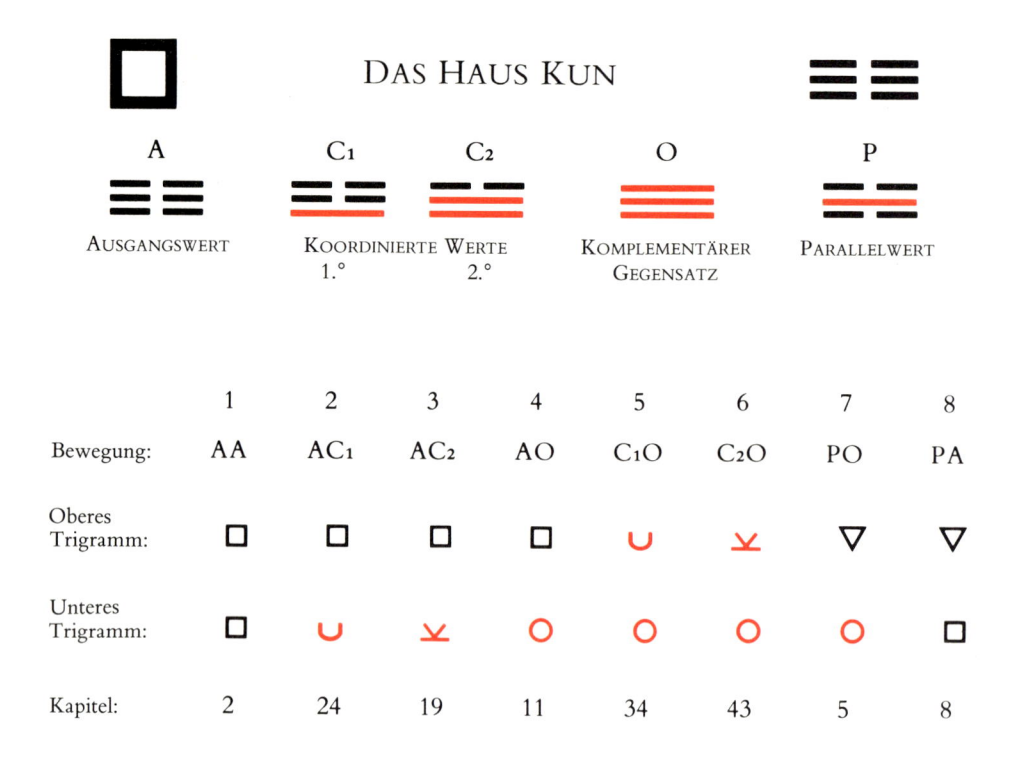

A	C₁	C₂	O	P
AUSGANGSWERT	KOORDINIERTE WERTE 1.°	2.°	KOMPLEMENTÄRER GEGENSATZ	PARALLELWERT

	1	2	3	4	5	6	7	8
Bewegung:	AA	AC₁	AC₂	AO	C₁O	C₂O	PO	PA
Oberes Trigramm:	□	□	□	□	U	⋎	▽	▽
Unteres Trigramm:	□	U	⋎	O	O	O	O	□
Kapitel:	2	24	19	11	34	43	5	8

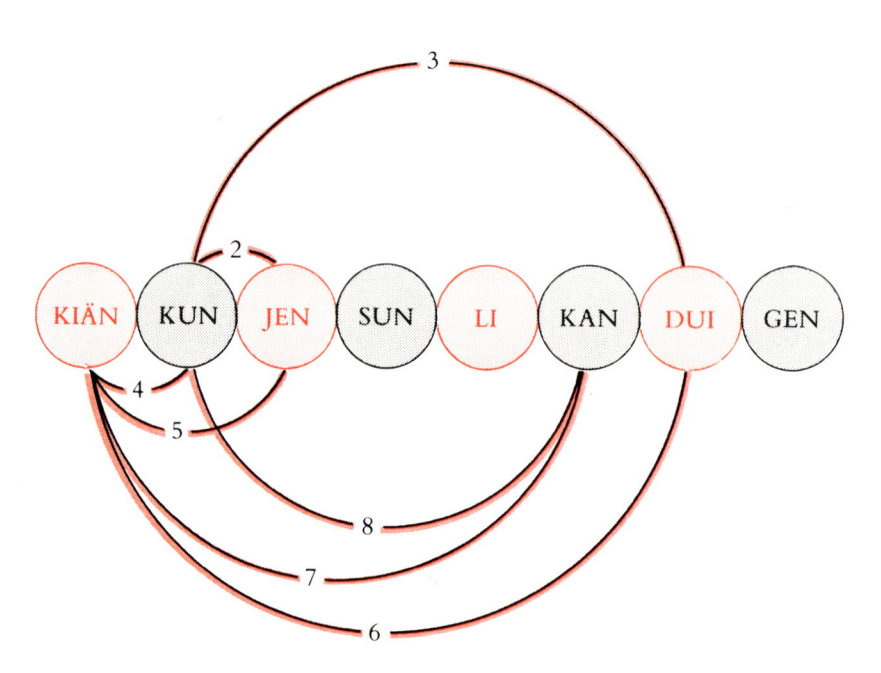

KIÄN — KUN — JEN — SUN — LI — KAN — DUI — GEN

Die Nummern dieses Diagramms beziehen sich auf die oben erwähnten Trigramm-Kombinationen, wie auf die entsprechenden Kapitelnummern des *Buches der Wandlungen*, die sich mit dem Haus KUN befassen.
Kapitel 2 des *I Ging* ist durch keine Kurve dargestellt, da es keine Kombination von zwei unterschiedlichen Trigrammen ist, sondern lediglich die Verdoppelung des Zeichens dieses Hauses (KUN-KUN), was eine Intensivierung oder eine innere Bewegung bedeutet.

DAS HAUS DUI

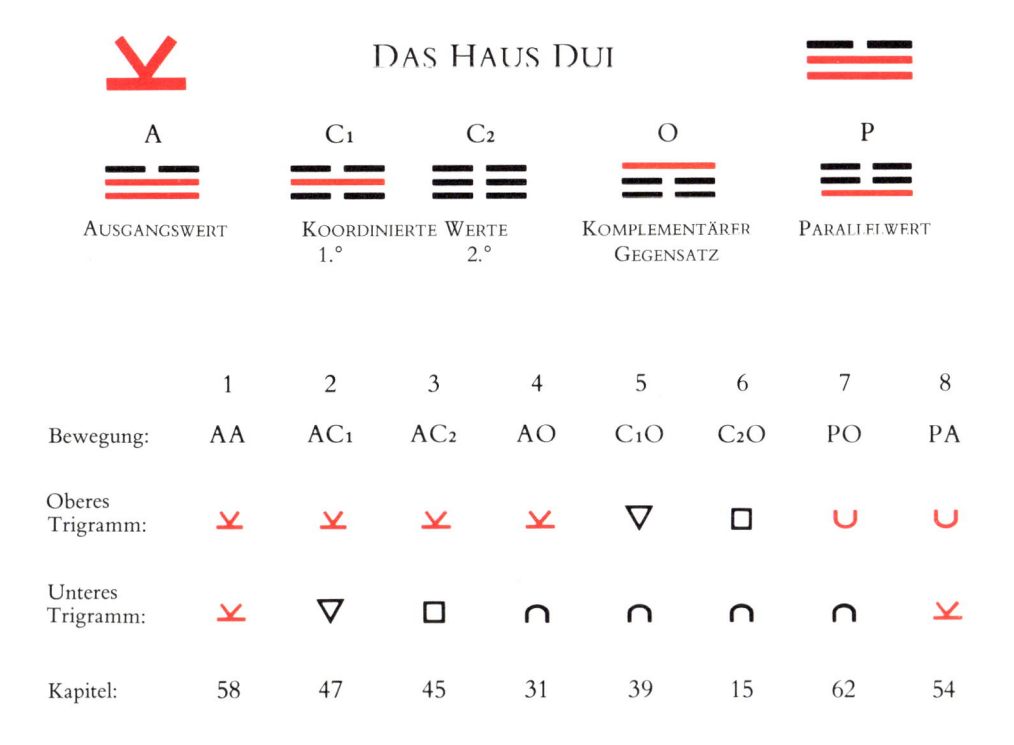

	A	C1	C2	O	P
	Ausgangswert	Koordinierte Werte 1.° 2.°		Komplementärer Gegensatz	Parallelwert

	1	2	3	4	5	6	7	8
Bewegung:	AA	AC1	AC2	AO	C1O	C2O	PO	PA
Oberes Trigramm:	⩗	⩗	⩗	⩗	▽	□	∪	∪
Unteres Trigramm:	⩗	▽	□	∩	∩	∩	∩	⩗
Kapitel:	58	47	45	31	39	15	62	54

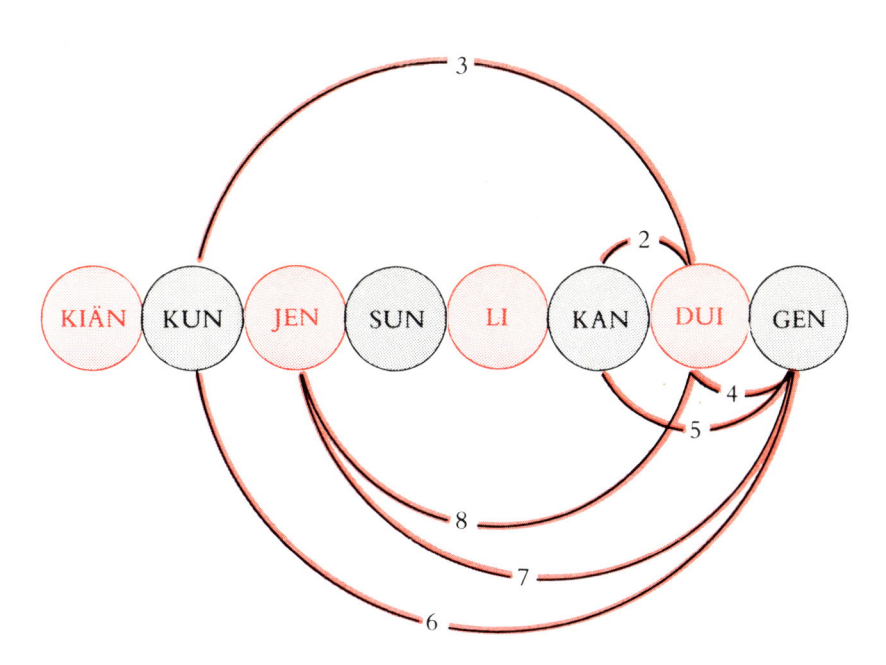

KIÄN — KUN — JEN — SUN — LI — KAN — DUI — GEN

Die Nummern dieses Diagramms beziehen sich auf die oben erwähnten Trigramm-Kombinationen, wie auf die entsprechenden Kapitelnummern des *Buches der Wandlungen*, die sich mit dem Haus Dui befassen.
Kapitel 58 des *I Ging* ist durch keine Kurve dargestellt, da es keine Kombination von zwei unterschiedlichen Trigrammen ist, sondern lediglich die Verdoppelung des Zeichens dieses Hauses (Dui-Dui), was eine Intensivierung oder eine innere Bewegung bedeutet.

DAS HAUS JEN*

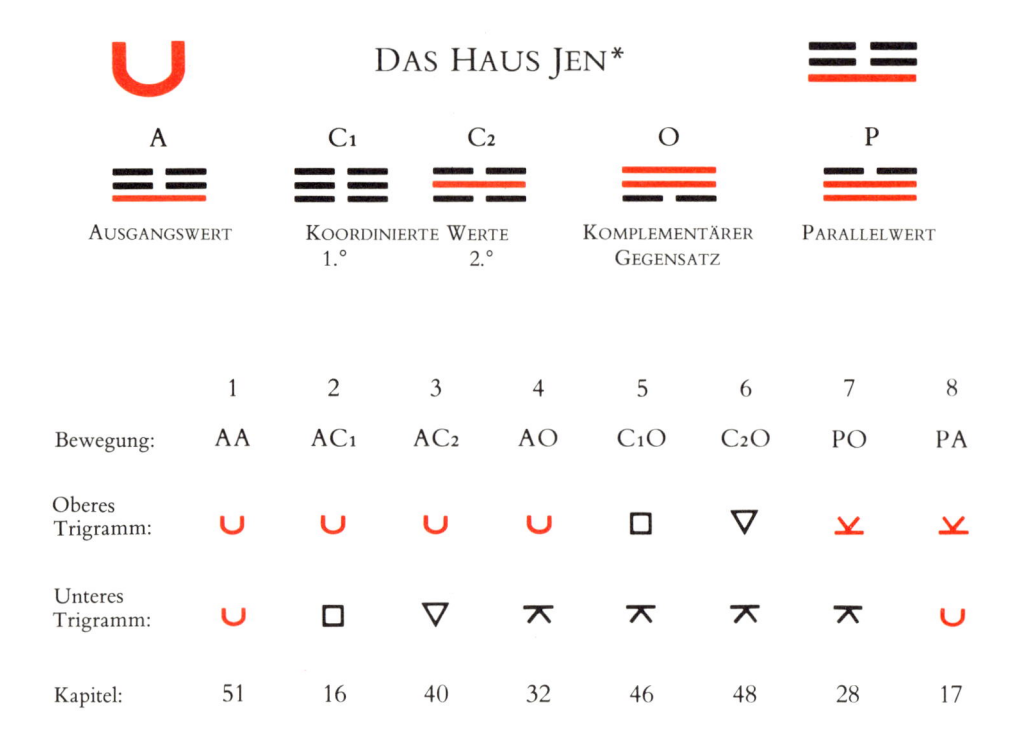

	A	C₁	C₂	O	P
	AUSGANGSWERT	KOORDINIERTE WERTE 1.°	2.°	KOMPLEMENTÄRER GEGENSATZ	PARALLELWERT

	1	2	3	4	5	6	7	8
Bewegung:	AA	AC₁	AC₂	AO	C₁O	C₂O	PO	PA
Oberes Trigramm:	U	U	U	U	□	▽	⋎	⋎
Unteres Trigramm:	U	□	▽	⊼	⊼	⊼	⊼	U
Kapitel:	51	16	40	32	46	48	28	17

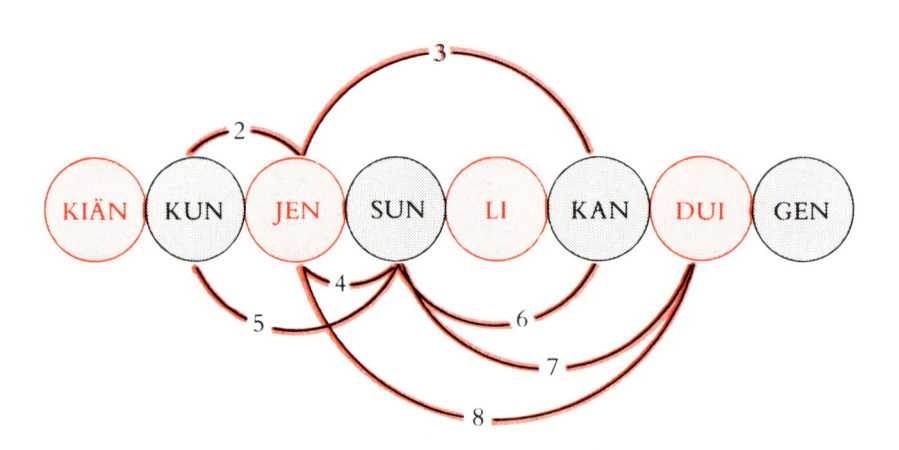

KIÄN — KUN — JEN — SUN — LI — KAN — DUI — GEN

Die Nummern dieses Diagramms beziehen sich auf die oben erwähnten Trigramm-Kombinationen, wie auf die entsprechenden Kapitelnummern des *Buches der Wandlungen*, die sich mit dem Haus JEN befassen.
Kapitel 51 des *I Ging* ist durch keine Kurve dargestellt, da es keine Kombination von zwei unterschiedlichen Trigrammen ist, sondern lediglich die Verdoppelung des Zeichens dieses Hauses (JEN-JEN), was eine Intensivierung oder eine innere Bewegung bedeutet.

*) JEN: deutsche Aussprache wie »DSCHEN« (so auch bei Richard Wilhelm transkribiert).

148

DAS HAUS KAN

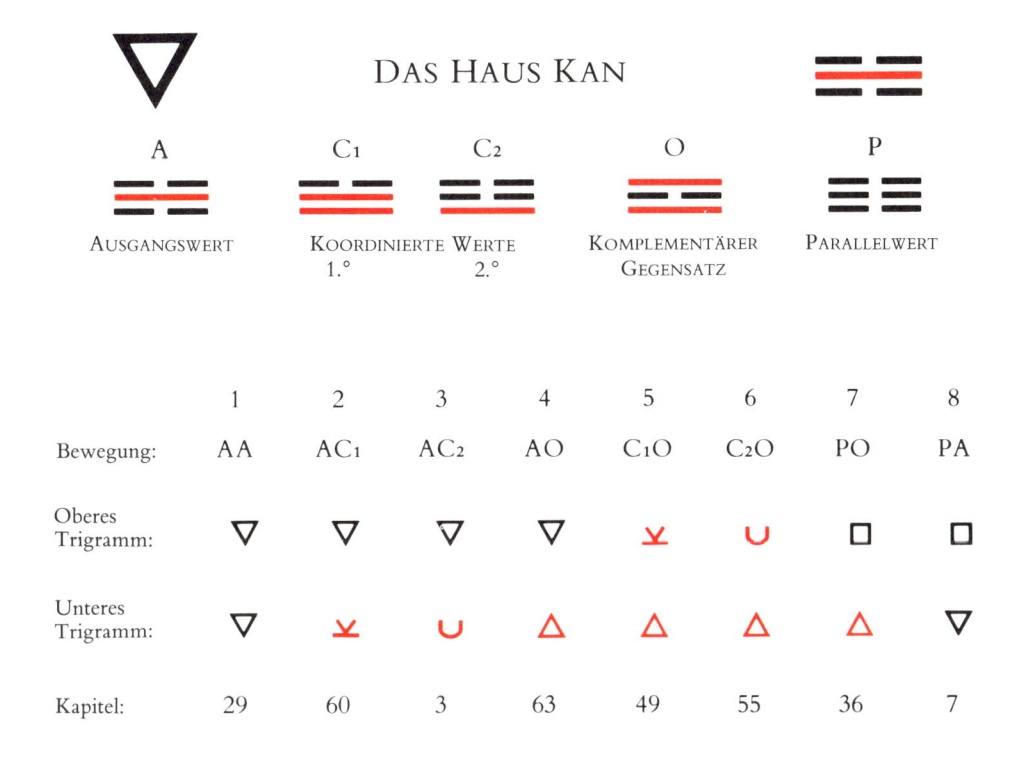

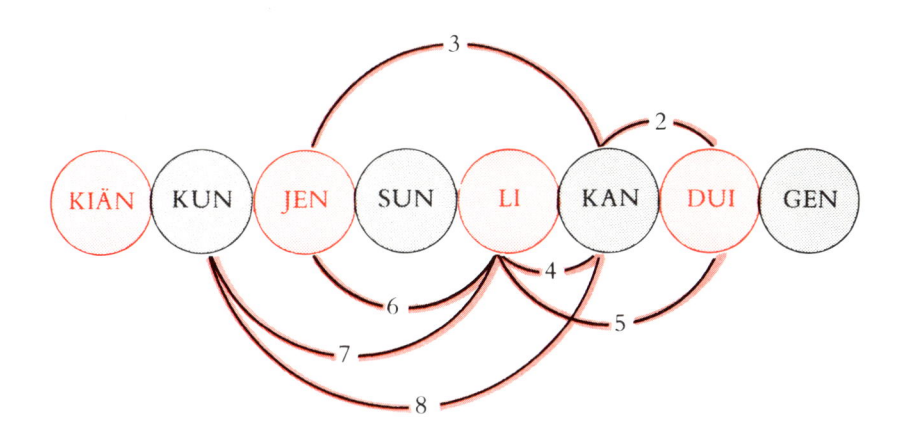

	A	C₁	C₂	O	P
	AUSGANGSWERT	KOORDINIERTE WERTE 1.° 2.°		KOMPLEMENTÄRER GEGENSATZ	PARALLELWERT

	1	2	3	4	5	6	7	8
Bewegung:	AA	AC₁	AC₂	AO	C₁O	C₂O	PO	PA
Oberes Trigramm:	▽	▽	▽	▽	⊻	∪	□	□
Unteres Trigramm:	▽	⊻	∪	△	△	△	△	▽
Kapitel:	29	60	3	63	49	55	36	7

KIÄN – KUN – JEN – SUN – LI – KAN – DUI – GEN

Die Nummern dieses Diagramms beziehen sich auf die oben erwähnten Trigramm-Kombinationen, wie auf die entsprechenden Kapitelnummern des *Buches der Wandlungen*, die sich mit dem Haus KAN befassen.
Kapitel 29 des *I Ging* ist durch keine Kurve dargestellt, da es keine Kombination von zwei unterschiedlichen Trigrammen ist, sondern lediglich die Verdoppelung des Zeichens dieses Hauses (KAN-KAN), was eine Intensivierung oder eine innere Bewegung bedeutet.

DAS HAUS SUN

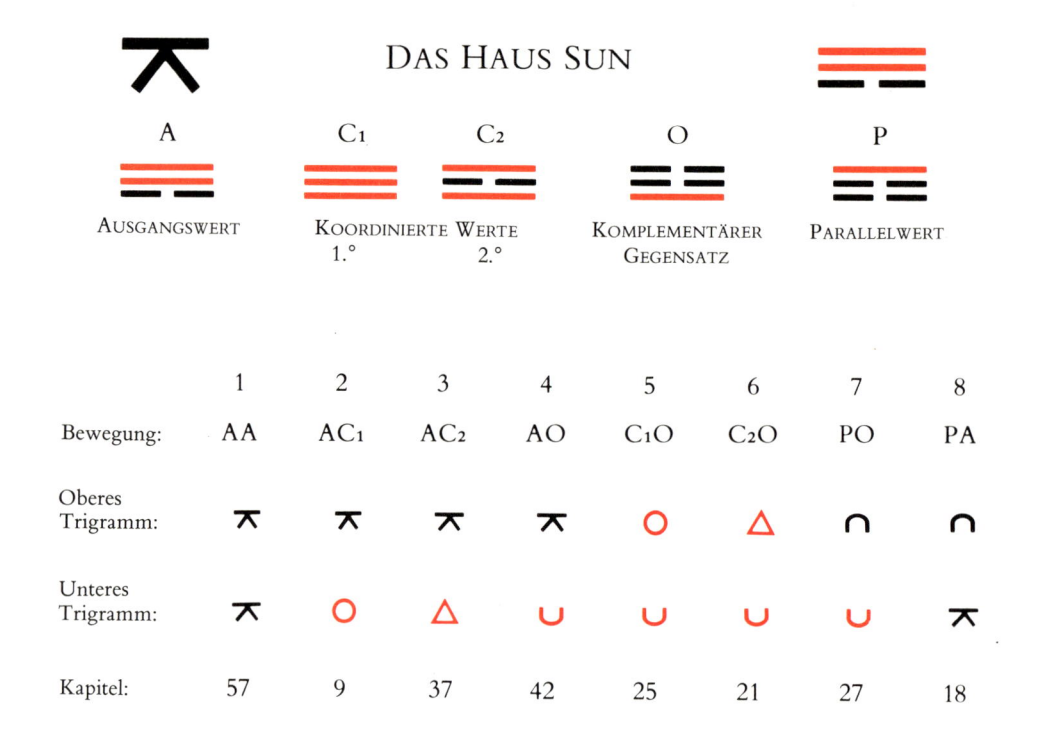

	A	C₁	C₂	O	P
	AUSGANGSWERT	KOORDINIERTE WERTE 1.° 2.°		KOMPLEMENTÄRER GEGENSATZ	PARALLELWERT

	1	2	3	4	5	6	7	8
Bewegung:	AA	AC₁	AC₂	AO	C₁O	C₂O	PO	PA
Oberes Trigramm:	⊼	⊼	⊼	⊼	O	△	∩	∩
Unteres Trigramm:	⊼	O	△	U	U	U	U	⊼
Kapitel:	57	9	37	42	25	21	27	18

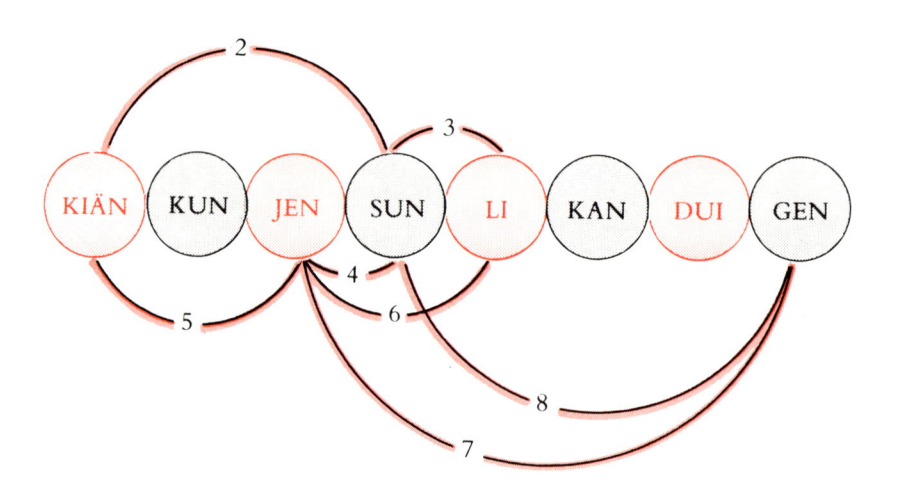

Die Nummern dieses Diagramms beziehen sich auf die oben erwähnten Trigramm-Kombinationen, wie auf die entsprechenden Kapitelnummern des *Buches der Wandlungen*, die sich mit dem Haus SUN befassen.
Kapitel 57 des *I Ging* ist durch keine Kurve dargestellt, sondern lediglich die Verdoppelung des Zeichens dieses Hauses (SUN-SUN), was eine Intensivierung oder eine innere Bewegung bedeutet.

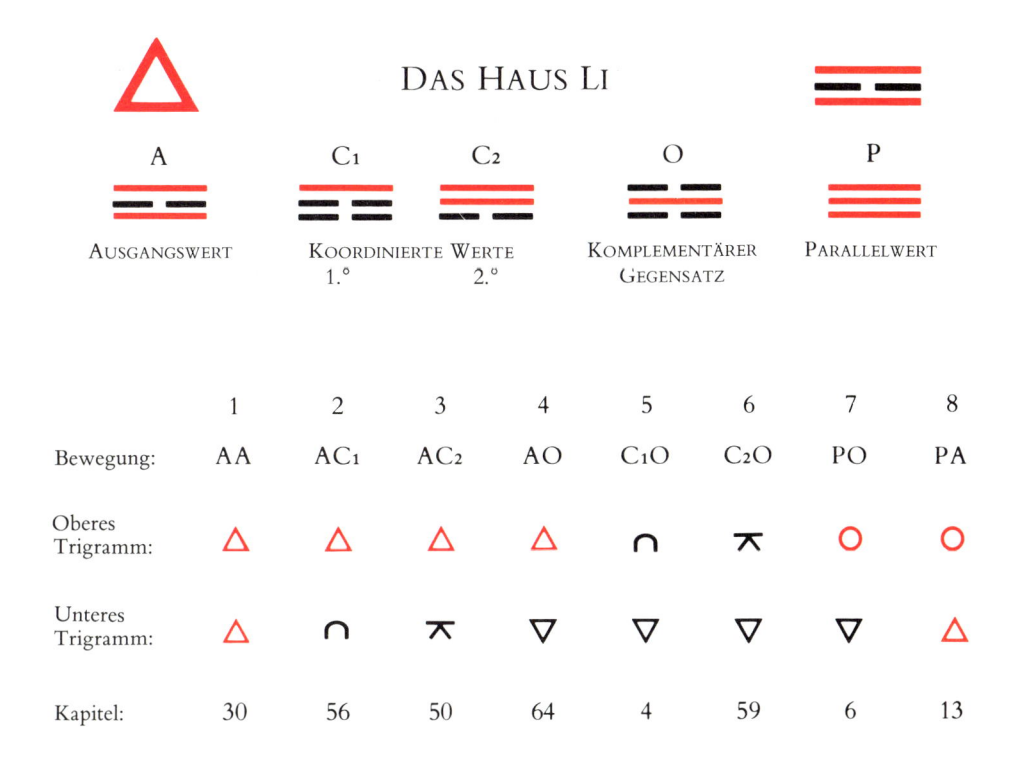

DAS HAUS LI

	A	C₁	C₂	O	P
	AUSGANGSWERT	KOORDINIERTE WERTE 1.° 2.°		KOMPLEMENTÄRER GEGENSATZ	PARALLELWERT

	1	2	3	4	5	6	7	8
Bewegung:	AA	AC₁	AC₂	AO	C₁O	C₂O	PO	PA
Oberes Trigramm:	△	△	△	△	∩	⊼	O	O
Unteres Trigramm:	△	∩	⊼	▽	▽	▽	▽	△
Kapitel:	30	56	50	64	4	59	6	13

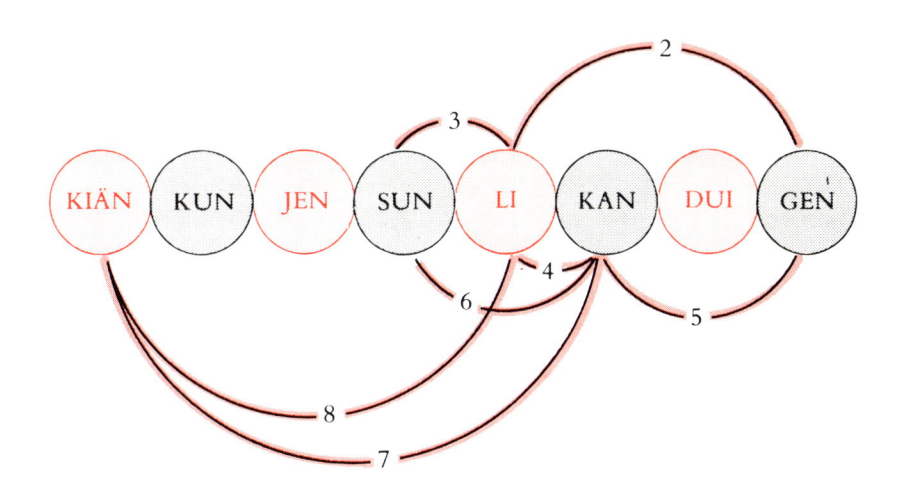

Die Nummern dieses Diagramms beziehen sich auf die oben erwähnten Trigramm-Kombinationen, wie auf die entsprechenden Kapitelnummern des *Buches der Wandlungen*, die sich mit dem Haus LI befassen.
Kapitel 30 des *I Ging* ist durch keine Kurve dargestellt, da es keine Kombination von zwei unterschiedlichen Trigrammen ist, sondern lediglich die Verdoppelung des Zeichens dieses Hauses (LI-LI), was eine Intensivierung oder eine innere Bewegung bedeutet.

Spiegelbildliche Umkehrung von Bewegung und Struktur sowie weitere Beobachtungen

Die Beziehungen zwischen den einzelnen Trigrammen sind komplizierter, als man ursprünglich erwartete. Jedoch können diese Beziehungen in einer linearen Anordnung sichtbar gemacht werden, wenn wir sie durch halbkreisförmige Kurven darstellen. Dabei wird deutlich, daß Kiän nicht nur im Gegensatz zu Kun steht (daß also »Himmel« und »Erde« nicht notwendigerweise unvereinbar sind), daß in gleicher Weise Kan (»Wasser«) nicht nur der Gegensatz von Li (»Feuer«) ist, daß Gen (»Berg«) nicht nur das Gegenteil von Dui (»See«) darstellt und daß Jen (»Donner«) nicht nur das Gegenteil von Sun (»Wind«) ist. Vielmehr ist Kiän auch das Spiegelbild von Gen, Kun das Spiegelbild von Dui, Jen das Spiegelbild von Kan und Sun das Spiegelbild von Li. In dieser linearen Anordnung folgen also jeweils positive und negative Eigenschaften aufeinander und lassen eine unerwartete wechselseitige Beziehung erkennen. Ein Spiegelbild ist in gewisser Weise das Gegenteil bzw. die Umkehrung des Originals, wo das, was zunächst links ist, rechts, und das Rechte auf der linken Seite erscheint. So entstehen die Paare Kiän-Gen, Kun-Dui, Jen-Kan, Sun-Li. Das aber bedeutet, daß das erste und das letzte, das zweite und das siebte, das dritte und das sechste, das vierte und das fünfte Trigramm miteinander in Beziehung stehen. Diese gegenseitige Beziehung ist um so beweiskräftiger, als sie graphisch darstellbar ist. Wir haben es hier mit einer Gegensätzlichkeit in der Richtung, jedoch mit einer Gleichheit der Struktur zu tun, während in der Beziehung zwischen Kiän und Kun eine Gegensätzlichkeit sowohl in der Richtung als auch in der Struktur besteht.

Wenn wir dies auf den Charakter von Individuen anwenden, besteht die Möglichkeit, entgegengesetzte Richtungen durch eine Gleichheit der Struktur zu kompensieren, so daß in einem solchen Fall statt einer Feindschaft der beiden Partner eine Zusammenarbeit möglich wird, und zwar in einer Weise, die jeden der beiden Partner gestärkt daraus hervorgehen läßt, nicht aber behindert oder gar überwältigt. Ein gutes Beispiel ist das Verhalten von Feuer und Wind. Das eine kann nicht ohne das andere sein. Feuer und Wind erregen und verstärken einander, vorausgesetzt, daß der Wind nicht so stark ist, daß er das Feuer löscht. Doch dies ist eine Frage des Verhältnisses zueinander: Wenn ein Feuer schwach ist, kann es durch den Wind ausgelöscht werden. So ist die Flamme einer Kerze durch den Wind gefährdet, ein starkes Feuer jedoch wird durch ihn nur noch mehr angefacht.

Stabilität ist das charakteristische Merkmal sowohl von Kiän wie von Gen. Der Berg ist sozusagen Erde in ihrer zum Himmel aufstrebenden Bewegung; sie ist das Material, das Materielle, das Geformte, das sich zum Himmel erhebt, zum Immateriellen, Ungeformten. Im Alter gleichen wir dem Berg in seiner Solidität, seiner Beharrung und Ruhe. Wir nähern uns dem Kosmos, sind auf das Universum oder (in der Sprache der Religion) auf den Himmel gerichtet und nähern uns dem großen Mysterium der Verwandlung, dem Aufgeben unserer irdischen Form, an der Pforte des Ungeformten stehend.

Wenn wir die acht Bewegungen der acht Häuser auf die vorweltliche oder abstrakte Ordnung des Fu Hi anwenden, entdecken wir ein einheitliches Prinzip, das geometrisch darstellbar und so augenscheinlich ist, daß jeder es erkennen kann und damit auch die strukturelle Harmonie und den organischen Zusammenhang der 64 Hexagramme versteht. Wir beginnen nun zu verstehen, warum die alten Weisen die Zahl Vierundsechzig zur Grundlage ihrer Beobachtungen machten, um die Möglichkeiten des Charakters eines Durchschnittsmenschen und die Resultate seiner Handlungen zu erfassen. Als wir in ähnlicher Weise die Kombinationen der Trigramme im zeitgebundenen System des Wen Wang darzustellen versuchten, konnten wir kein adäquates, einheitliches Prinzip entdecken. Dies sollte uns ein Beweis dafür sein, daß wir es hier weder mit der ursprünglichen Struktur noch mit einem ursprünglich geplanten System zu tun haben. Ein solches wird erst sichtbar, wenn wir die ursprüngliche abstrakte Ordnung zur Grundlage unserer weiteren Betrachtungen machen. Dabei entdecken wir, daß jedes der acht Häuser durch ein gleichschenklig-rechtwinkliges Dreieck dargestellt werden kann (s. S. 168–175). Die hier dargestellten Häuser unterscheiden sich voneinander durch die Lage dieses Dreiecks, dessen Basis entweder horizontal, vertikal oder diagonal verläuft, wobei zusätzlich eine Aufwärts- oder Abwärtsbewegung zu beobachten ist. In jedem dieser Fälle hängt die Lage des Dreiecks von der Position seines rechten Winkels ab, so daß sich die acht Häuser nur durch die jeweilige Lage des Dreiecks und durch das Trigramm an seiner Spitze unterscheiden. Dieses aber bestimmt die vorherrschende Tendenz eines Menschen, der zwischen zwei unterschiedliche, im Kontrast oder in Opposition zueinander befindliche, divergierende Qualitäten gestellt ist.

Obwohl der Mensch, wie uns das *Buch der Wandlungen* zeigt, zwischen »Himmel« und »Erde« steht, d.h. zwischen dem Unsichtbaren und dem Sichtbaren, hat er doch teil an beidem. Menschliche Wesen unterscheiden sich jedoch in der Art und Weise und in dem Maße, wie sie am einen oder anderen teilhaben. Die Diagramme der acht Häuser können daher nur im Durchschnittswert liegende Situationen darstellen, die durch die kontrastierendste Lage der acht Bewegungen eines jeden Hauses hervorgebracht wird. Ohne jedoch auf die Definition, die diesen Diagrammen unterlegt wird, näher einzugehen, erscheint es angebracht, die Diagramme der abstrakten und der zeitgebundenen Ordnung zu vergleichen, um zu sehen, inwieweit sie eine systematische Struktur aufweisen. Um diese Struktur herauszuarbeiten, wollen wir im folgenden die vierundsechzig Hexagramme in vier Teilen darstellen, wobei jeder zwei Häuser umfaßt: Kun-Kiän (1–16); Gen-Jen (17–32); Sun-Dui (33–48) und Li-Kan (49–64) – zunächst gegen den Hintergrund der zeitgebundenen Ordnung und dann gegen den Hintergrund der vorweltlichen bzw. abstrakten Ordnung. Auch hier wird sich die zeitgebundene Ordnung als willkürlich und unregelmäßig erweisen, während der abstrakten Ordnung, mit Ausnahme weniger Linien, ein einheitliches und folgerichtiges Prinzip zugrunde liegt.

XIV

Untersuchungen zur Struktur

> Nicht auf meine, sondern auf die Stimme der Vernunft hörend
> zuzugestehen, daß alles eins ist, ist weise.
>
> *Herakleitos*

Die folgenden Tabellen und grafischen Darstellungen sollen es dem Leser erleichtern, die Gesetzmäßigkeiten und inneren Strukturen des I GING zu erfassen.

Tabellen der Permutationswerte

A	C₁	C₂	O	P		Ausgeschlossen
Ausgangswert	Koordinierte Werte 1.°	2.°	Komplementärer Gegensatz	Parallelwert		

HOUSE	A STARTING VALUE	C₁ CO-ORDINATED VALUES	C₂	O COMPLEM OPPOSITE	P PARALLEL VALUE	EX-CLUDED
1	○ ↑	⊼ ↓	∩ ↓	□ ↓	△ ↑	▽⊻∪
2	▽ ↓	⊻ ↑	∪ ↑	△ ↑	□ ↓	⊼∩○
3	∩ ↓	△ ↑	○ ↑	⊻ ↑	⊼ ↓	□▽∪
4	∪ ↑	□ ↓	▽ ↓	⊼ ↓	⊻ ↑	△○∩
5	⊼ ↓	○ ↑	△ ↑	∪ ↑	∩ ↓	▽□⊻
6	△ ↑	∩ ↓	⊼ ↓	▽ ↓	○ ↑	□∪⊻
7	□ ↓	∪ ↑	⊻ ↑	○ ↑	▽ ↓	∩⊼△
8	⊻ ↑	▽ ↓	□ ↓	∩ ↓	∪ ↑	○△⊼

DIE ABSTRAKTE ORDNUNG

KOORDINIERTE WERTE
(Dargestellt in Kurven)
I–VIII

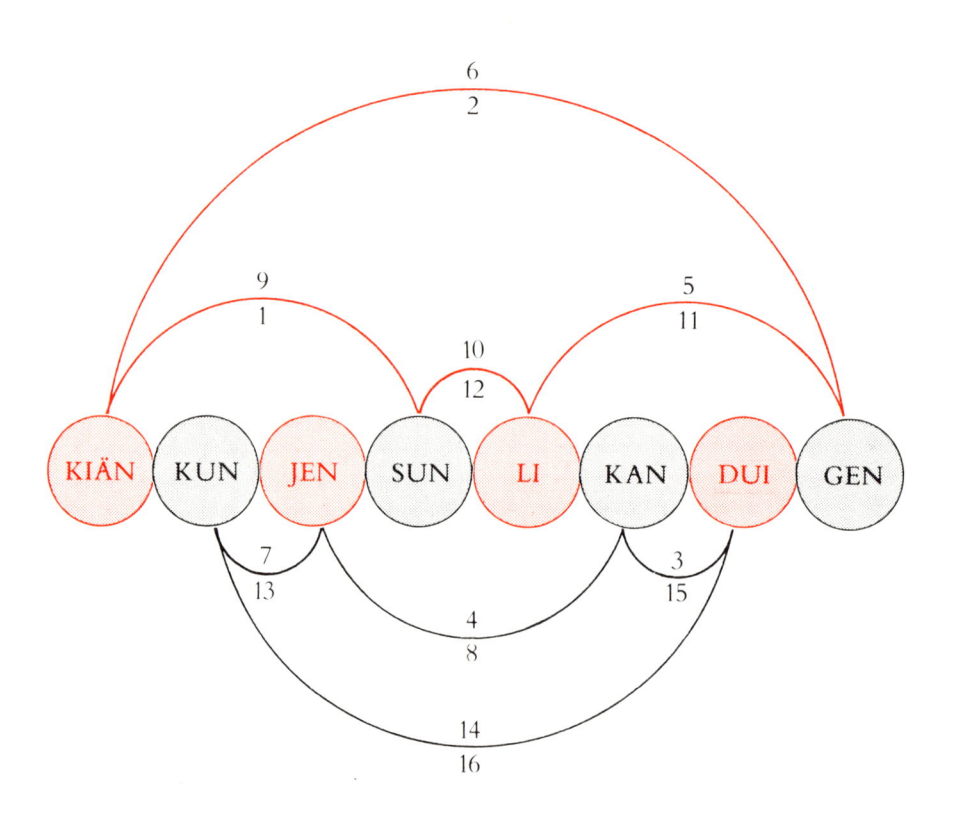

I.	KIÄN:	1 + 2	○○ ⊼∩	SUN und GEN	V.	SUN:	9 + 10 ⊼⊼ ○△	KIÄN und LI
II.	KAN:	3 + 4	▽▽ ⋎∪	DUI und JEN	VI.	LI:	11 + 12 △△ ∩⊼	GEN und SUN
III.	GEN:	5 + 6	∩∩ △○	LI und KIÄN	VII.	KUN:	13 + 14 □□ ∪⋎	JEN und DUI
IV.	JEN:	7 + 8	∪∪ □▽	KUN und KAN	VIII.	DUI:	15 + 16 ⋎⋎ ▽□	KAN und KUN

Die Farben der Kurven auf dieser und den folgenden Seiten sind lediglich zugefügt zur schärferen Herausarbeitung der Grundformen, bedeuten jedoch keine positiv/negativen oder kreativ/rezeptiven Eigenschaften.

160

Die abstrakte Ordnung

Parallelwerte und komplementäre Gegensätze

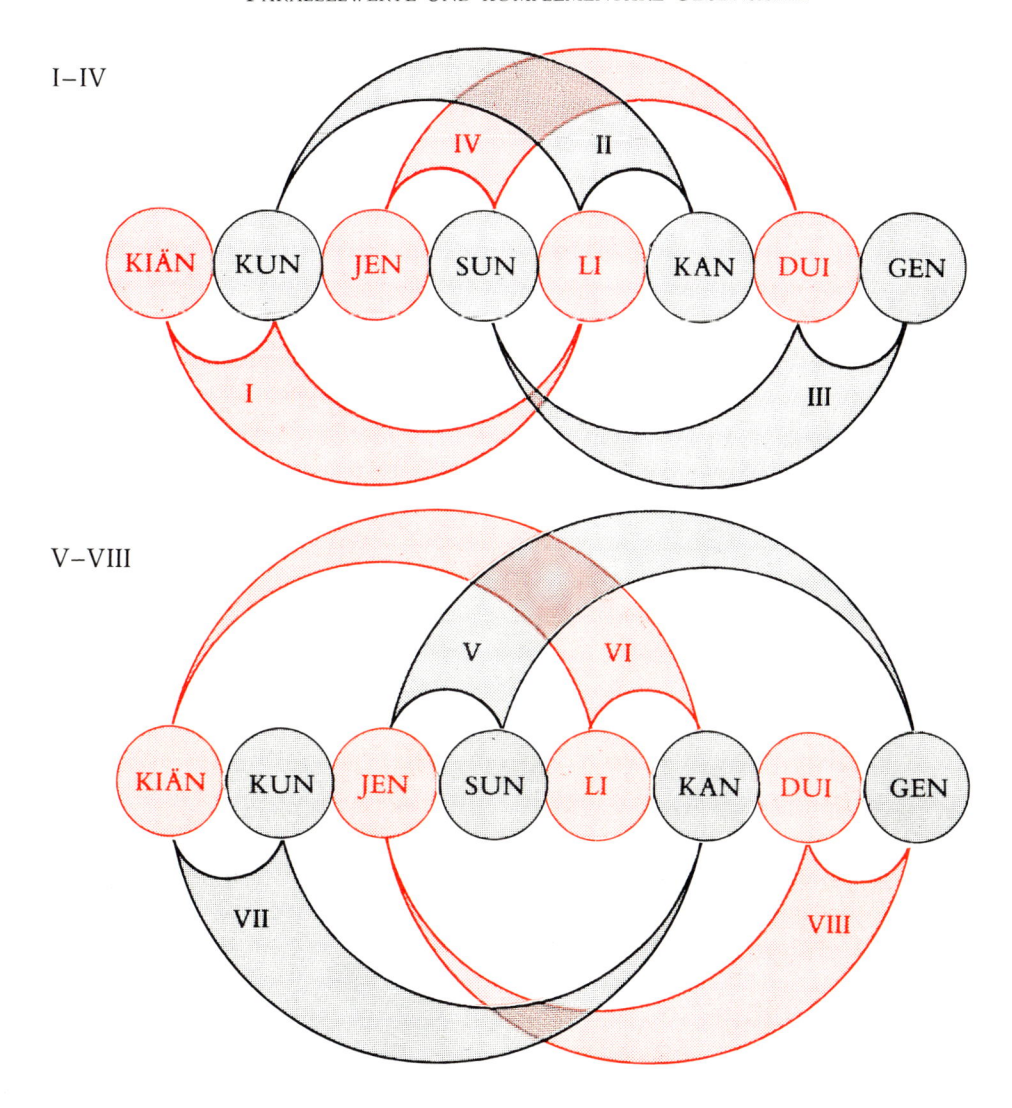

I–IV

V–VIII

Parallelwerte   Komplementäre Gegensätze

I. Li-Kiän	
IV. Dui-Jen	kreativ
VI. Kiän-Li	
VIII. Jen-Dui	

I. Li-Kun	
IV. Dui-Sun	kreativ-rezeptiv
VI. Kiän-Kan	
VIII. Jen-Gen	

II. Kun-Kan	
III. Sun-Gen	rezeptiv
VII. Kan-Kun	
V. Gen-Sun	

II. Kun-Li	
III. Sun-Dui	rezeptiv-kreativ
VII. Kan-Kiän	
V. Gen-Jen	

161

Die Struktur des I Ging

Die abstrakte Ordnung

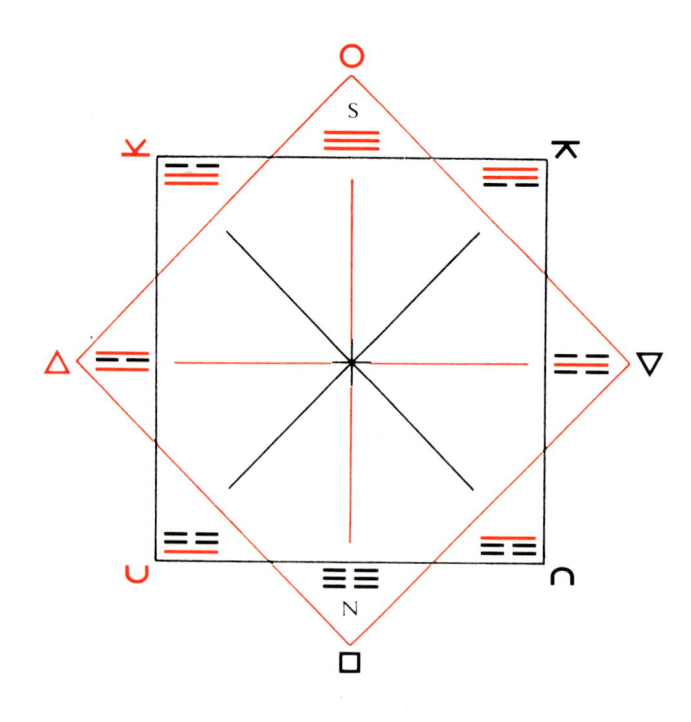

Die zeitliche und elementare Ordnung

Die symmetrischen Trigramme sind durch eine rote Linie verbunden,
die asymmetrischen durch eine schwarze.

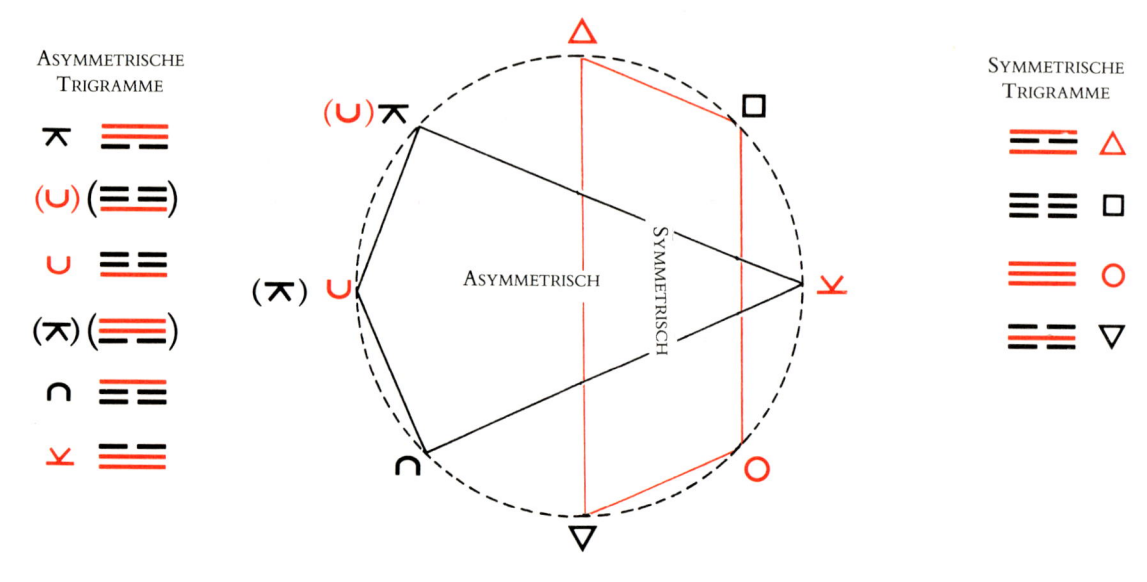

Asymmetrische Trigramme

Symmetrische Trigramme

Symmetrische Trigramme teilen sich horizontal in identische Hälften. Asymmetrische Trigramme ergeben voneinander
verschiedene Hälften.

Die abstrakte Ordnung

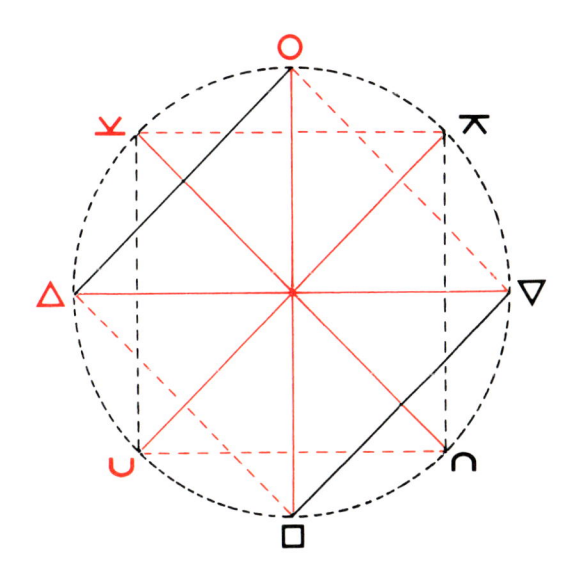

———— 1° Komplementäre Gegensätze 1°.
– – – – 2° Komplementäre Gegensätze 2°.
———— 1° Parallelwerte 1°.
– – – – 2° Parallelwerte 2°.

Komplementäre Gegensätze

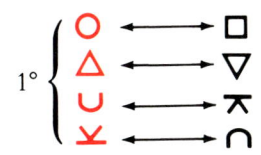

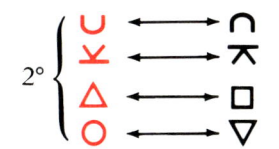

Parallelwerte

Die zeitliche Ordnung

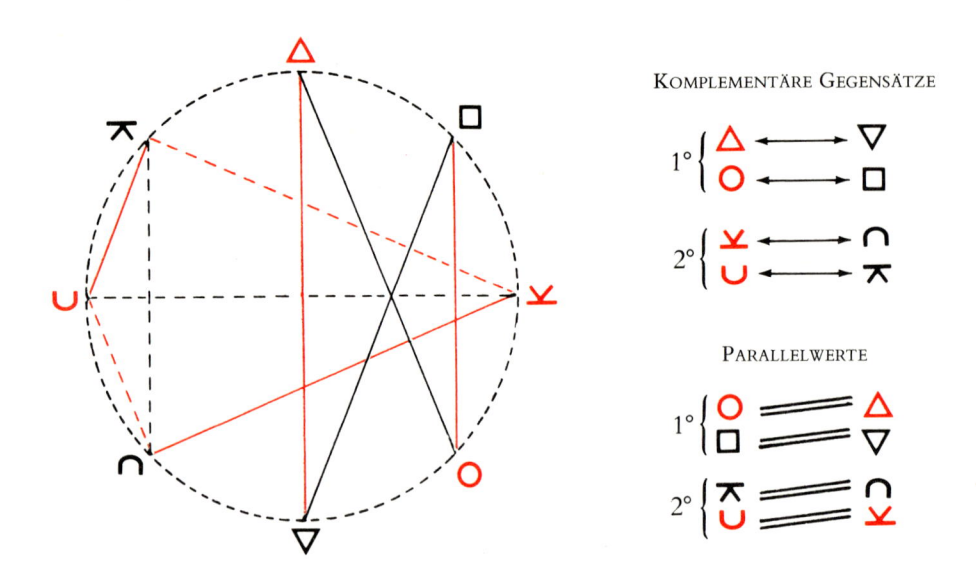

Komplementäre Gegensätze

1° △ ⟷ ▽
   ○ ⟷ □

2° ⊃⟜ ⟷ ⌒
   ⊂ ⟷ ⟝⊃

Parallelwerte

1° ○ ═ △
   □ ═ ▽

2° ⟝⊃ ═ ⌒
   ⊂⟜ ═ ⟝⊃

Die elementare Ordnung

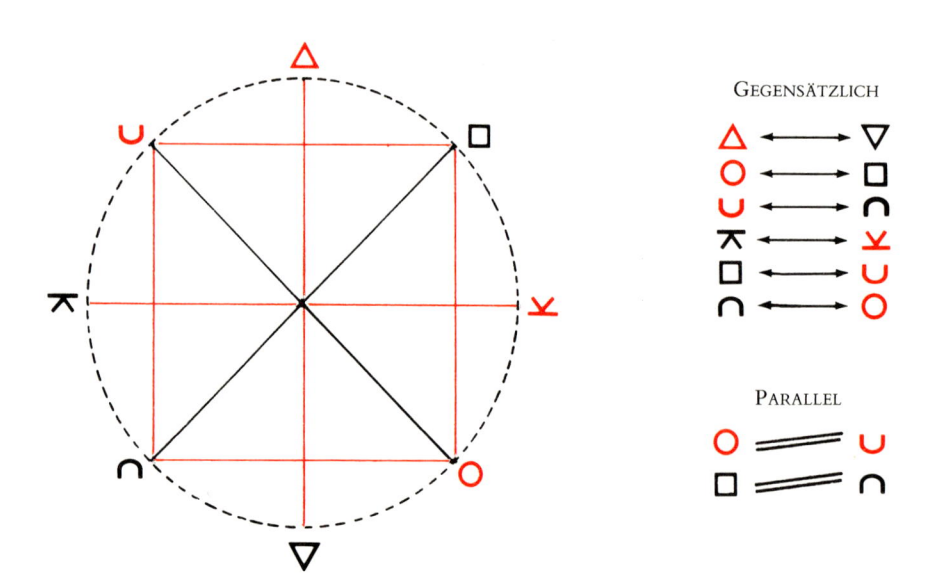

Gegensätzlich

△ ⟷ ▽
○ ⟷ □
⊂ ⟷ ⌒
⟜⊃ ⟷ ⟝⊃
□ ⟷ ○
⌒ ⟷ ⊂

Parallel

○ ═ ⊂
□ ═ ⌒

XV

Die acht Häuser
entsprechend der abstrakten Ordnung
des Fu Hi

(dargestellt in geraden Linien)

> Die schönste und vollkommenste Ordnung der Welt
> ist nichts als ein Zusammentreffen von Dingen,
> die in sich selbst unbedeutend sind.
>
> *Herakleitos*

Die acht Häuser entsprechend der abstrakten Ordnung des Fu Hi

○   I.   Das Haus Kiän ≡

□   II.   Das Haus Kun ≡≡

∪   III.   Das Haus Jen ≡≡

⊼   IV.   Das Haus Sun ≡≡

△   V.   Das Haus Li ≡≡

▽   VI.   Das Haus Kan ≡≡

⊻   VII.   Das Haus Dui ≡≡

∩   VIII.   Das Haus Gen ≡≡

DAS HAUS KIÄN

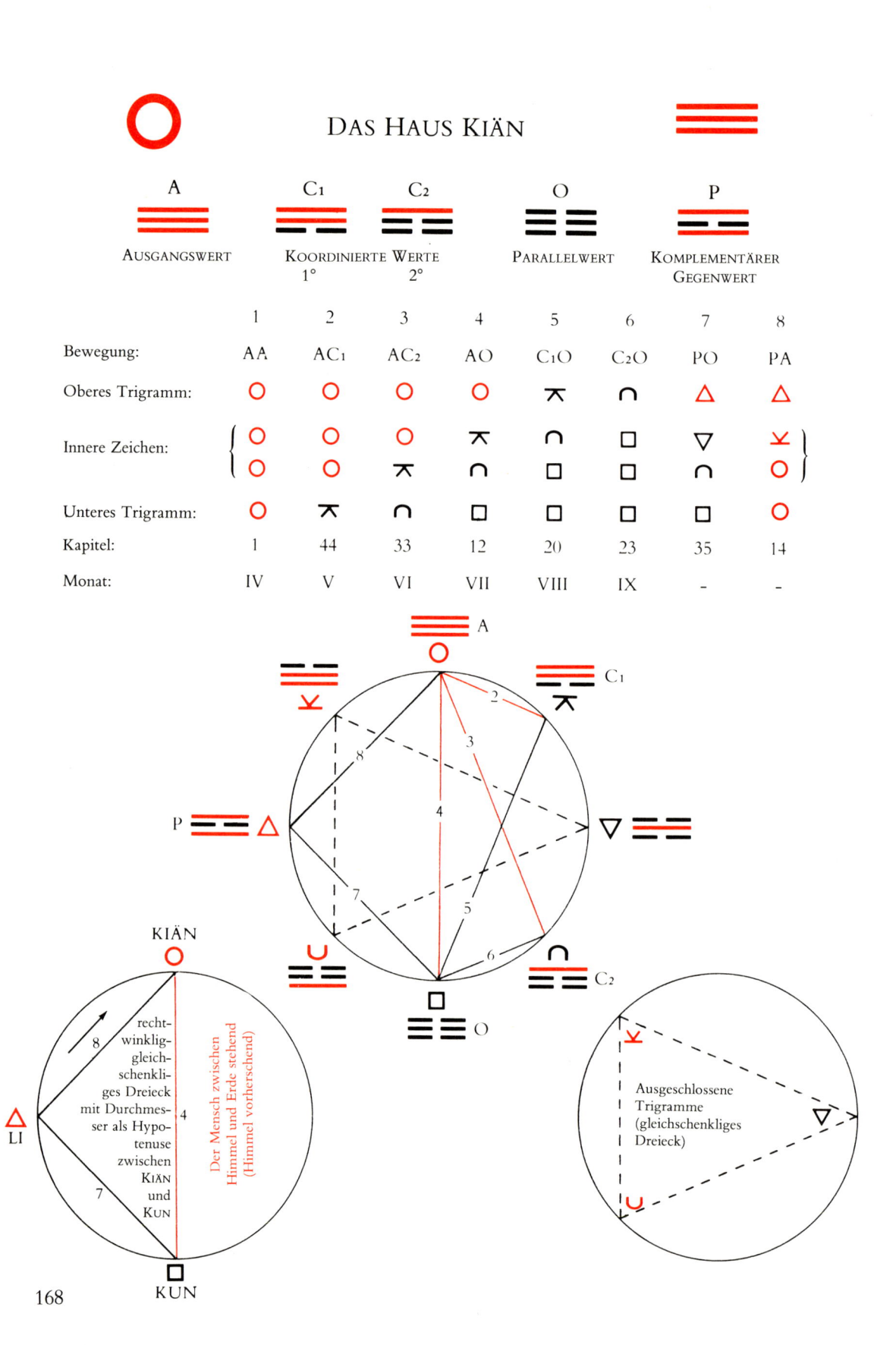

	A	C₁	C₂	O	P
	AUSGANGSWERT	KOORDINIERTE WERTE 1°	2°	PARALLELWERT	KOMPLEMENTÄRER GEGENWERT

	1	2	3	4	5	6	7	8
Bewegung:	AA	AC₁	AC₂	AO	C₁O	C₂O	PO	PA
Oberes Trigramm:	○	○	○	○	⊼	∩	△	△
Innere Zeichen:	○ ○	○ ○	○ ⊼	⊼ ∩	∩ □	□ □	▽ ∩	⊻ ○
Unteres Trigramm:	○	⊼	∩	□	□	□	□	○
Kapitel:	1	44	33	12	20	23	35	14
Monat:	IV	V	VI	VII	VIII	IX	-	-

KIÄN

rechtwinklig-gleichschenkliges Dreieck mit Durchmesser als Hypotenuse zwischen KIÄN und KUN

Der Mensch zwischen Himmel und Erde stehend (Himmel vorherrschend)

Ausgeschlossene Trigramme (gleichschenkliges Dreieck)

168

DAS HAUS KUN

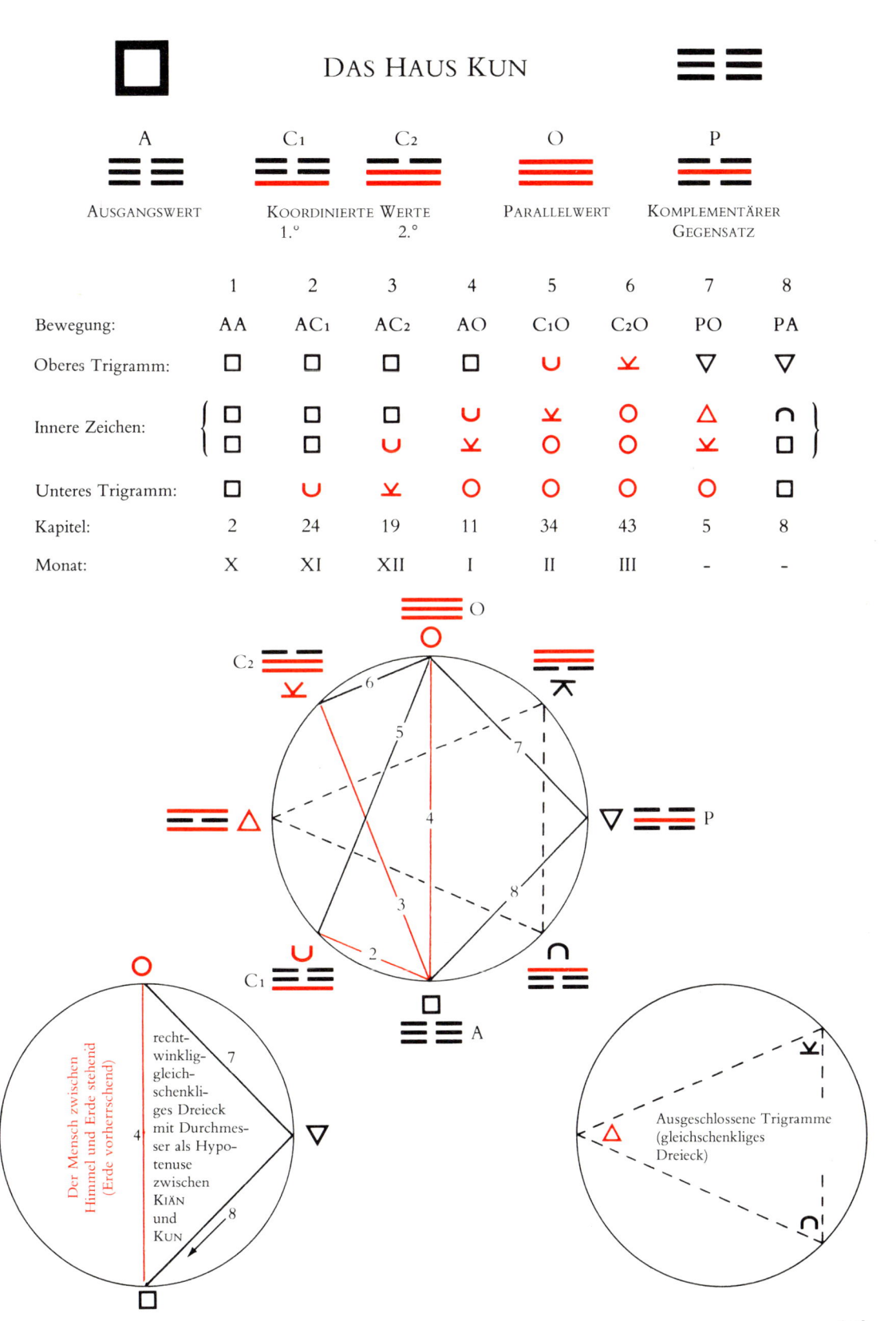

	A	C₁	C₂	O	P
	AUSGANGSWERT	KOORDINIERTE WERTE 1.°	2.°	PARALLELWERT	KOMPLEMENTÄRER GEGENSATZ

	1	2	3	4	5	6	7	8
Bewegung:	AA	AC₁	AC₂	AO	C₁O	C₂O	PO	PA
Oberes Trigramm:	□	□	□	□	U	⊻	▽	▽
Innere Zeichen:	□ □	□ □	□ U	U ⊻	⊻ O	O O	△ ⊻	∩ □
Unteres Trigramm:	□	U	⊻	O	O	O	O	□
Kapitel:	2	24	19	11	34	43	5	8
Monat:	X	XI	XII	I	II	III	-	-

Der Mensch zwischen Himmel und Erde stehend (Erde vorherrschend)

rechtwinklig-gleichschenkliges Dreieck mit Durchmesser als Hypotenuse zwischen KIÄN und KUN

Ausgeschlossene Trigramme (gleichschenkliges Dreieck)

169

DAS HAUS JEN

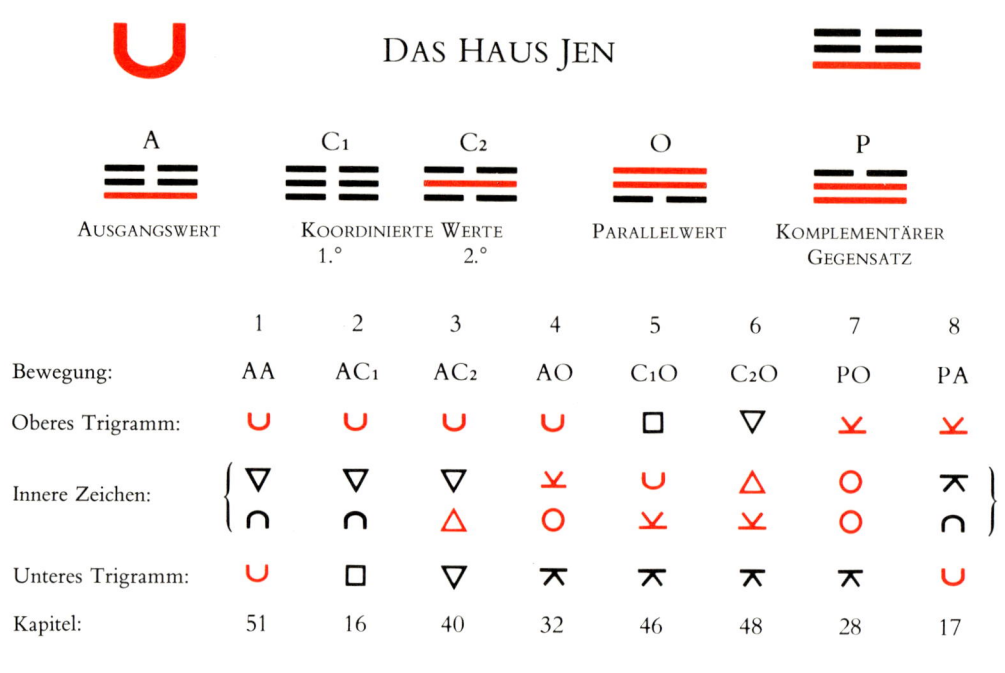

	A	C₁	C₂	O	P
	AUSGANGSWERT	KOORDINIERTE WERTE 1.°	2.°	PARALLELWERT	KOMPLEMENTÄRER GEGENSATZ

	1	2	3	4	5	6	7	8
Bewegung:	AA	AC₁	AC₂	AO	C₁O	C₂O	PO	PA
Oberes Trigramm:	U	U	U	U	□	▽	⊻	⊻
Innere Zeichen:	▽ ∩	▽ ∩	▽ △	⊻ O	U ⊻	△ ⊻	O O	⊼ ∩
Unteres Trigramm:	U	□	▽	⊼	⊼	⊼	⊼	U
Kapitel:	51	16	40	32	46	48	28	17

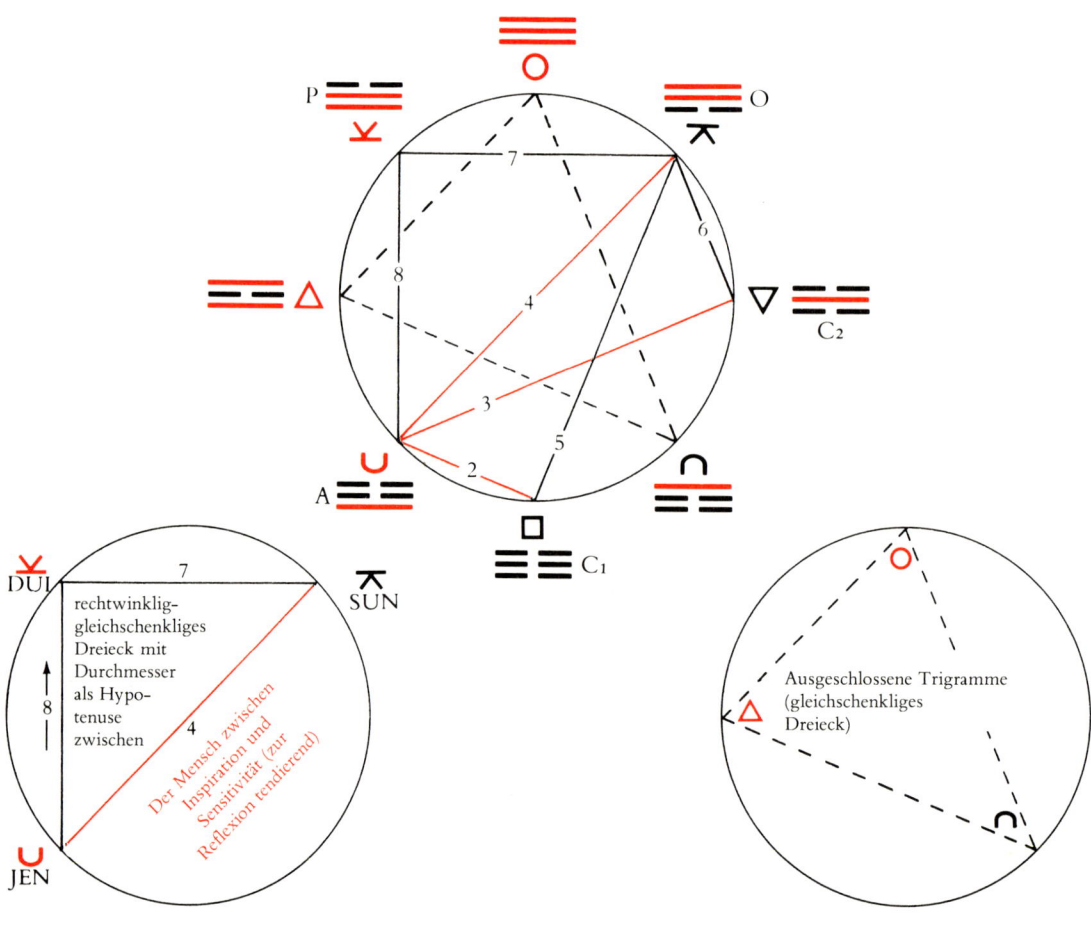

rechtwinklig-gleichschenkliges Dreieck mit Durchmesser als Hypotenuse zwischen

Der Mensch zwischen Inspiration und Sensitivität (zur Reflexion tendierend)

Ausgeschlossene Trigramme (gleichschenkliges Dreieck)

Das Haus Sun

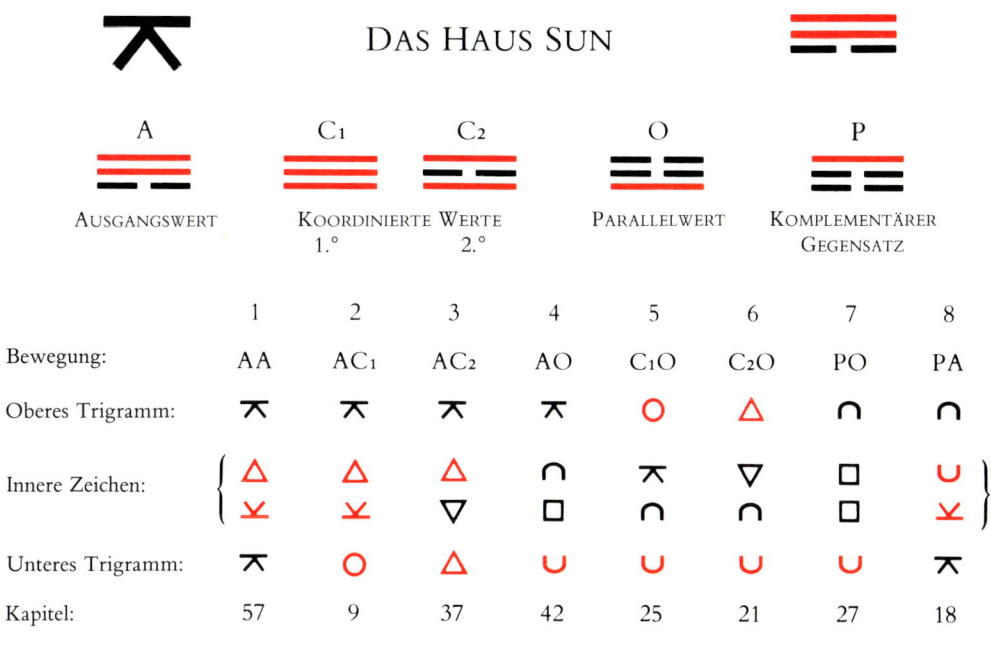

	A	C₁	C₂	O	P
	Ausgangswert	Koordinierte Werte 1.°	2.°	Parallelwert	Komplementärer Gegensatz

	1	2	3	4	5	6	7	8
Bewegung:	AA	AC₁	AC₂	AO	C₁O	C₂O	PO	PA
Oberes Trigramm:	☴	☴	☴	☴	○	△	∩	∩
Innere Zeichen:	△ ⩟	△ ⩟	△ ▽	∩ □	☴ ∩	▽ ∩	□ □	∪ ⩟
Unteres Trigramm:	☴	○	△	∪	∪	∪	∪	☴
Kapitel:	57	9	37	42	25	21	27	18

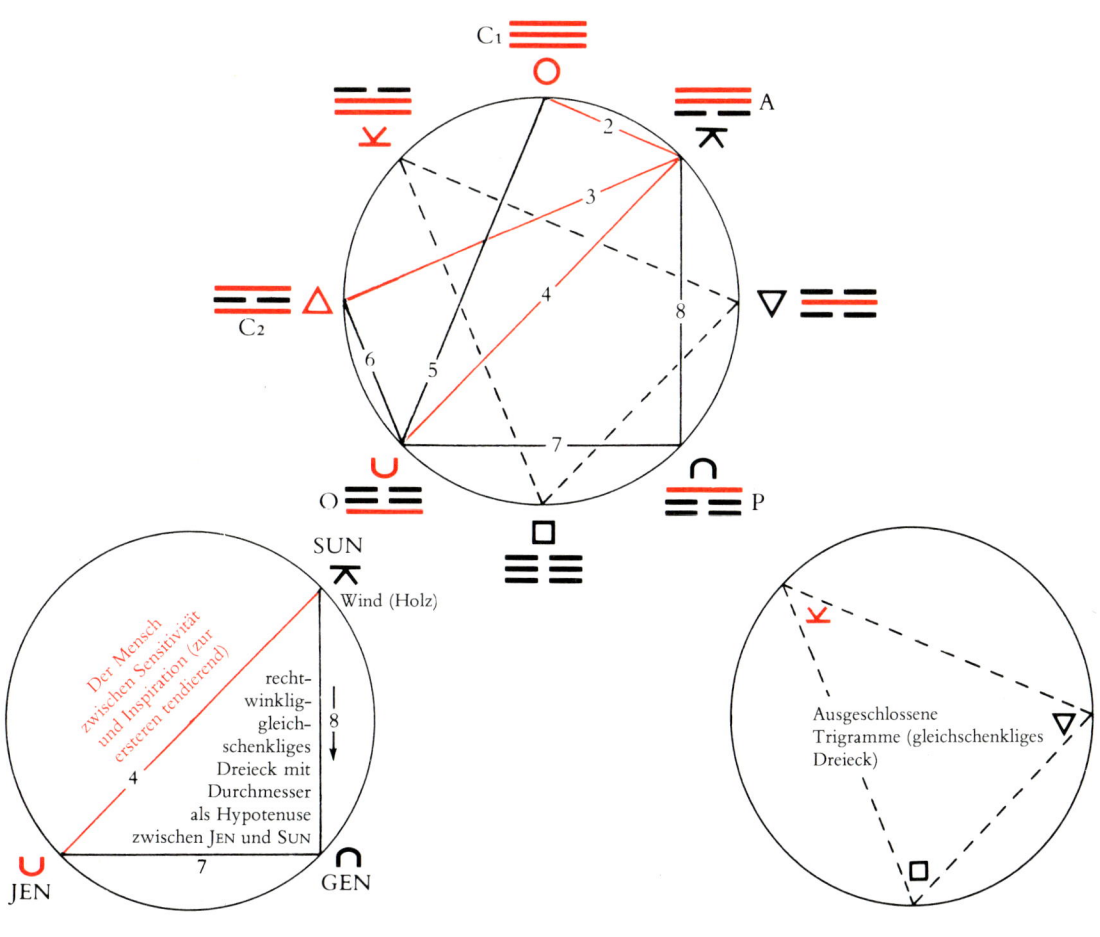

SUN — Wind (Holz)

Der Mensch zwischen Sensitivität und Inspiration (zur ersteren tendierend)

rechtwinkliggleichschenkliges Dreieck mit Durchmesser als Hypotenuse zwischen JEN und SUN

JEN — GEN

Ausgeschlossene Trigramme (gleichschenkliges Dreieck)

DAS HAUS LI

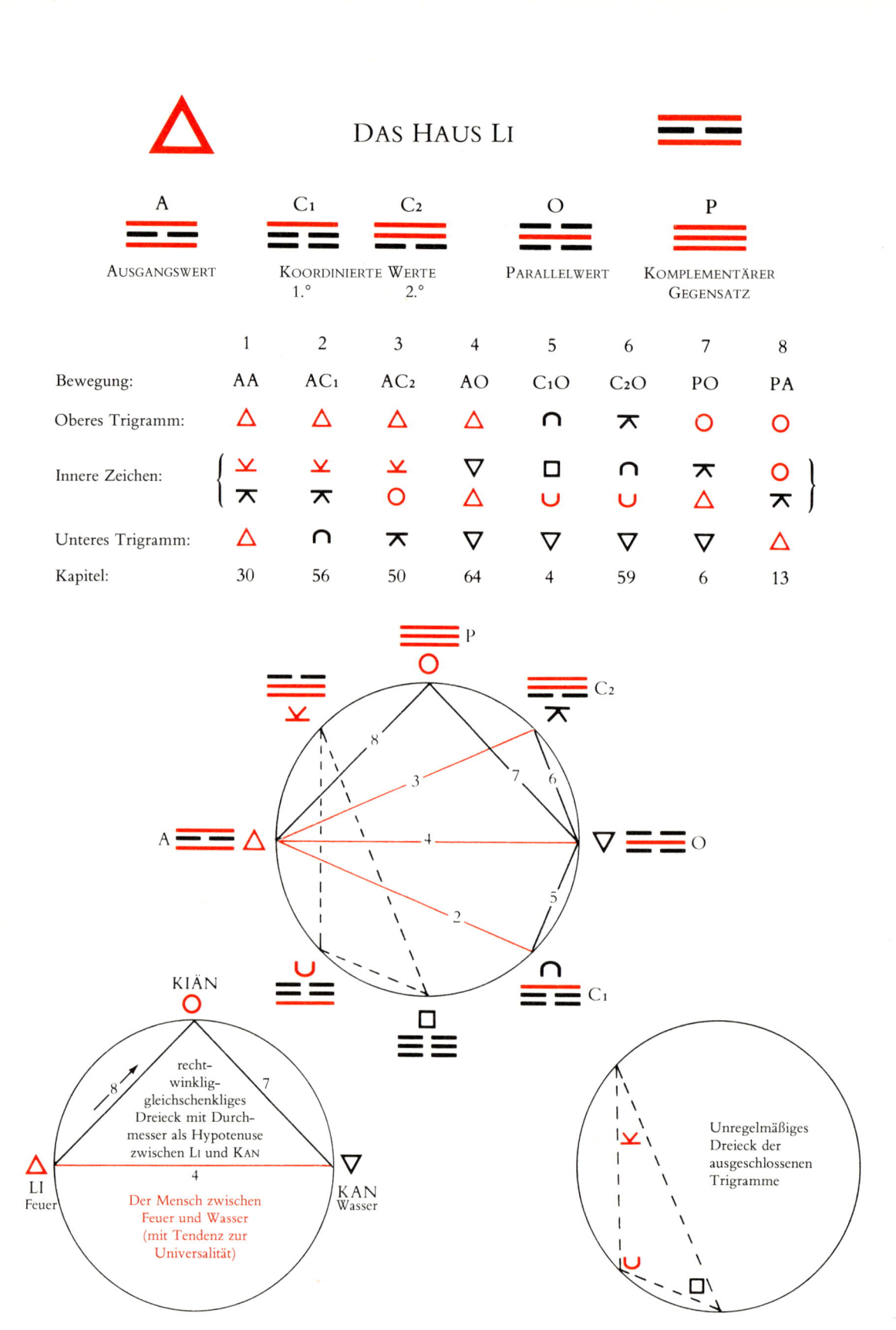

	A	C₁	C₂	O	P
	AUSGANGSWERT	KOORDINIERTE WERTE 1.° 2.°		PARALLELWERT	KOMPLEMENTÄRER GEGENSATZ

	1	2	3	4	5	6	7	8
Bewegung:	AA	AC₁	AC₂	AO	C₁O	C₂O	PO	PA
Oberes Trigramm:	△	△	△	△	∩	ㅈ	O	O
Innere Zeichen:	⋎ / ㅈ	⋎ / ㅈ	⋎ / O	▽ / △	□ / U	∩ / U	ㅈ / △	O / ㅈ
Unteres Trigramm:	△	∩	ㅈ	▽	▽	▽	▽	△
Kapitel:	30	56	50	64	4	59	6	13

rechtwinklig-gleichschenkliges Dreieck mit Durchmesser als Hypotenuse zwischen LI und KAN

KIÄN

LI Feuer — KAN Wasser

Der Mensch zwischen Feuer und Wasser (mit Tendenz zur Universalität)

Unregelmäßiges Dreieck der ausgeschlossenen Trigramme

DAS HAUS KAN

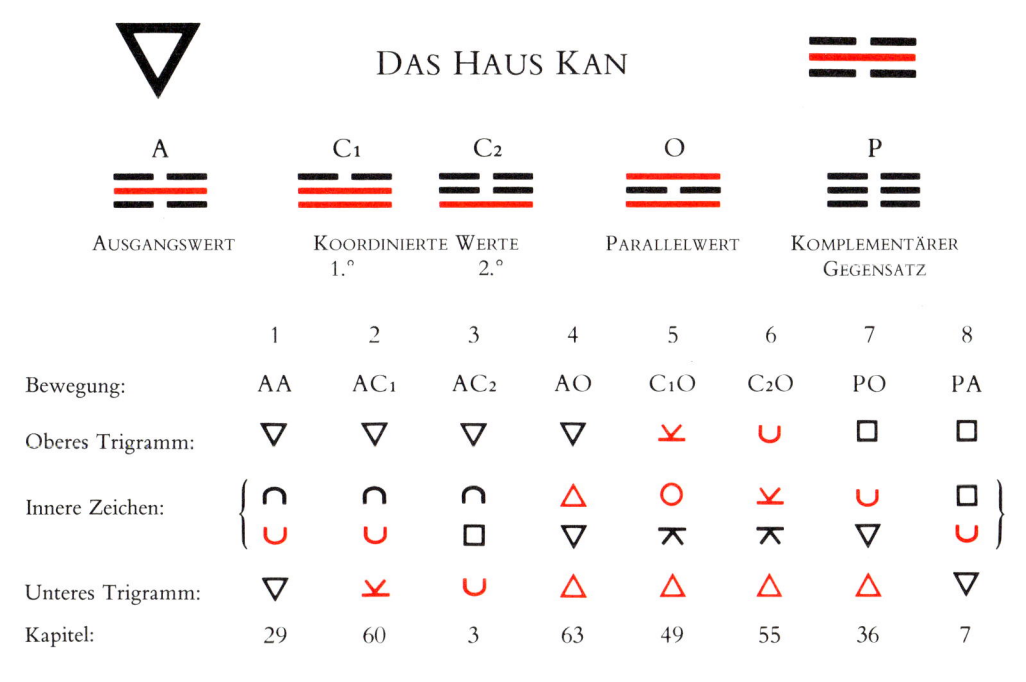

	A	C₁	C₂	O	P
	AUSGANGSWERT	KOORDINIERTE WERTE 1.°	2.°	PARALLELWERT	KOMPLEMENTÄRER GEGENSATZ

	1	2	3	4	5	6	7	8
Bewegung:	AA	AC₁	AC₂	AO	C₁O	C₂O	PO	PA
Oberes Trigramm:	▽	▽	▽	▽	⋎	∪	□	□
Innere Zeichen:	∩ ∪	∩ ∪	∩ □	△ ▽	○ ⊼	⋎ ⊼	∪ ▽	□ ∪
Unteres Trigramm:	▽	⋎	∪	△	△	△	△	▽
Kapitel:	29	60	3	63	49	55	36	7

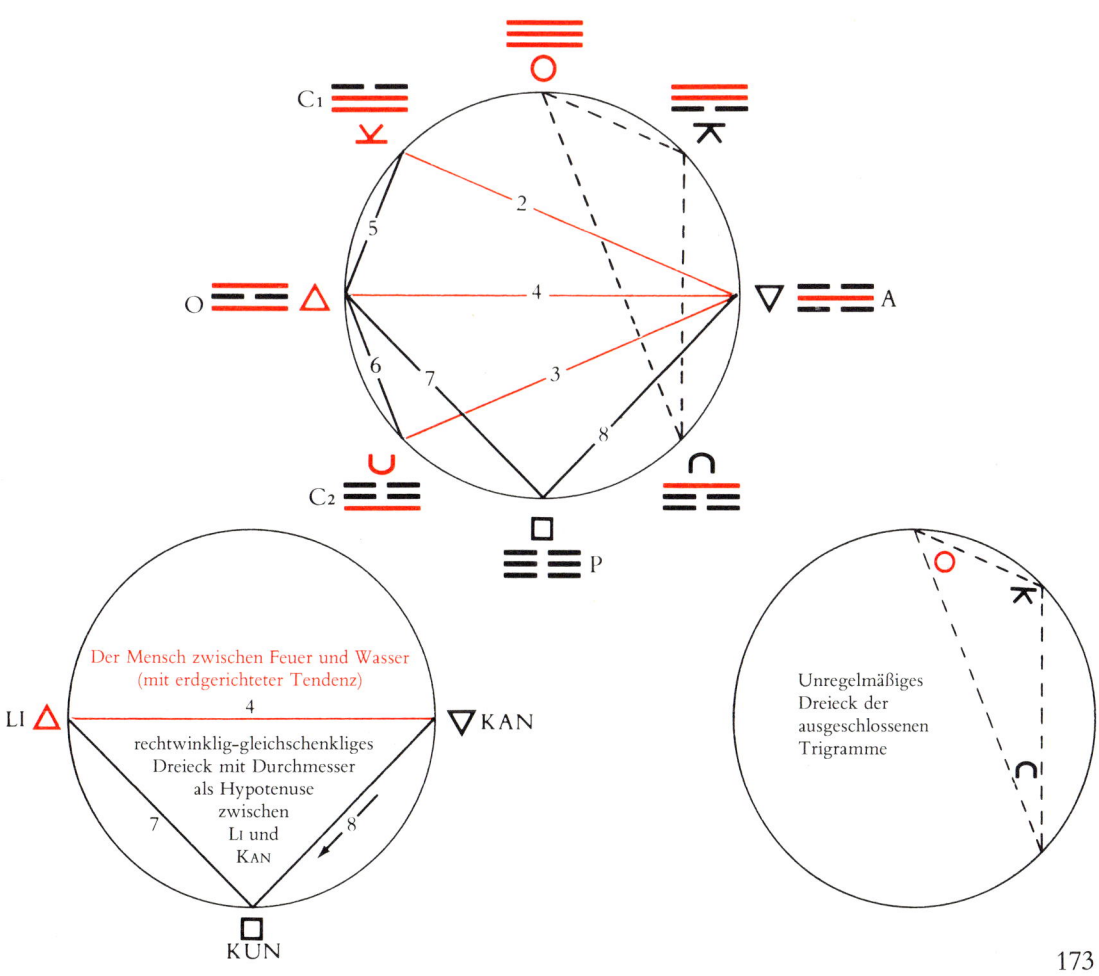

Der Mensch zwischen Feuer und Wasser
(mit erdgerichteter Tendenz)

LI △ — 4 — ▽ KAN

rechtwinklig-gleichschenkliges
Dreieck mit Durchmesser
als Hypotenuse
zwischen
LI und
KAN

□ KUN

Unregelmäßiges
Dreieck der
ausgeschlossenen
Trigramme

DAS HAUS DUI

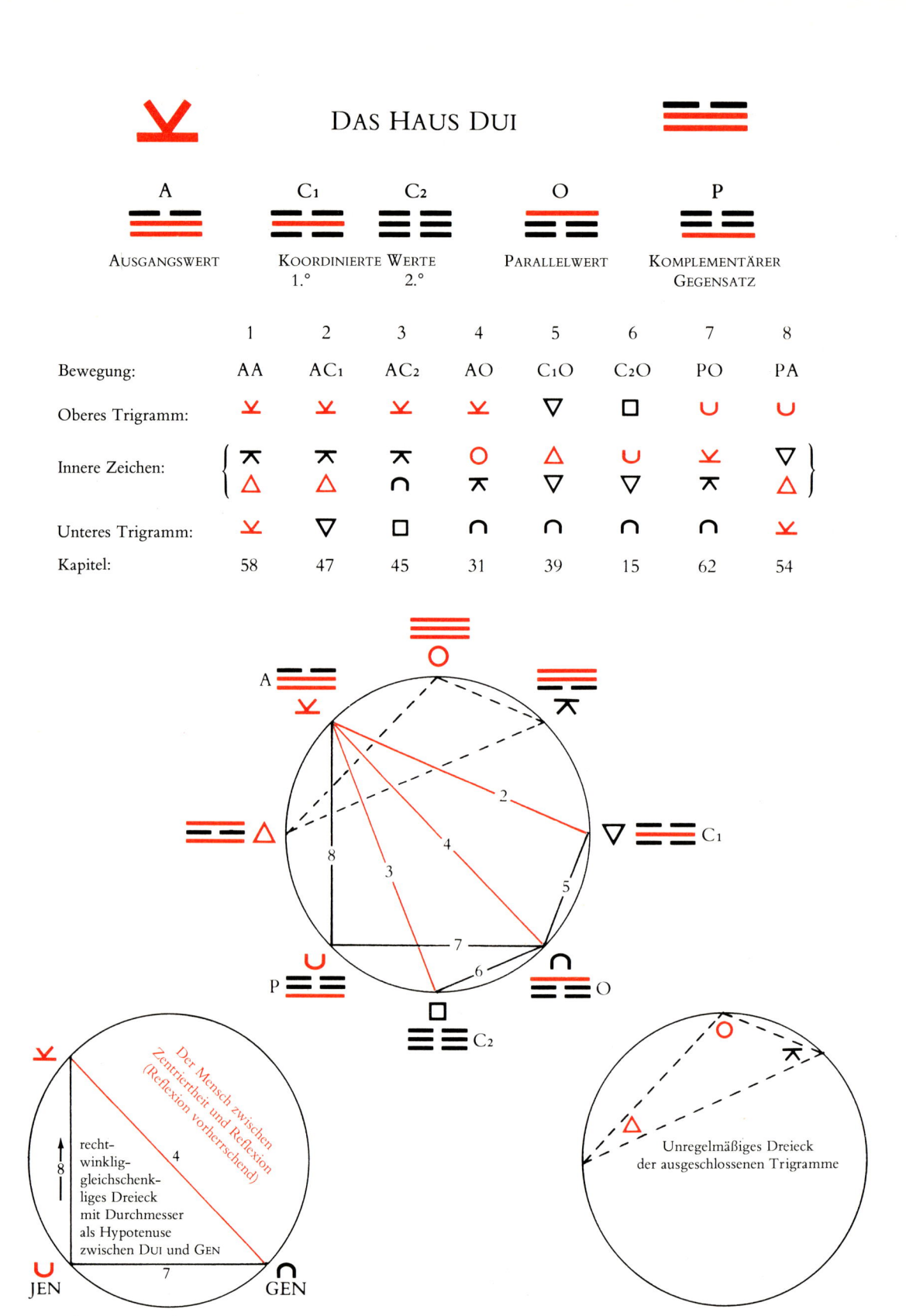

	A	C₁	C₂		O	P	
	AUSGANGSWERT	KOORDINIERTE WERTE 1.° 2.°			PARALLELWERT	KOMPLEMENTÄRER GEGENSATZ	

	1	2	3	4	5	6	7	8
Bewegung:	AA	AC₁	AC₂	AO	C₁O	C₂O	PO	PA
Oberes Trigramm:	⊻	⊻	⊻	⊻	▽	□	∪	∪
Innere Zeichen:	⊼ △	⊼ △	⊼ ∩	○ ⊼	△ ▽	∪ ▽	⊻ ⊼	▽ △
Unteres Trigramm:	⊻	▽	□	∩	∩	∩	∩	⊻
Kapitel:	58	47	45	31	39	15	62	54

Der Mensch zwischen Zentriertheit und Reflexion (Reflexion vorherrschend)

rechtwinklig-gleichschenkliges Dreieck mit Durchmesser als Hypotenuse zwischen DUI und GEN

Unregelmäßiges Dreieck der ausgeschlossenen Trigramme

DAS HAUS GEN

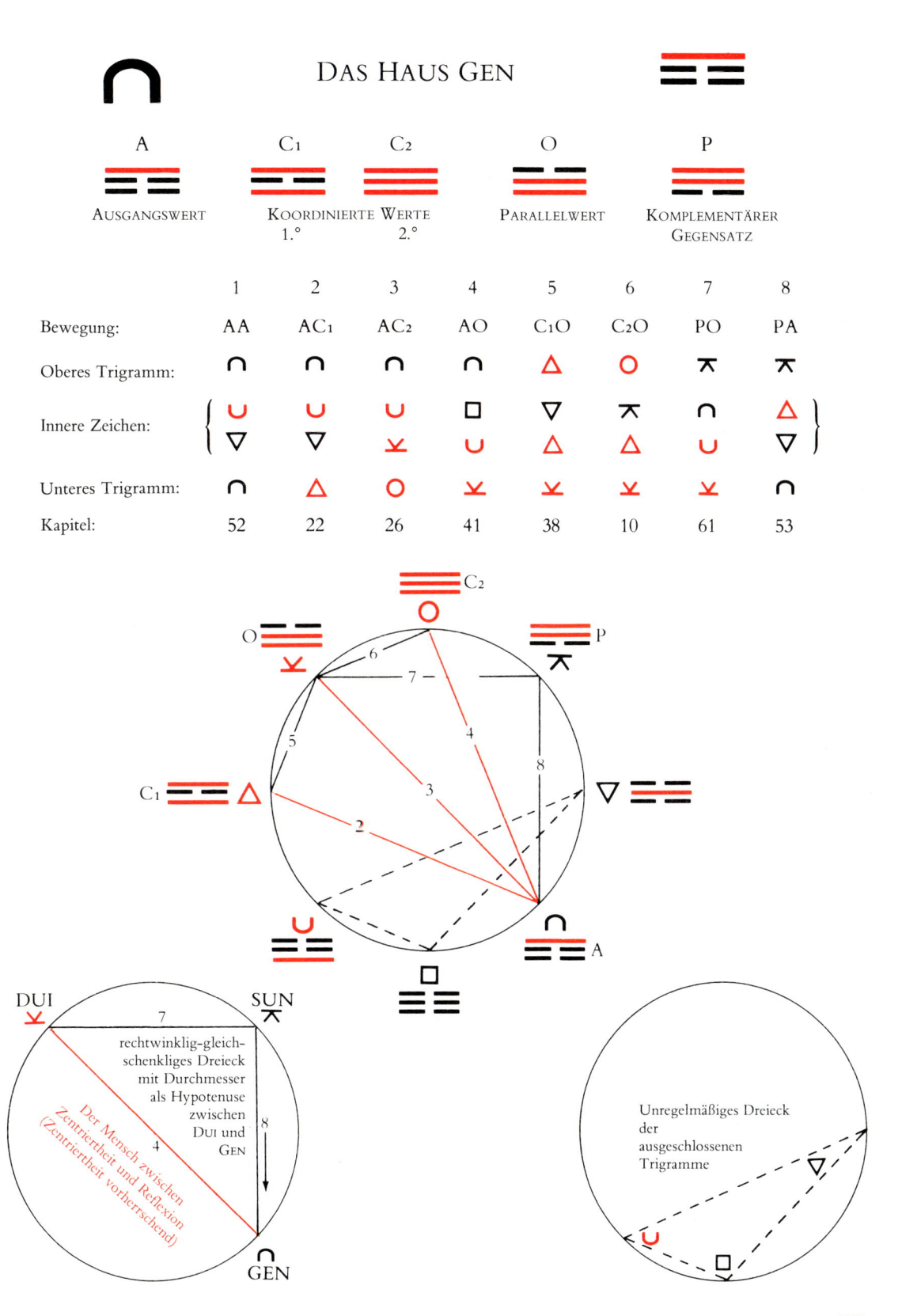

	A	C₁	C₂	O	P
	AUSGANGSWERT	KOORDINIERTE WERTE 1.° 2.°		PARALLELWERT	KOMPLEMENTÄRER GEGENSATZ

	1	2	3	4	5	6	7	8
Bewegung:	AA	AC₁	AC₂	AO	C₁O	C₂O	PO	PA
Oberes Trigramm:	∩	∩	∩	∩	△	○	⊼	⊼
Innere Zeichen:	∪ ∇	∪ ∇	∪ ⊻	□ ∪	∇ △	⊼ △	∩ ∪	△ ∇
Unteres Trigramm:	∩	△	○	⊻	⊻	⊻	⊻	∩
Kapitel:	52	22	26	41	38	10	61	53

rechtwinklig-gleichschenkliges Dreieck mit Durchmesser als Hypotenuse zwischen DUI und GEN

Der Mensch zwischen Zentriertheit und Reflexion (Zentriertheit vorherrschend)

Unregelmäßiges Dreieck der ausgeschlossenen Trigramme

175

Schlußfolgerungen zum Kapitel XV

Obwohl die traditionelle Aufeinanderfolge der Häuser Kiän, Kan, Gen, Jen, Sun, Li, Kun, Dui lautet, haben wir sie nach dem System des Fu Hi in Gegensatzpaaren angeordnet, um so die komplementären Werte auch in ihren sichtbaren Bewegungen zeigen zu können. Es ist bezeichnend, daß – wie wir im vorangegangenen Kapitel sahen – in der polaren bzw. radialen Anordnung die gegensätzlichen Faktoren nicht sichtbar werden, sondern vielmehr die gleichartige Struktur der gänzlich verschiedenen Trigramme (wie beispielsweise »Himmel« und »Berg«), so daß in Fu His Anordnung das erste und letzte Trigramm ebenso wie das zweite und siebente, das dritte und sechste, das vierte und fünfte zusammenstehen. Das aber verdeutlicht die innere Verwandtschaft oder Beziehung, die zwischen diametral entgegengesetzten Werten besteht. Doch selbst polar entgegengesetzte Eigenschaften haben einen gemeinsamen Faktor, der durch eine gemeinsame Achse dargestellt wird, die in jedem einzelnen Haus die spiegelbildlichen Strukturen voneinander trennt und dabei jedes dazugehörige Hexagramm modifiziert.

Die Häuser Kiän und Kun basieren beide auf der Spannung zwischen zwei entgegengesetzten Werten: »Himmel« und »Erde«, d. h. dem Wahrnehmen universeller Gesetze oder Belange und der Erfahrung irdischer Begrenztheit bzw. des Formlosen im Gegensatz zum Geformten. Eine Tendenz zum Unendlichen oder ein Erkennen höherer Werte wird in einem Streben nach Licht offenkundig, das hier durch die Flamme des »Feuers« (Li) symbolisiert wird und angedeutet ist in der Spitze des auf Li gerichteten Dreiecks (s. S. 168). Seine Basis ist Kiän-Kun, während die beiden Schenkel des Dreiecks (Kiän-Li und Kun-Li) in Li zusammentreffen. Im Hause Kun steht der Mensch gleichermaßen zwischen »Himmel« und »Erde«, aber seine Tendenz zur Tiefe ist durch die Spitze des nach rechts geneigten gleichschenkligen Dreiecks, in der das Element des Abgründigen ausgedrückt ist, dargestellt. In gleicher Weise haben die Häuser Kan und Li eine gemeinsame Basis, welche die Spannung zwischen diesen grundsätzlichen Elementen zugunsten von Kiän überwindet. Kiän steht der Helligkeit des »Feuers« nahe und bildet die Spitze des aufwärts gerichteten Dreiecks. Im Falle des Hauses Kan (s. S. 173) ist das Dreieck auf derselben Basis nach unten gerichtet, und seine Spitze entspricht dem Element »Erde«. Ebenso erscheinen die Häuser Jen und Sun als spiegelbildliche gleichschenklige Dreiecke (s. S. 170f.) auf derselben Basis zwischen den Symbolen Dui (»See«) und Gen (»Berg«), den Symbolen für Reflexion und Stabilität, je nachdem, ob das Dreieck auf dieser Basis nach links oder nach rechts gerichtet ist. Dabei verstärkt das nach links oben gerichtete Dreieck mit der Spitze Dui die Wirkung der Inspiration durch die gleichgerichtete Reflexion, während das nach rechts unten gerichtete Dreieck mit der Spitze Gen die Sensitivität durch die gleichgerichtete Stabilisierung (Gen) fördert. Die Häuser Dui und Gen (s. S. 174f.) erscheinen als spiegelbildliche gleichschenklige Dreiecke auf der Basis zwischen den Symbolen Jen (»das Erregende«) und Sun (»das Sanfte«), je nachdem, ob das Dreieck auf dieser Basis nach links oder nach rechts gedreht ist.

Somit entscheiden die Kombinationen der Trigramme, zu welchem Hause sie gehören und bis zu welchem Grade sie zu modifizieren sind. Wenn A der Ausgangswert ist, C_1 und C_2 koordinierte Werte, O das komplementäre Gegenstück und P der Parallelwert, so gehen die Bewegungen von A zu C_1, von A zu C_2, von A zu O, von C_1 zu O, von C_2 zu O, von P zu O und von P zu A. Wenn A verdoppelt ist, bedeutet dies, daß wir eine innere Bewegung haben, die sich graphisch nicht darstellen läßt, da es sich um eine bloße Intensivierung desselben Wertes handelt. Wenn sich der Parallelwert in derselben Richtung bewegt (entweder aufwärts oder abwärts) wie eines der ausschlaggebenden Trigramme, das auf dem Durchmesser des kreisförmigen Systems liegt, so bedeutet dies eine Verstärkung des betreffenden Trigramms oder eine Akzentuierung seiner Bedeutung. Um dies noch klarer herauszustellen, zeigt ein Pfeil die gemeinsame Richtung des jeweiligen Grundwertes und Parallelwertes.

XVI

Bewegungsabläufe vor und nach der Zentralbewegung

> Das Symbol ist nicht nur eine Darstellungsform,
> sondern ein Ausdruck
> der Erscheinungsform einer seelischen Erfahrung.
>
> *Jean Gebser*

Es ist selbstverständlich, daß wir durch das Herausstellen der Bedeutung jener Zentralbewegung, die aus der Spannung zwischen den beiden Trigrammen entsteht, die jeweils das vierte Hexagramm in den acht Häusern der Grundsymbole bilden, nicht die Bedeutung der übrigen Bewegungsmomente erschöpft haben, wenngleich wir bereits die Methodik aufzeigten, durch die sie sichtbar dargestellt werden können: Jede Bewegung hat hier ihre Gegenbewegung, und selbst augenscheinlich nicht in Zusammenhang stehende Hexagramme lassen eine unerwartete Beziehung zueinander erkennen. Darüber hinaus haben wir bereits die einheitlichen Prinzipien in den Bewegungen und in der Aufeinanderfolge der Trigrammkombinationen innerhalb eines jeden Trigramms nachgewiesen und konnten erkennen, daß sie einer feststehenden Ordnung folgen, die wir allerdings im System des Königs Wen Wang vergeblich suchten. Dort ist eine entsprechende Ordnung in der Bewegung der Trigramme nicht nachweisbar. In der abstrakten Ordnung des Fu Hi dagegen besteht nachweisbar eine folgerichtige Anordnung, die eine sinnvolle Interpretation der vierundsechzig Hexagramme ermöglicht.

Das Zentrum jener acht Bewegungen, aus denen jedes Haus besteht, liefert uns einen idealen Durchschnittswert des gesamten Prozesses. Wollen wir jedoch die anderen Bewegungen untersuchen, die der Zentralbewegung (der vierten) vorangehen oder ihr folgen, müssen wir uns mit Dreiecken befassen, die – mögen sie auch nicht immer gleichschenklig sein – doch dem gleichen Prinzip folgen wie die vorangegangenen Diagramme. So ist beispielsweise die Bewegung Nr. 2 auf der Spannung (oder dem Zusammenwirken) von Kiän und Sun aufgebaut, d. h. auf der Spannung zwischen transzendentaler Wahrnehmung oder Schöpferkraft und weltlicher Sensitivität, ohne daß irgendeine kritische Haltung gegenüber dem Leben oder einer Bewegung dazwischentreten kann, die wahrer Spiritualität entgegengesetzt ist und die uns daher der Gefahr der Täuschung aussetzt. Die Bewegung von Kiän ist aufwärts, die von Sun abwärts gerichtet. Jede dieser Bewegungen hat ihren eigenen Wert. Die eine strebt nach Klarheit, die andere nach Tiefe. Aber da diese beiden Bewegungen in entgegengesetzten Richtungen verlaufen und einander fliehen, können sie sich nicht gegenseitig durchdringen bzw. zusammenwirken. Wenn sich aber die Situation umgekehrt verhält, wie wir auf Seite 183 im Hause Kun unter Nr. 2 sehen, so erweist sich diese Bewegung als die eines Menschen, der mit beiden Füßen auf der Erde steht (Kun), der aufgeschlossen, aber nicht leichtgläubig ist, andererseits aber für Inspiration (Jen) und damit auch höherer Erkenntnis (Kiän) zugänglich ist, indem er universale Werte in irdischen Angelegenheiten oder materiellen Belangen erkennt. Die Dreiecke Kiän – Sun – Kun und Kun – Jen – Kiän verhalten sich in unserem Diagramm Nr. 2 (S. 183) umgekehrt zueinander.

Die Bewegung Nr. 3 im Hause Kiän beruht auf der Spannung zwischen Kiän und Gen, d. h. einer Spannung zwischen transzendentaler Wahrnehmung und einer ausgeprägten Individualität, die einerseits zu einer starken Konzentration auf, andererseits aber zu einem Verharren in individuellen Zielsetzungen führen kann. Das diese Bewegung symbolisierende Dreieck ist eine Umkehrung von Nr. 2 und weist auf eine Neigung zu weltlichen Dingen hin.

Die Bewegung Nr. 5 desselben Hauses (Nr. 4 bezeichnen wir als Zentralbewegung) kombiniert Gefühl (Sun) mit Erdhaftigkeit, strebt aber nach dem Transzendenten bzw. nach überweltlichen Zielen (Kiän), während Nr. 6 zwar ein ähnliches Ziel hat, aber eingespannt ist in die Auseinandersetzung zwischen individuellen Eigenschaften und materiellen Neigungen (Gen – Kun – Kiän). Während das vorangegangene Dreieck (Nr. 3) eine gewisse Ähnlichkeit mit dem Dreieck Nr. 2 hat, gleicht das letzte (Nr. 5) dem als Nr. 6 bezeichneten Dreieck, obwohl es verschieden motiviert ist – angedeutet durch eine rote Doppellinie.

Die Bewegungen Nr. 7 und Nr. 8 (Li – Kun und Li – Kiän) sind dem »Licht des Himmels« (Kiän) entgegenstrebende Gefühlsaufwallungen, die aber beide eine unterschiedliche Basis haben. In Nr. 7 besteht eine Spannung zwischen »Feuer« und »Erde« (Li und Kun), d. h. dem nach oben strebenden Licht und der dunklen, rezeptiven Erde, die hier aufeinanderstoßen und einander durchdringen und die, obwohl sie in verschiedenen Richtungen verlaufen, einander begegnen und zu transzendentem Erleben führen.

In der Bewegung Nr. 8 verstärken sich zwei aufsteigende Bewegungsmomente und führen zu einem Übergewicht des »Himmels« (Kiän). Obwohl Li und Kiän vieles gemeinsam haben (Richtung und Helle), entsteht hier eine Spannung zwischen Beständigkeit und Vergänglichkeit bzw. Launenhaftigkeit. Letztere mag eine Folge emotionaler Unbeständigkeit sein. Der Unterschied zwischen Gefühl und Emotion liegt in der mehr konstanten, wenn auch unbewußten Eigenschaft bzw. Erlebnisfähigkeit ersterer und der unbeständigeren und flüchtigeren Art letzterer – dem Aufflammen eines Feuers nicht unähnlich: seine Brenndauer und seine Helligkeit sind abhängig von dem Brennmaterial, das es nährt.

All diese Beobachtungen sollen keinesfalls die Urteile der vierundsechzig Hexagramme ersetzen, sondern diese vielmehr ergänzen und sie unserem Verständnis näherbringen. Auch wollen wir noch einmal die Aufmerksamkeit des Lesers auf die Tatsache lenken, daß alle individuellen Hexagramme von unten nach oben zu lesen sind, um die individuelle Entwicklung lebendigen Wachstums darzustellen, wohingegen die Häuser der acht grundlegenden Trigramme von oben nach unten zu lesen sind.

Um ein weiteres Beispiel zu dem oben Gesagten zu geben (in Bezug auf die Bewegung Nr. 2 und ihre Umkehrung im entsprechenden Haus von Kun), sollten wir die Beziehung zwischen Li und Gen betrachten. Im Fall einer persönlichen Befragung ergaben die I Ging-Zeichen das Hexagramm »Feuer auf dem Berg« (Li oben, Gen unten). Entsprechend dem Urteil des *Buches der Wandlungen* bedeutet dies zwei Bewegungen, die auseinanderstreben, die sich also weder konfrontieren noch durchdringen können; denn das untere Trigramm bewegt sich abwärts (Gen), während das obere (Li) sich aufwärts bewegt. Das Resultat ist der »Wanderer« (Kapitel 56). Die in Frage stehende Person wurde ein heimatloser Wanderer (ein Sanyasin, ein indischer Wandermönch). Er war ein sehr begabter, von hohen Idealen erfüllter, aber ruheloser Sucher religiöser Verwirklichung. Er hatte die Ruhelosigkeit des Feuers und die starke Individualität des Berges. Dementsprechend heißt es: »Der Berg (Gen) steht still, das Feuer (Li) auf ihm flammt auf, aber verweilt nicht. Darum bleiben die zwei Trigramme nicht zusammen (durchdringen sich nicht).« Weitere Einzelheiten sind im *Buch der Wandlungen* nachzulesen.

Die Umkehrung dieses Hexagramms finden wir in Nr. 22 des I Ging, in der Li unten und Gen oben ist. Es bedeutet »Anmut« und zeigt das Feuer unter- oder innerhalb des Berges. »Es beleuchtet und verschönt den Berg.« Zwei entgegengesetzte Bewegungen durchdringen einander.

Ein anderes Beispiel, das die Bedeutung der gegenseitigen Beziehung zweier Trigramme zeigt (die ebenso entscheidend ist wie ihre Eigenschaften), ist die Kombination von »Himmel« und »Erde« (Kiän und Kun). Wenn der »Himmel« oben ist und die »Erde« darunter, so bedeutet dies »Stagnation« (Kapitel 12), denn die schöpferischen Kräfte stehen nicht in Beziehung zu den empfangenden. »Himmel und Erde vereinen sich nicht: Das Bild des Stillstands.« Die Richtung des »Himmels« geht aufwärts, die der »Erde« abwärts. Sie bewegen sich voneinander fort, statt einander zu begegnen.

Das Gegenteil geschieht, wenn Kiän (»Himmel«) unten und Kun (»Erde«) oben ist, wie in Kapitel 11. Das Urteil ist »Friede« (oder »Einklang«), denn Kiän bewegt sich nach oben und Kun nach unten, so daß beide aufeinandertreffen und sich durchdringen können. Die Kräfte der »Erde« empfangen die schöpferischen Kräfte des »Himmels«.

Eine ähnliche Situation ist in Kapitel 26 dargestellt: »Des Großen Zähmungskraft« oder der »Himmel« innerhalb des »Berges«. Hier ist der »Berg« (Gen) oben und der »Himmel« (Kiän) unten. Ihre Bewegungen durchdringen sich: Kiän in Gen bzw. der »Himmel« im Individuum.

Die oftmals schwierige Sprache einer schrittweisen Erklärung der einzelnen Linien der Hexagramme erklärt sich aus der Tatsache, daß sie sehr oft die politische Situation widerspiegeln, in der sich König Wen Wang und der Herzog von Chou befanden, die beide die Hexagramme erläuterten und interpretierten. Dennoch sind ihre Urteile, dank ihrer tiefen Einblicke in die menschliche Psyche, auch heute noch von großem Wert. So sagt Richard Wilhelm mit Recht im *Buch der Wandlungen:* »... ein Werk, das Tausende von Jahren langsamen organischen Wachstums darstellt, kann nur durch langanhaltende Reflexion und Meditation assimiliert werden.«

Wie die folgenden Diagramme zu lesen sind

Die Bewegungen eines jeden Hauses sind mit Nummern versehen: (1), 2, 3, 4, 5, 6, 7, 8. Nummer 1 ist eine innere Bewegung bzw. die Verstärkung einer gewissen Eigenschaft und kann daher nicht in einem Diagramm dargestellt werden. Nummer 5 ist bereits im vorangegangenen Kapitel durch Diagramme definiert worden und bildet die Zentralbewegung, die den allgemeinen Charakter des Hauses bestimmt.

Die ersten vier Bewegungen gehen dem Namen des Hauses entsprechend von dessen Ausgangswert aus, gleichgültig, ob dieser aktiv oder rezeptiv ist. Diese Bewegungen werden in unseren Diagrammen durch rote Linien gekennzeichnet. Die verbleibenden vier Bewegungen nehmen eine entgegengesetzte Richtung und sind durch schwarze Linien dargestellt. Im Gegensatz zu den roten und schwarzen Linien in den Trigrammen symbolisieren die roten und schwarzen Linien innerhalb unserer Diagramme nicht die aktiven und rezeptiven Eigenschaften. Dies gilt genauso für die Kurvendiagramme (vgl. S. 139ff. und S. 160f.), die ebenfalls die beiden Arten der Bewegung zwischen aktiven und rezeptiven Symbolen im Wechsel darstellen. Die Dreiecke werden durch zwei Trigramme gebildet, durch die das Wesen einer Situation – angedeutet durch ein Hexagramm – bestimmt wird und welche eine Seite des Dreiecks bilden. Die Spannung zwischen oder das Zusammenwirken von zwei Trigrammen stellt den Hauptfaktor eines Individuums dar. Die anderen beiden Seiten des Dreiecks weisen auf einen dritten Faktor hin, der eine mehr oder weniger unbewußte oder unterbewußte Tendenz oder Neigung darstellt. In vereinfachter Form ausgedrückt, geben wir erst die Symbole der zwei Trigramme an und darunter die Richtung (durch einen Pfeil angedeutet), in der sie sich bewegen.

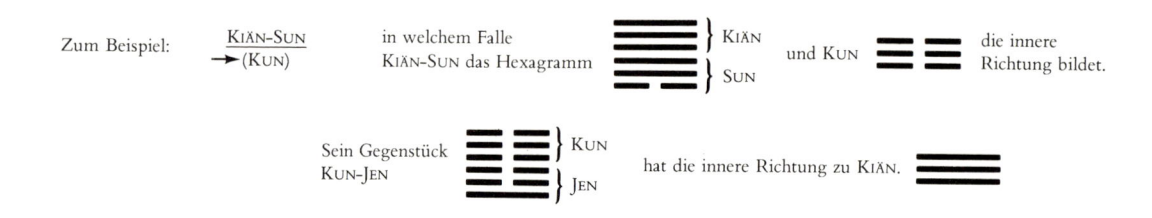

Zum Beispiel: KIÄN-SUN →(KUN) in welchem Falle KIÄN-SUN das Hexagramm } KIÄN } SUN und KUN die innere Richtung bildet.

Sein Gegenstück KUN-JEN } KUN } JEN hat die innere Richtung zu KIÄN.

Das erste Hexagramm gehört zum Hause KIÄN, das zweite zum Hause KUN. Dies bedeutet, daß die meisten der ersten Bewegungen des Hauses KIÄN zu KUN (oder ähnlichen Trigrammen rezeptiver Natur) und daß die ersten Bewegungen von KUN zu KIÄN führen, während die späteren Bewegungen in die Richtung des ursprünglichen Haussymbols weisen.

Nachfolgend sind die Dreiecke entweder rötlich oder grau gefärbt, um anzudeuten, daß sie entweder einem schöpferischen oder einem rezeptiven Haus (oder Symbol) angehören. Die eingeklammerte Zahl bezeichnet das entsprechende Kapitel des I GING. So können wir sehen, was das Hexagramm ursprünglich bedeutete, ohne daß wir durch politische oder zeitbedingte Gleichnisse des erklärenden Textes verwirrt werden.

SEKUNDÄR-BEWEGUNGEN
(vor und nach der Zentralbewegung)

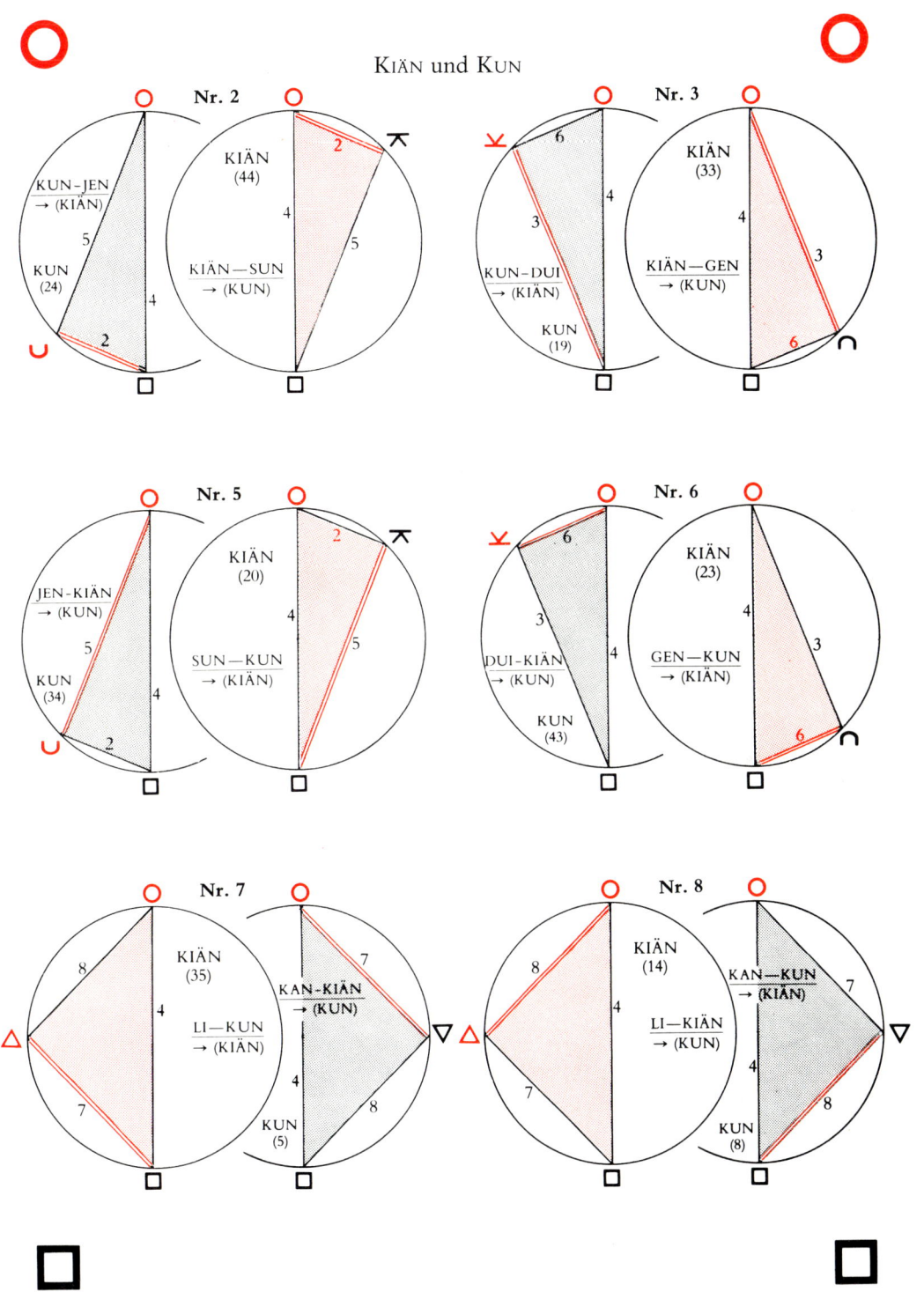

KIÄN und KUN

Jen und Sun

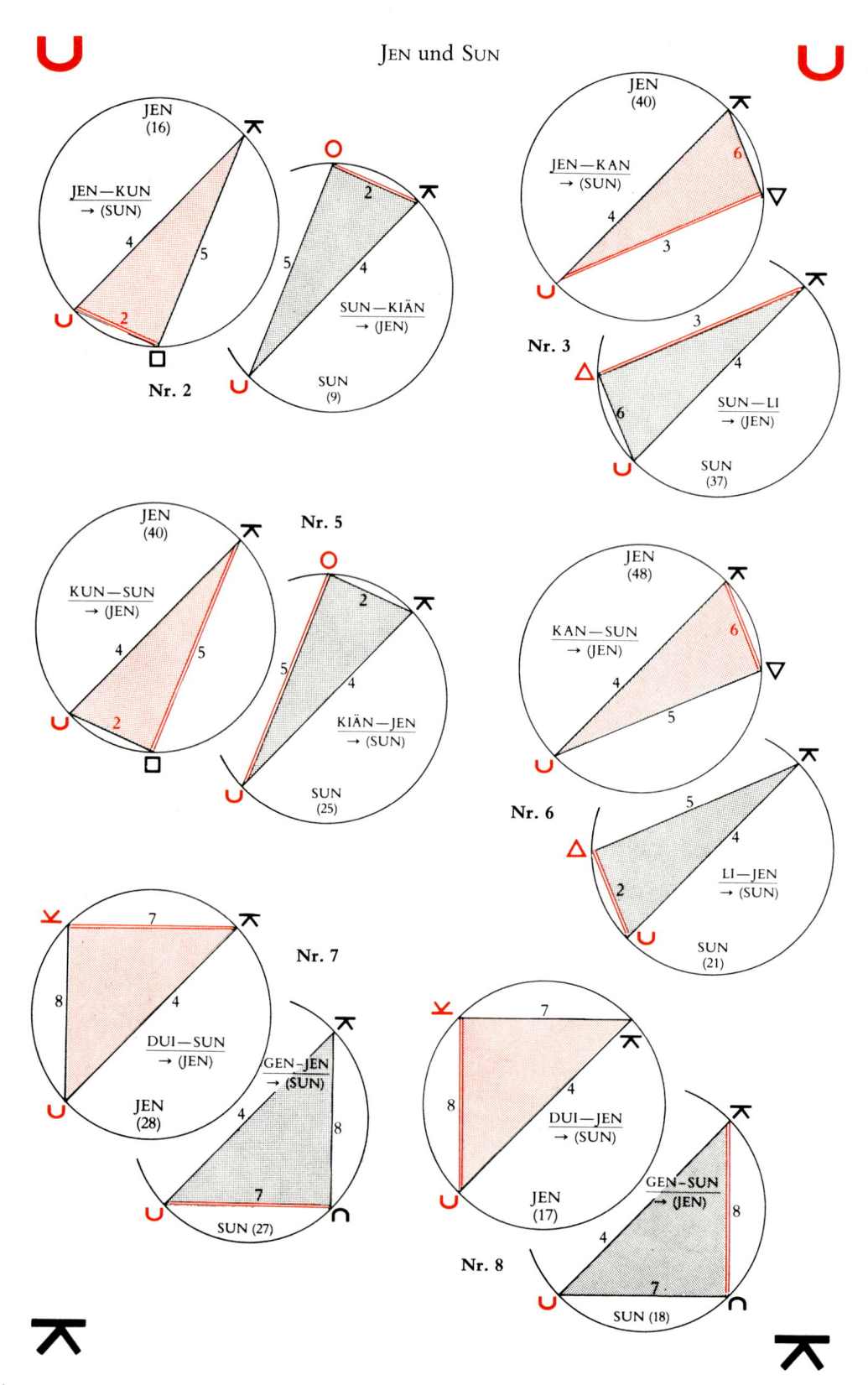

Li und Kan

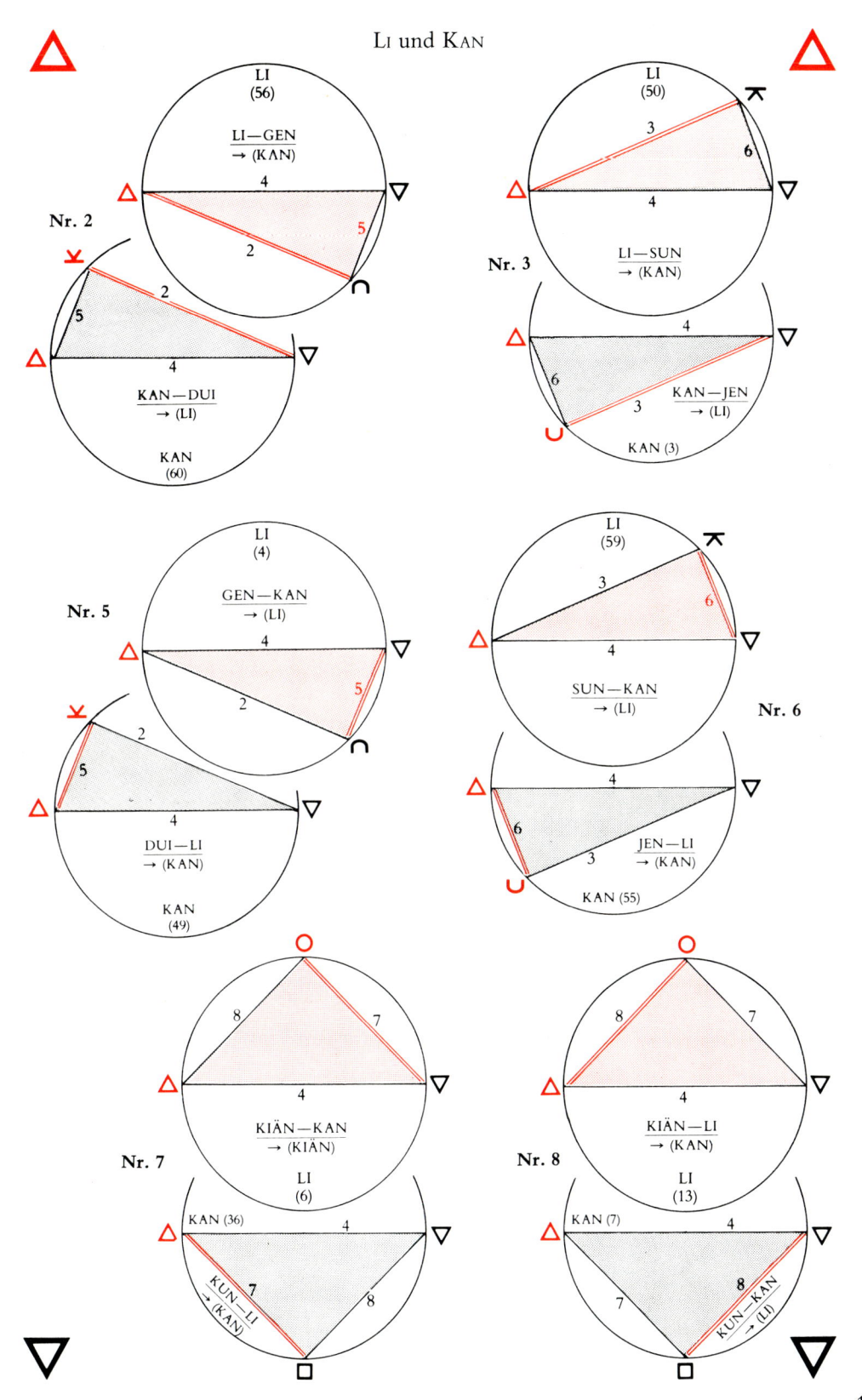

Nr. 2

LI (56)
LI—GEN → (KAN)

KAN—DUI → (LI)
KAN (60)

Nr. 3

LI (50)
LI—SUN → (KAN)

KAN—JEN → (LI)
KAN (3)

Nr. 5

LI (4)
GEN—KAN → (LI)

DUI—LI → (KAN)
KAN (49)

Nr. 6

LI (59)
SUN—KAN → (LI)

JEN—LI → (KAN)
KAN (55)

Nr. 7

KIÄN—KAN → (KIÄN)
LI (6)

KAN (36)
KUN—LI → (KAN)

Nr. 8

KIÄN—LI → (KAN)
LI (13)

KAN (7)
KUN—KAN → (LI)

185

Dui und Gen

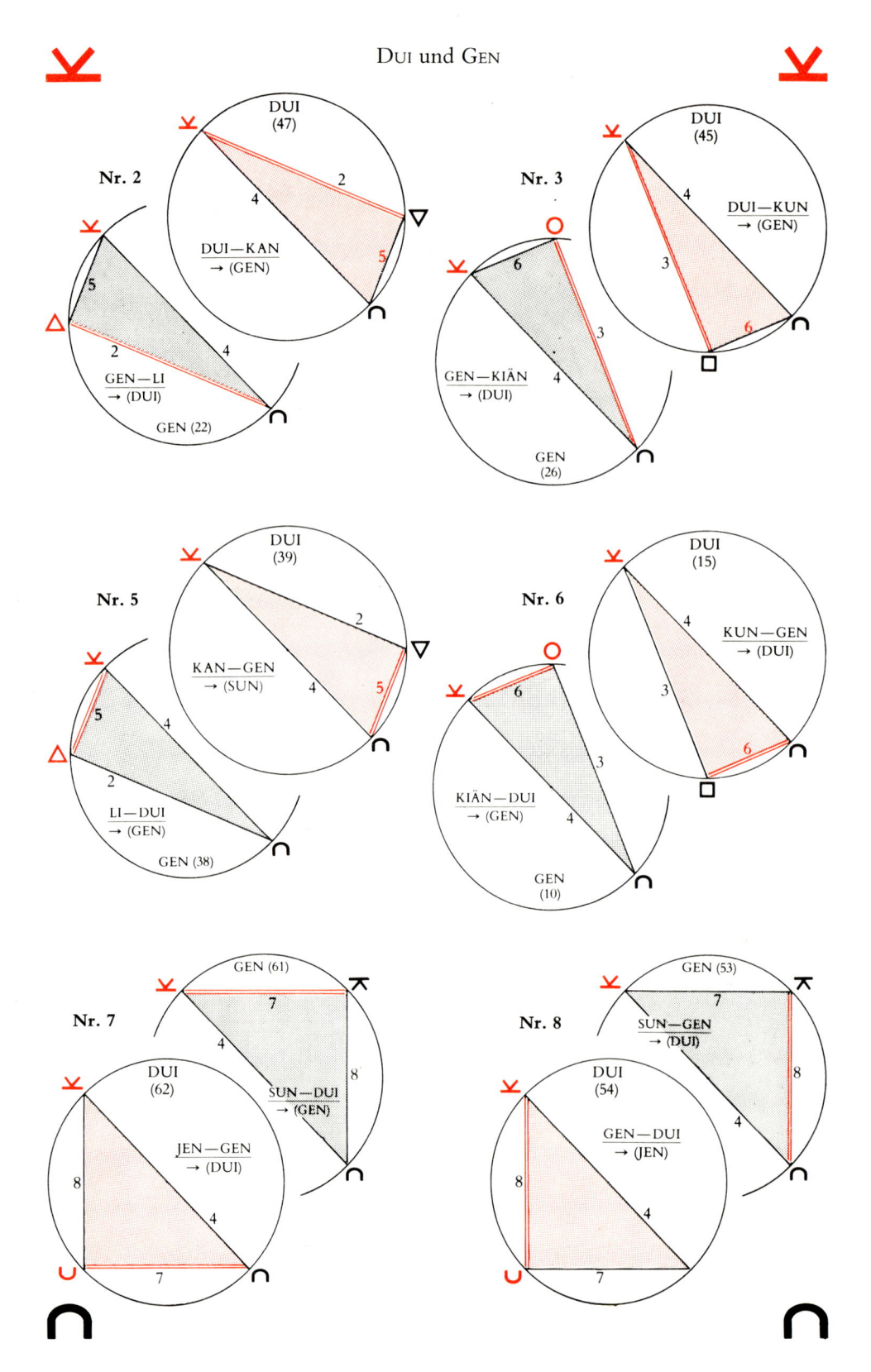

XVII

Synopsis der Hexagrammanordnungen

> Was not tut, ist keine Erweiterung,
> sondern eine Vertiefung des Bewußtseins.
>
> *Jean Gebser*

Richard Wilhelm hat bereits darauf hingewiesen, daß die Hexagramme in ihrer Anordnung schon vor langer Zeit »durcheinandergeraten« sein dürften. Die folgenden Diagramme sind der Versuch einer graphischen Rekonstruktion.

DIE TRADITIONELLE ANORDNUNG DER VIERUNDSECHZIG HEXAGRAMME
ENTSPRECHEND DER ZEITLICHEN ORDNUNG

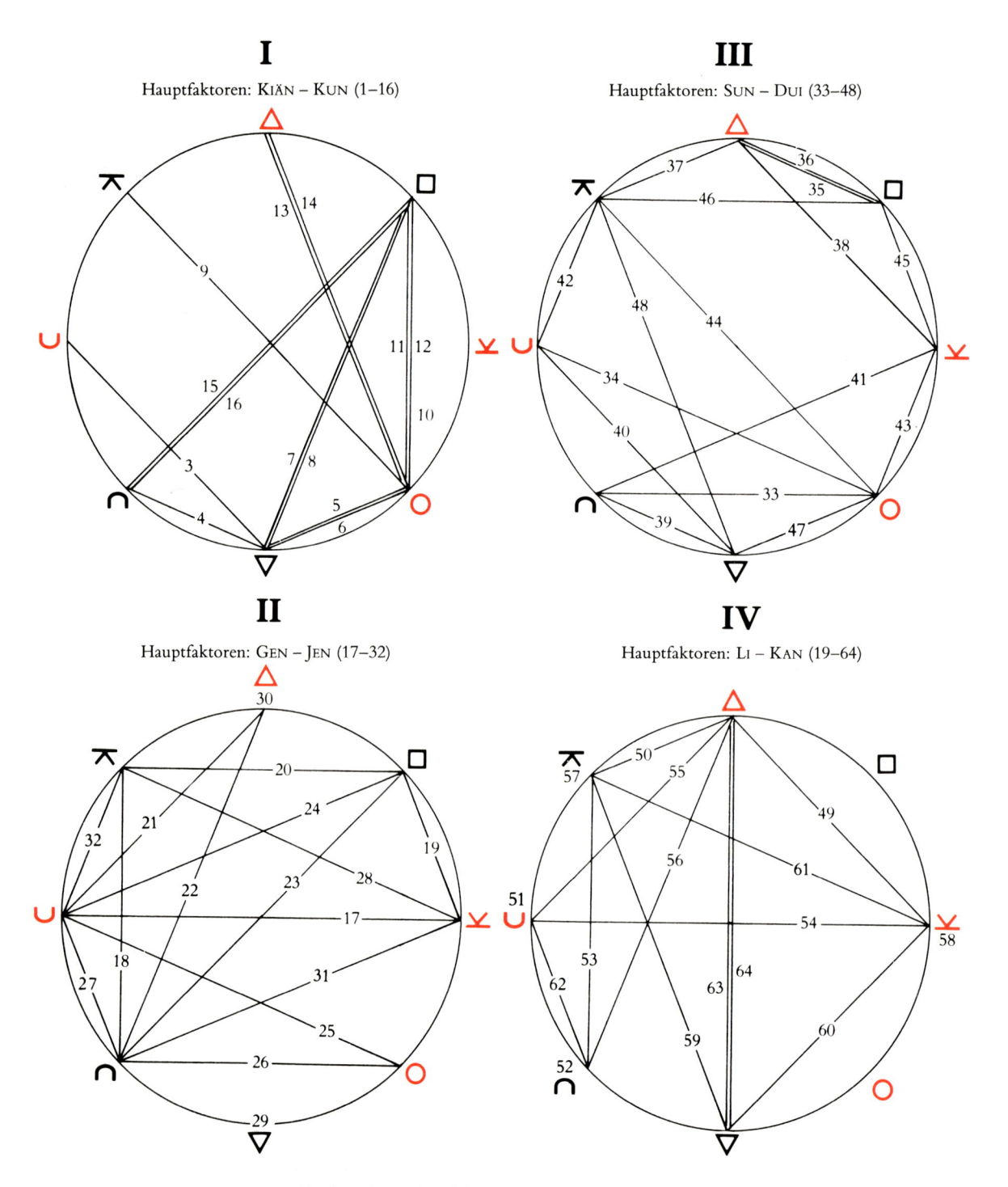

I

Hauptfaktoren: Kiän – Kun (1–16)

II

Hauptfaktoren: Gen – Jen (17–32)

III

Hauptfaktoren: Sun – Dui (33–48)

IV

Hauptfaktoren: Li – Kan (19–64)

Die Zahlen beziehen sich auf die entsprechenden Kapitel des *I Ging*.

Die traditionelle Anordnung der vierundsechzig Hexagramme entsprechend der abstrakten Ordnung

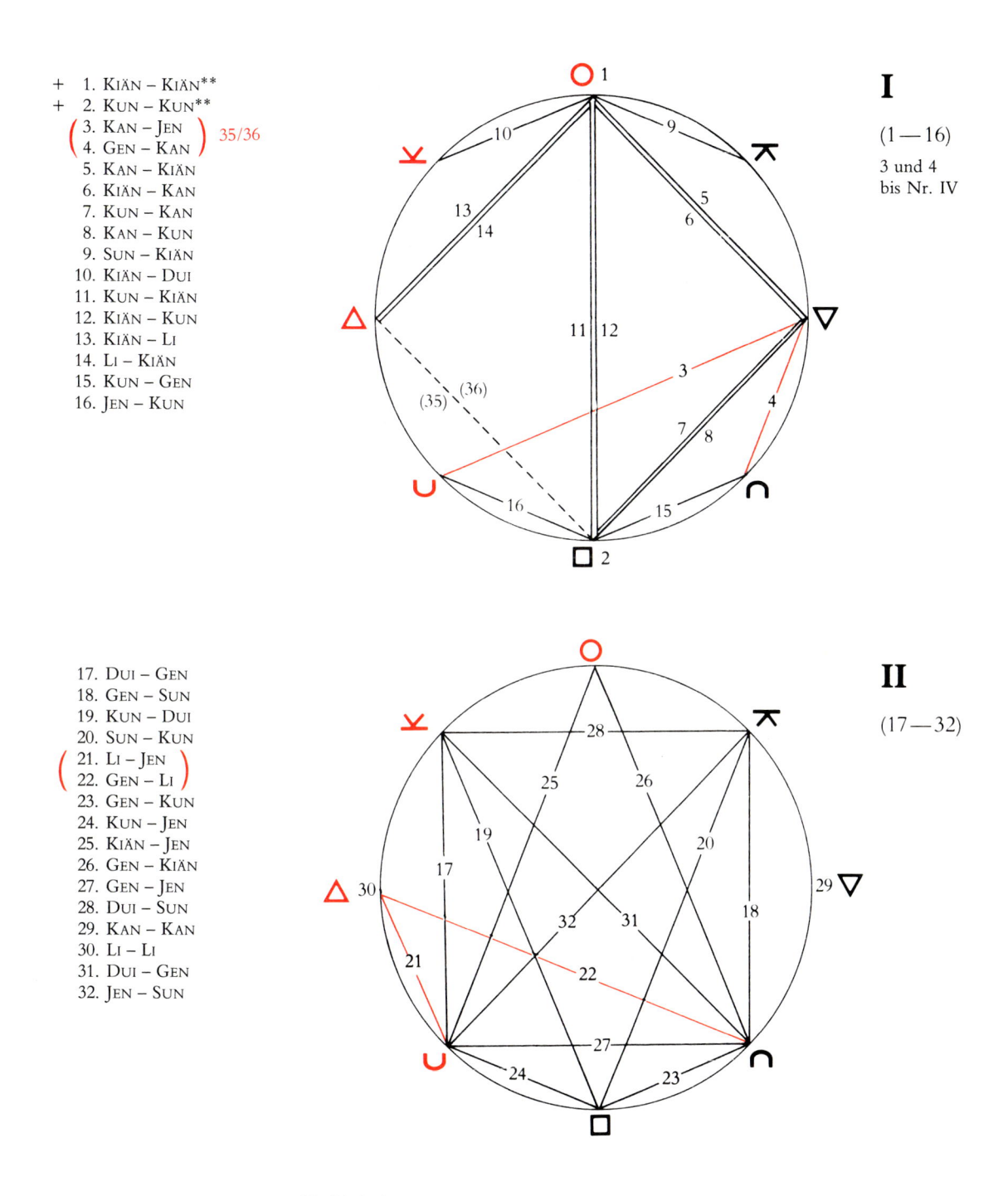

+ 1. Kiän – Kiän**
+ 2. Kun – Kun**
(3. Kan – Jen) 35/36
(4. Gen – Kan)
5. Kan – Kiän
6. Kiän – Kan
7. Kun – Kan
8. Kan – Kun
9. Sun – Kiän
10. Kiän – Dui
11. Kun – Kiän
12. Kiän – Kun
13. Kiän – Li
14. Li – Kiän
15. Kun – Gen
16. Jen – Kun

I

(1 — 16)

3 und 4
bis Nr. IV

17. Dui – Gen
18. Gen – Sun
19. Kun – Dui
20. Sun – Kun
(21. Li – Jen)
(22. Gen – Li)
23. Gen – Kun
24. Kun – Jen
25. Kiän – Jen
26. Gen – Kiän
27. Gen – Jen
28. Dui – Sun
29. Kan – Kan
30. Li – Li
31. Dui – Gen
32. Jen – Sun

II

(17 — 32)

* ausgetauscht: 21, 22, 29, 30, 35, 36, 3, 4
** Doppel-Trigramme: 1, 2, 29, 30, 51, 52, 57, 58

Die traditionelle Anordnung der vierundsechzig Hexagramme entsprechend der abstrakten Ordnung

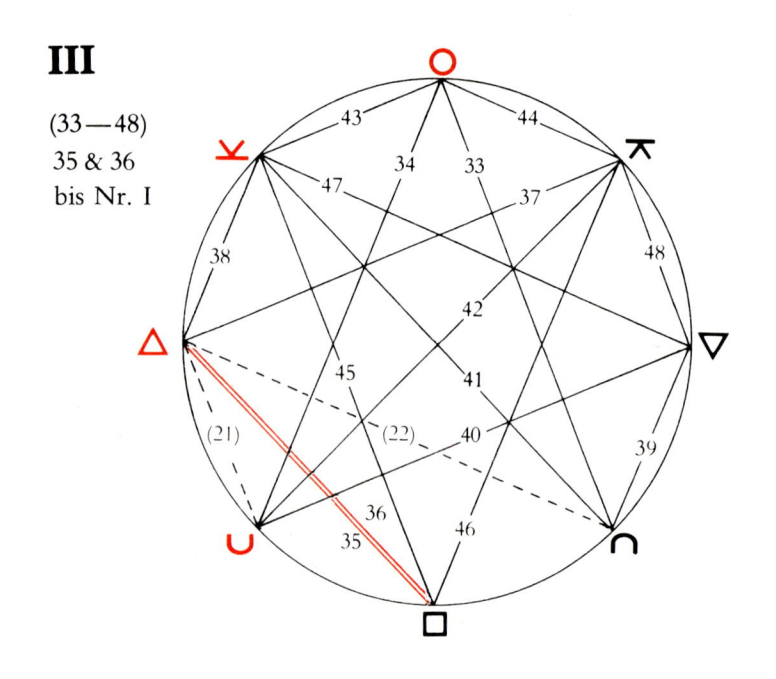

III

(33—48)
35 & 36
bis Nr. I

33. Kiän – Gen
34. Jen – Kiän
(35. Li – Kun
36. Kun – Li) 21/22
37. Sun – Li
38. Li – Dui
39. Kan – Gen
40. Jen – Kan
41. Gen – Dui
42. Sun – Jen
43. Kui – Kiän
44. Kiän – Sun
45. Dui – Kun
46. Kun – Sun
47. Kui – Kan
48. Kan – Sun

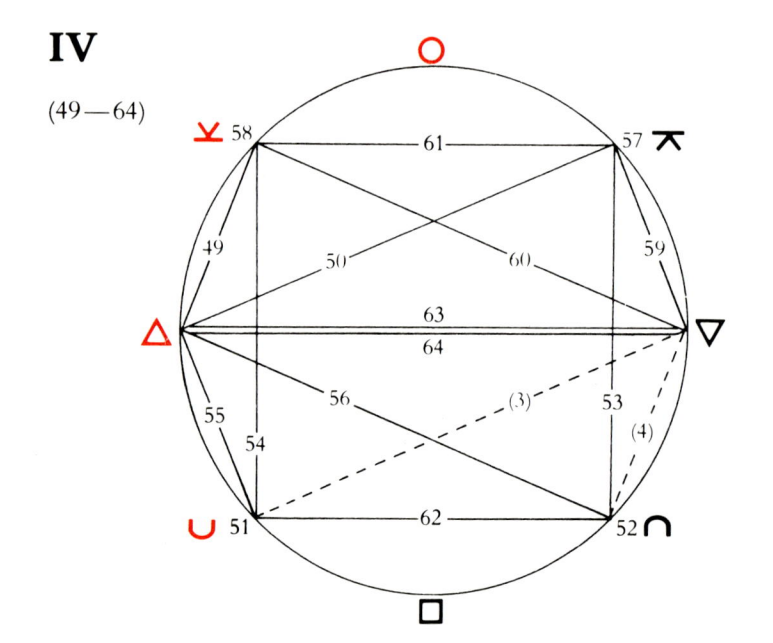

IV

(49—64)

49. Dui – Li
50. Li – Sun
51. Jen – Jen
52. Gen – Gen
53. Sun – Gen
54. Jen – Dui
55. Jen – Li
56. Li – Gen
57. Sun – Sun ⟨ 3,4
58. Dui – Dui
59. Sun – Kan
60. Kan – Dui
61. Sun – Dui
62. Jen – Gen
63. Kan – Li
64. Li – Kan

Auf den Seiten 191 und 192 erkennen wir Unregelmäßigkeiten in der traditionellen Aufeinanderfolge der Hexagramme. Möglicherweise sind im ersten oder zweiten Jahrtausend vor unserer Zeitrechnung die noch ungebundenen Blätter des I Ging durcheinandergeraten und wurden dann falsch eingeordnet, wie bereits Richard Wilhelm andeutete. (Die Nummern der Hexagramme entsprechen den Kapiteln des *Buches der Wandlungen* wie in Richard Wilhelms Originalübersetzung.)

Zu dem Kreis, der das erste Viertel der Hexagramme darstellt (Abb. I), wurden die Linien 3 und 4 (Kan – Jen und Gen – Kan) hinzugefügt, obwohl sie eigentlich zu Abb. IV gehören, um die symmetrische Anordnung innerhalb dieser Figur zu vervollständigen. Die in Abb. I offensichtlich fehlenden Linien 35 und 36 (Li – Kun und Kun – Li), angedeutet durch eine gestrichelte Linie, wurden der Abb. III zugefügt. Zu Abb. II wurden die Linien 21 und 22 (Li – Jen und Jen – Li) fälschlicherweise zu einer sonst symmetrischen Anordnung hinzugefügt, während sie in Abb. IV fehlen; der symmetrische Aufbau bleibt insofern hier unvollständig. Dementsprechend sollten die Kapitel 3 und 4 durch 35 und 36 in Abb. I ersetzt werden. Die Kapitel (bzw. Hexagramme) 21 und 22 sollten zwischen 56 und 57 in Abb. IV stehen, und 21 und 22 sollten 35 und 36 in Abb. III ersetzen. Die Kapitel 3 und 4 (bzw. ihre Hexagramme) sollten durch 35 und 36 ersetzt und die Bewegungen der Kapitel 3 und 4 zwischen den Kapiteln 56 und 57 und deren Hexagrammen eingeschoben werden.

Dies ist das sichtbare Ergebnis, wenn wir die Bewegungen der verschiedenen Hexagramme entsprechend den Kapitelnummern des I Ging anordnen:

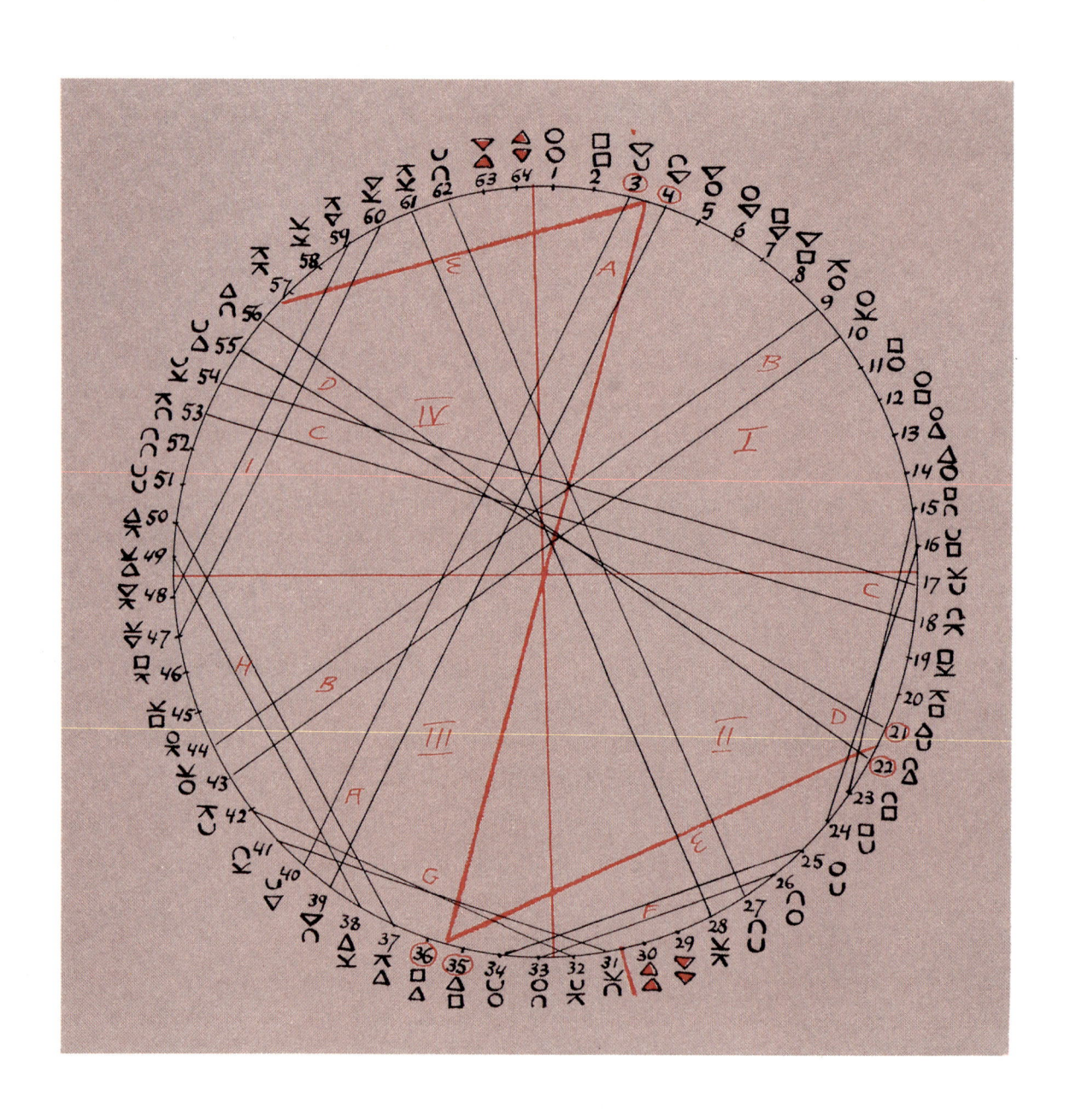

Die traditionelle Anordnung der vierundsechzig Hexagramme
und die fehlgestellten Hexagramme

I – IV: Die vier Quadranten
A – G: Die wechselseitig reversierten Hexagramme
Z: Die fehlgestellten Hexagramme

Die rekonstruierte Anordnung der vierundsechzig Hexagramme

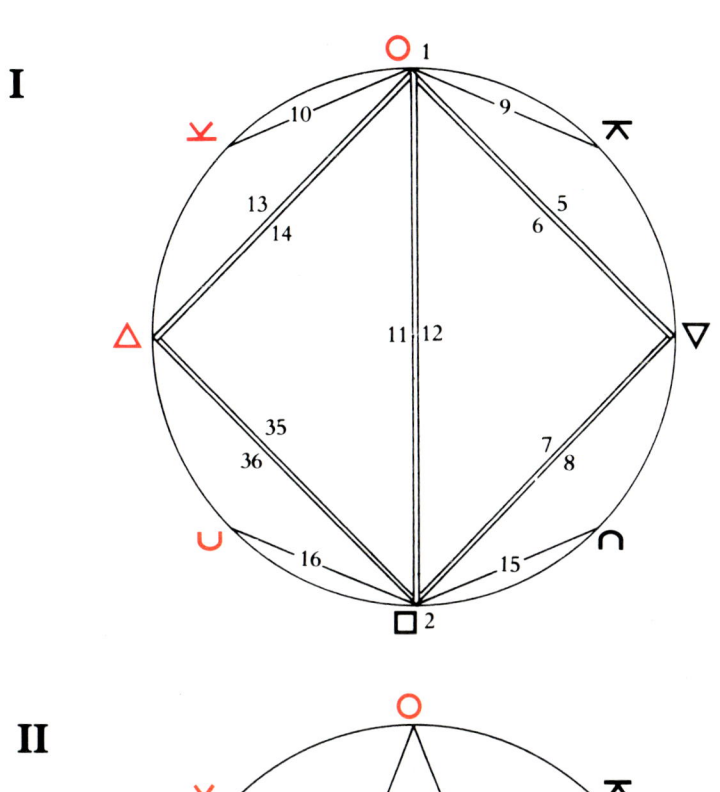

I

1. Kiän – Kiän**
2. Kun – Kun**
35. Li – Kun*
36. Kun – Li*
5. Kan – Kiän
6. Kiän – Kan
7. Kun – Kan
8. Kan – Kun
9. Sun – Kiän
10. Kiän – Dui
11. Kun – Kiän
12. Kiän – Kun
13. Kiän – Li
14. Li – Kiän
15. Kun – Gen
16. Jen – Kun

II

17. Kui – Jen
18. Gen – Sun
19. Kun – Dui
20. Sun – Kun
23. Gen – Kun
24. Kun – Jen
25. Kiän – Jen
26. Gen – Kiän
27. Gen – Jen
28. Dui – Sun
29. Kan – Kan*/**
30. Li – Li*/**
31. Dui – Gen
32. Jen – Sun

* ausgetauscht: 21, 22, 29, 30, 35, 36, 3, 4
** Doppel-Trigramme: 1, 2, 29, 30, 51, 52, 57, 58

195

Die rekonstruierte Anordnung der vierundsechzig Hexagramme

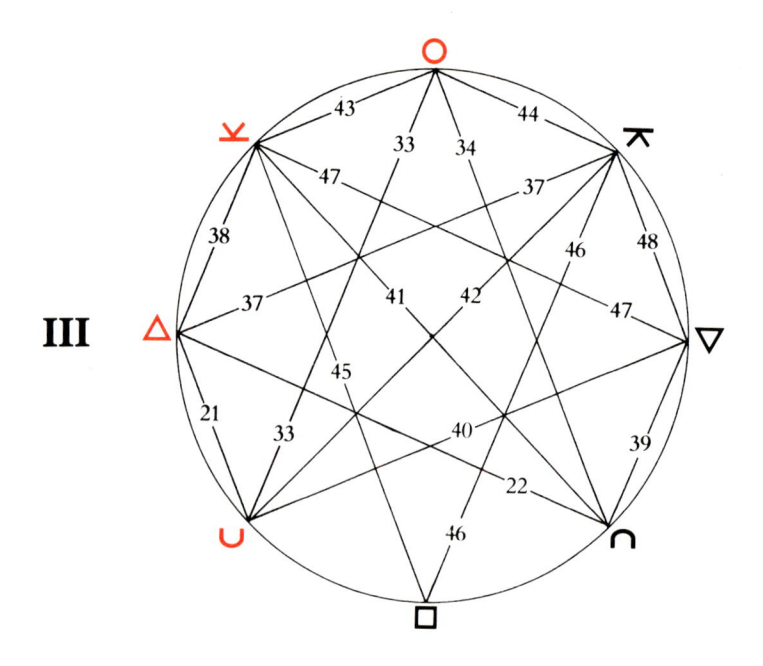

33. Kiän – Gen
34. Jen – Kiän
21. Li – Jen*
22. Gen – Li*
37. Sun – Li
38. Li – Dui
39. Kan – Gen
40. Jen – Kan
41. Gen – Dui
42. Sun – Jen
43. Dui – Kiän
44. Kiän – Sun
45. Dui – Kun
46. Kun – Sun
47. Dui – Kan
48. Kan – Sun

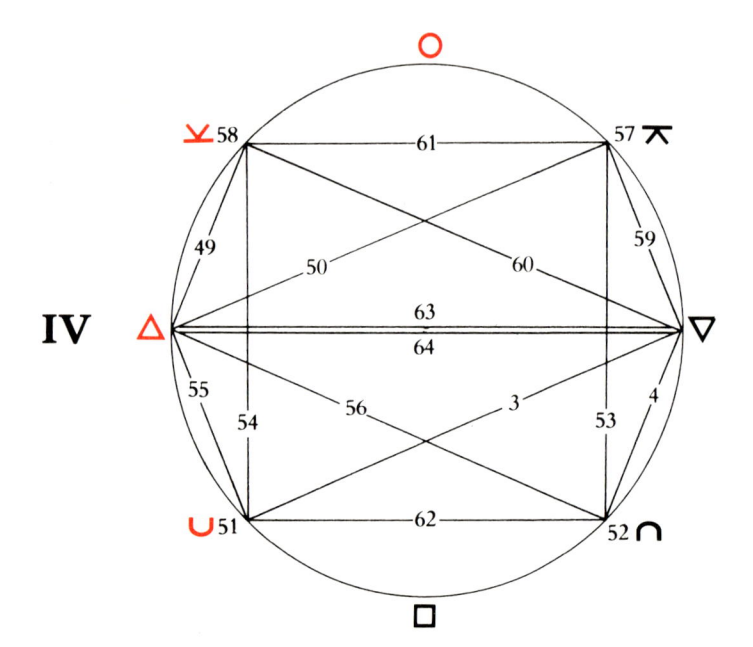

49. Dui – Li
50. Li – Sun
51. Jen – Jen**
52. Gen – Gen**
53. Sun – Gen
54. Jen – Dui
55. Jen – Li
56. Li – Gen
 3. Kan – Jen*
 4. Gen – Kan*
57. Sun – Sun**
58. Dui – Dui**
59. Sun – Kan
60. Kan – Dui
61. Sun – Dui
62. Jen – Gen
63. Kan – Li
64. Li – Kan

KOMMENTAR ZU DEN VORANGEHENDEN DIAGRAMMEN

Durch die vorangegangenen Diagramme dürfte deutlich geworden sein, daß die abstrakte Ordnung des Fu Hi eine vernunftgemäße und überzeugende Darstellung ist, die sowohl in ihrer geometrischen wie in ihrer philosophischen Ausdeutung befriedigt, ganz abgesehen von ihrem symbolischen Gehalt.

Die zeitgebundene Ordnung des Königs Wen Wang erhält ihre Berechtigung durch das ältere und universellere System des Fu Hi. Diese elementare Ordnung zeichnet sich durch ihre Betonung der Polarität der Elemente aus, in der sich »Berg« und »Donner« wie »Himmel« und »Erde« (den Prinzipien des Immateriellen und Materiellen) bzw. Fühlen und Denken (Reflektieren) in SUN und DUI gegenüberstehen.

Die graphische Darstellung der vierundsechzig Hexagramme entsprechend der Ordnung des Königs Wen Wang scheint – wie dessen Unregelmäßigkeit zeigt – kein feststehendes System als Grundlage zu haben. Wenn wir jedoch die Hexagramme auf die abstrakte oder vorweltliche Ordnung des Fu Hi beziehen, ergeben sie eine symmetrische, systematische Anordnung, die nur durch ein versehentliches Vertauschen einiger Hexagramme gestört ist. Die Bewegungen dieser vertauschten Hexagramme haben wir durch eine rote Z-förmige Linienkombination (S. 194) wie auch durch einfache rote Linien auf den Seiten 191 f. hervorgehoben. Das System ist in seiner ursprünglichen Form auf den Seiten 195 f. graphisch wiederhergestellt.

Wenn wir nun die Bewegungen aller Hexagramme in einem Kreis aufeinander projizieren, so erhalten wir die auf Seite 198 dargestellte Figur, die der eines vielfacettigen Diamanten gleicht, der, wie auf Seite 199 verdeutlicht, ein sichtbares Symbol der Einheit der vierundsechzig Diagramme und ihrer Elemente darstellt. Die auf Seite 198 ergänzten Zahlen identifizieren jede Linie mit den Nummern der Kapitel und der Hexagramme des *Buches der Wandlungen*.

Die Projektion aller Hexagramme auf eine Kreisfläche entsprechend der abstrakten Ordnung des Fu Hi

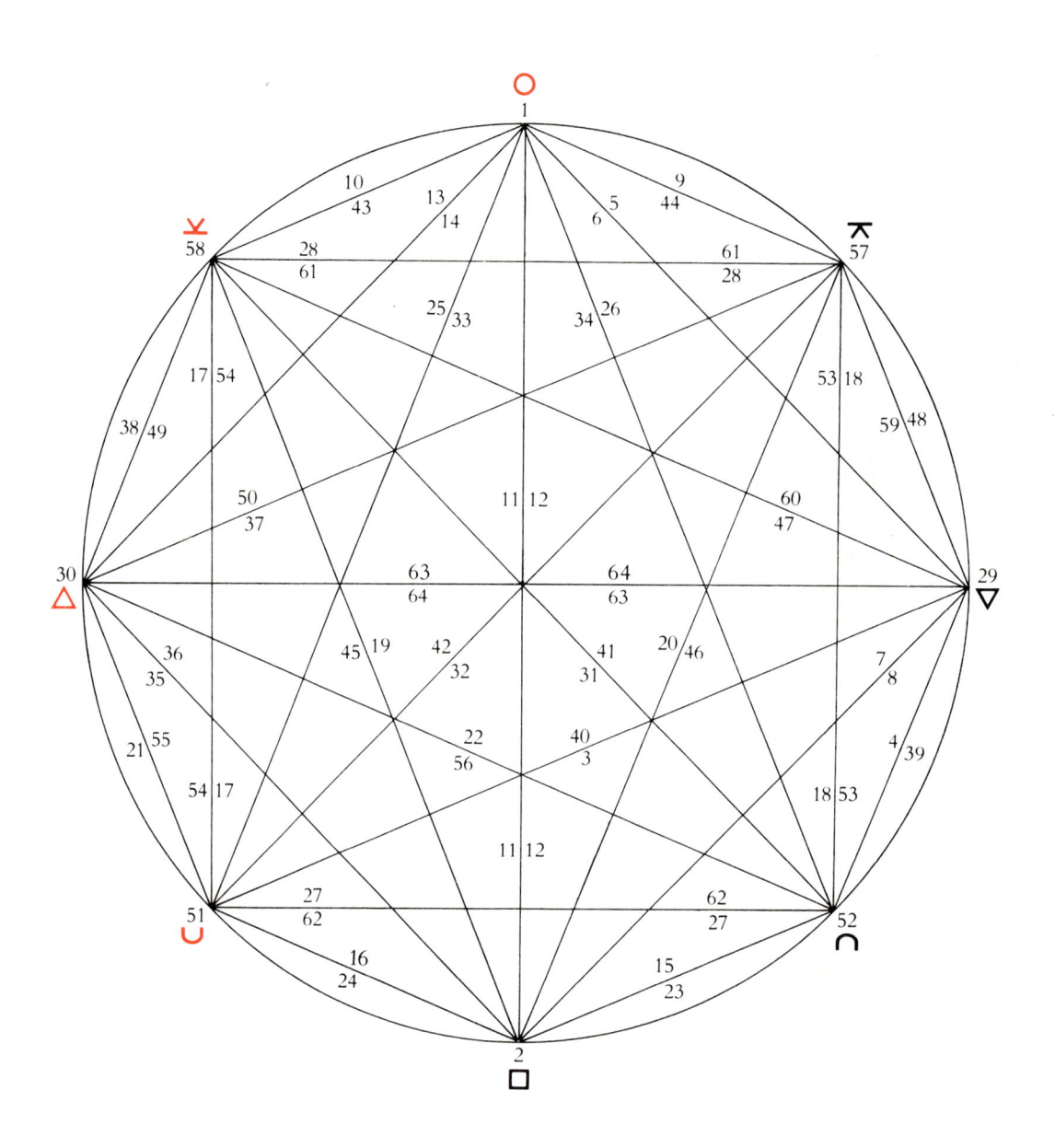

Jede Linie steht für zwei Bewegungen. Zum Beispiel: 31/41 = Dui-Gen und Gen-Dui oder 63/64 = Kan-Li und Li-Kan. Die Zahlen an der Außenseite des Kreises stehen für die Verdoppelung des gleichen Trigramms, wie z. B. Li-Li, Kan-Kan (30 und 29) etc.; d. h. für eine Intensivierung oder eine innere Bewegung, die graphisch nicht dargestellt werden kann.

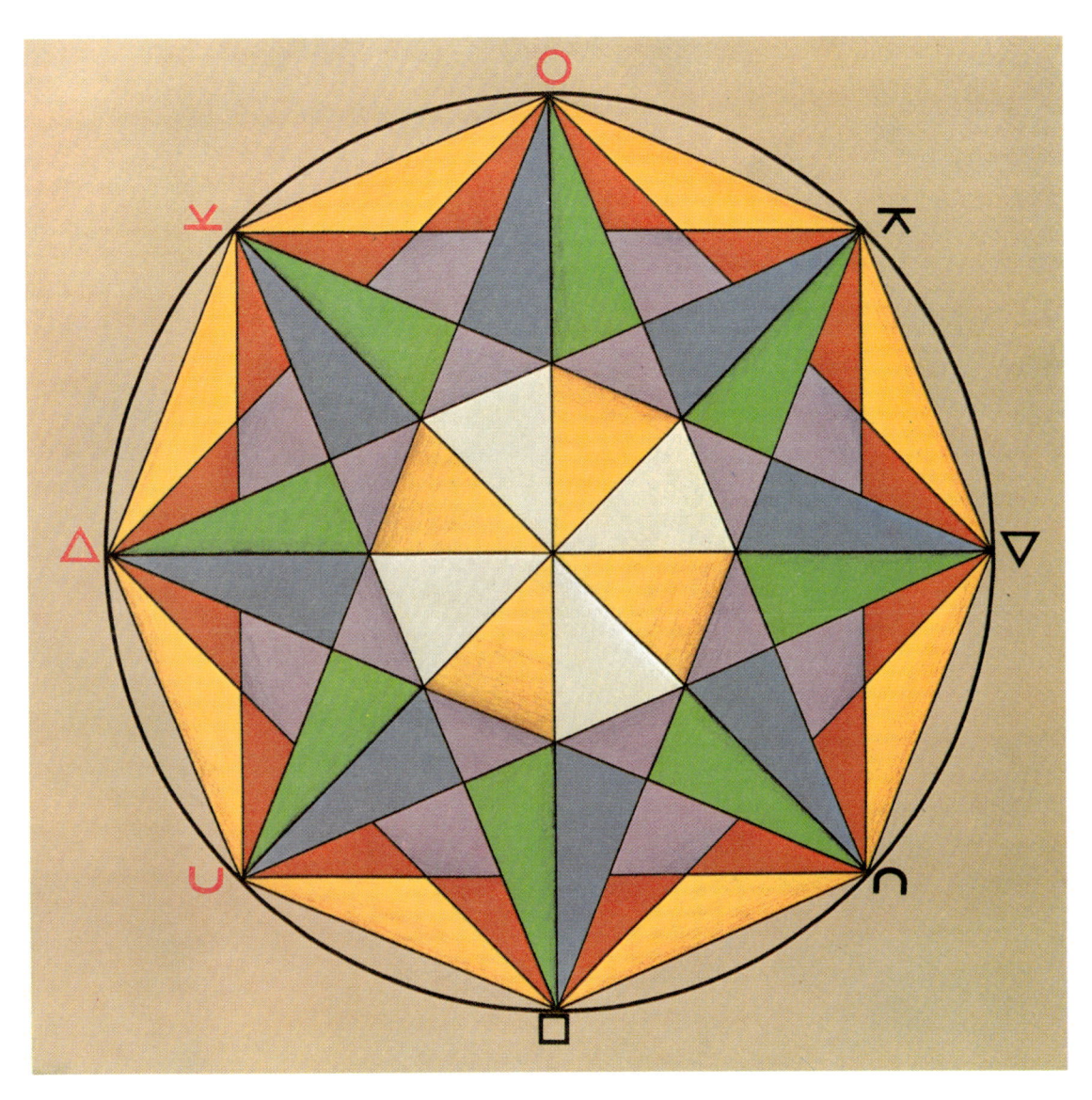

DER VIELFACETTIGE DIAMANT

Die Farben stellen die verschiedenen Elemente dar:

Gelb: Erde (den Zustand des Festen) Grün: Holz (den Zustand des Organischen)
Rot: Feuer (den Zustand des Erhitzenden) Weiß: Eisen (den Zustand des Anorganischen)
Blau: Wasser (den Zustand des Flüssigen) Violett: ——————— (Kombinationen)

Die Farbe der Erde erscheint erneut in der Mitte, weil die Erde das Element der Mitte ist, das alle anderen Elemente nährt und trägt. Violett steht nicht für ein Element, sondern für die Kombination beziehungsweise für das Überschneiden zweier Elemente.

XVIII

Synchronizität

> Alles, was uns widerfährt,
> ist nur eine Antwort oder ein Echo auf das,
> was wir sind.
>
> *Jean Gebser*

Entsprechend unserer Definition der Synchronizität ist sie die organische Einheit des Universums, in dem alle Dinge miteinander verbunden und voneinander abhängig sind, und zwar jenseits unserer Begriffe von Raum und Zeit. Wir wissen allerdings nicht, ob diese Verbundenheit bzw. »von anderem abhängige Beziehung« in allen Fällen auf Gleichzeitigkeit beruht oder ob gewisse Dinge von dieser Gleichzeitigkeit oder jenem inneren Gesetz, das nun als eine solche Gleichzeitigkeit erscheint, ausgenommen sind. Wir wissen lediglich aus Erfahrung, daß Dinge und Geschehnisse, die sich gleichzeitig ereignen (und nicht in unsere alltäglichen Vorstellungen von kausalem Geschehen innerhalb unserer Raum-Zeitlichkeit passen), dennoch in gewissen Fällen einen sinnvollen Zusammenhang zu haben scheinen, obwohl sie uns unerklärlich sind und wir sie eher dem Zufall als irgendeiner Gesetzmäßigkeit zuschreiben.

Es war C. G. Jung, der als erster versuchsweise den Ausdruck »Synchronizität« verwendete, nachdem er das gleichzeitige Auftreten psychischer Phänomene und scheinbar unzusammenhängender äußerer Geschehnisse beobachtete. Dies führte ihn zu dem Schluß, daß es sich hier um Ausnahmen vom Gesetz der uns geläufigen Kausalität handeln dürfte. Wenn sich gewisse Dinge unter gleichen Umständen wieder und wieder ereignen, so bezeichnen wir dies als ein Naturgesetz, unabhängig davon, ob wir es erklären können oder nicht. Wenn wir es erklären können, weil es sich um Phänomene innerhalb von Raum und Zeit handelt, so ist unser rationales Denken befriedigt. Aber es gibt auch Dinge, die sich außerhalb des raum-zeitlichen Kontinuums ereignen und die weder in unsere zweidimensionale Logik noch in unser dreidimensionales Welterfassen passen und die wir dennoch nicht wegleugnen können. Da es nicht unsere Aufgabe ist, die Welt zu erklären, sondern vielmehr alle Phänomene, die uns zu Gesicht kommen, zu beobachten, müssen wir zugeben, daß das, was Jung »Synchronizität« nannte, eine durch objektive (d. h. wissenschaftliche) Beobachtung erhärtete Tatsache ist und keineswegs eine bloße Theorie.

»Meine Beschäftigung mit der Psychologie des Unbewußten«, schreibt Jung, »hat mich seit vielen Jahren gezwungen, nach einer anderen Erklärung zu suchen, da das Kausalitätsprinzip mir unzureichend erschien, um die sonderbaren Phänomene der unbewußten Psyche zu erklären. Ich fand z. B. zunächst, daß es psychologische Parallelphänomene gibt, die in keinerlei Beziehung zueinander stehen und dennoch in einer anderen Weise miteinander verbunden sind. Diese Verbindung schien mir hauptsächlich in der Tatsache einer relativen Gleichzeitigkeit zu bestehen, daher der Ausdruck ›Synchronizität‹. Es ist sozusagen, als ob die Zeit weniger eine Abstraktion wäre als vielmehr ein konkretes Kontinuum, das Qualitäten oder fundamentale Eigenschaften enthält, die sich in relativer Gleichzeitigkeit an verschiedenen Orten manifestieren können und in einem Parallelismus, den wir nicht erklären können, wie z. B. im Falle vom Erscheinen identischer Gedanken, Symbole oder psychischer Bedingungen.«[21]

Nach C. G. Jung war das *Buch der Wandlungen* das typische Beispiel einer Wissenschaft, die ausschließlich auf Synchronizität begründet war. Eben diese Tatsache, daß er es als eine Wissenschaft bezeichnete, zeigt, daß er in ihm ein Element der Ordnung und des klaren Denkens fand, das nicht nur auf unterbewußten und unbewußten Vorgängen beruhte. Nur eine solche Haltung konnte menschlichen Wissensdrang befriedigen und Intuitionen in ein allgemein verständliches Gedankensystem verwandeln, aus dem dann eine so universelle Weltanschauung entstehen konnte, wie wir sie in den vorangegangenen Kapiteln skizziert haben.

Das *Buch der Wandlungen* ist somit nicht nur auf das Prinzip der Synchronizität beschränkt, sondern entspricht gleichzeitig den Anforderungen der Kausalität. Daraus ergibt sich, daß diese Prinzipien sich nicht notwendigerweise ausschließen müssen, sondern daß die Synchronizität die Kausalität beinhalten und über sie hinausgehen kann. Wir müssen daher nicht zwischen den Systemen des Fu Hi und des Königs Wen Wang wählen und das eine für richtig und das andere für falsch erklären, sondern wir können beide akzeptieren und benützen, je nachdem, ob wir die Welt in ihrem universellen oder zeitlichen Aspekt betrachten wollen.

Die Chinesen hatten augenscheinlich den Schlüssel zum Verständnis der zeitlichen Ordnung im System des Königs Wen Wang verloren; denn nach einer Information von John Blofeld »sagt man in China, daß nur übermenschliche Wesen fähig seien, die Bedeutung dieser Ordnung zu verstehen, während Menschen nicht mehr imstande seien, sie zu begreifen«. Was aber die Ordnung des Fu Hi anbelangt, so wird diese nur von Wahrsagern auf einem volkstümlichen Niveau angewandt. Dies aber zeigt, daß man das System des Fu Hi als grundlegend betrachtete, obwohl seine Bedeutung von der Masse nicht voll verstanden wurde. Unsere eigenen Beobachtungen bestätigen die Bedeutung von Fu His Ordnung, die, wie wir bereits sahen, auch dem System des Königs Wen Wang und den vierundsechzig Hexagrammen zugrunde liegt.

Um den Unterschied zwischen Kausalität und Synchronizität verständlich zu machen, gibt Jung die folgende Erklärung: »Kausalität ist eine statistische Wahrheit, die für den Durchschnitt gültig ist und daher für Ausnahmen Raum läßt, die irgendwie erfahrbar, d.h. wirklich sein müssen. Synchronistische Ereignisse betrachte ich als kausale Ausnahmen obiger Art. Sie erweisen sich als relativ unabhängig von Raum und Zeit, d. h. Raum und Zeit werden von ihnen relativiert, da Raum im Prinzip kein Hindernis für sie bildet.«

Wenn wir alle Kombinationen und Bewegungen des *Buches der Wandlungen,* wie sie anhand der 64 Hexagramme in den 64 Kapiteln dieses ehrwürdigen Buches beschrieben werden, auf einen Kreis projizieren, so erhalten wir das Bild eines vielfacettigen Diamanten, in dem jede Linie und jede Zahl ein Kapitel des *Buches der Wandlungen* und seiner Bewegungen darstellt. Diese Bewegungen vollziehen sich in zwei entgegengesetzten Richtungen auf ein und derselben Linie, z. B. in Richtung Kun – Kiän und Kiän – Kun (d. h. zwischen zwei Trigrammen). Von jedem Punkt der Peripherie gehen sieben Linien aus, da jedes Haus aus sieben äußeren und einer inneren Bewegung besteht (die aber nicht darstellbar ist). Die durch diese Linien gebildeten Facetten entsprechen den Hauptcharakteren und -situationen des menschlichen Lebens. Somit haben wir es hier mit einer sehr bedeutsamen Charakterologie zu tun, die sich in den 64 Hexagrammen des I Ging ausdrückt. In ihnen vereinigen sich Intuition und Erfahrung, Synchronizität und Kausalität, Gefühl und Logik, Tradition und schlußfolgerndes Denken.

Wir haben eine ähnliche Situation in der Astrologie. Der Unterschied ist nur, daß die Astrologie mit Symbolen arbeitet, die aus ferner Vergangenheit übernommen wurden, ohne daß sie entsprechend dem Stand unserer heutigen Wissenschaft und den Ergebnissen der Forschung korrigiert worden wären. Viele Astrologen versuchen, die Resultate der modernen Wissenschaft mit den Traditionen des Altertums zu vereinen, indem sie astronomisch verifizierte Ephemeriden und andere Ergebnisse moderner Astronomie oder Psychologie heranziehen. Aber ihre Methoden sind für einen unvoreingenommenen Beobachter wenig überzeugend, da es ihnen an Folgerichtigkeit fehlt. Die Ursache ist leicht erkennbar: Sic kombinieren falsche oder zumindest unbewiesene Voraussetzungen mit richtigen und beweisbaren Tatsachen. Sie benützen rationale Methoden für irrationale Anschauungen. Denn wenngleich Sonne und Mond gewisse physische und psychische Einflüsse auf das menschliche Leben ausüben – ja selbst auf die unbelebte Materie –, so fehlt uns doch jeglicher Beweis für einen entsprechenden Einfluß entfernter Himmelskörper. Ohne die Möglichkeit eines unendlich kleinen, nicht meßbaren Einflusses von Planeten zu bestreiten, müssen wir zugeben, daß die Identifikation mit den Göttern einer durchaus begrenzten und vergangenen Kultur nicht nur willkürlich, sondern zugleich auch irreführend ist, insbesondere dann, wenn psychologische Symbole mit Fakten äußerer Erfahrung und rationaler Beobachtung verwechselt werden.

Wenn die Griechen die Sonne und die Planeten oder andere Sterne mit ihren Göttern identifizierten, dann projizierten sie die Eigenschaften ihrer eigenen Psyche, die sich in den Bildern ihrer Gottheiten symbolhaft widerspiegelten, in das Firmament. Dies war für die Menschen des damaligen Griechenlands ein durchaus angemessenes Vorgehen, das einer inneren Wirklichkeit entsprach. Wenn wir aber als Menschen unserer Zeit diesen Symbolismus nachahmend übernehmen, obwohl wir wissen, daß z. B. die Venus eine Hölle kochenden Schlammes und giftiger Gase ist mit einer Temperatur von einigen hundert Grad und umgeben von einer dichten Wolkendecke, die das Sonnenlicht reflektiert und uns so den Eindruck eines leuchtenden Sterns vermittelt, dann ist es lächerlich, diesen Stern mit den Qualitäten der Liebe zu assoziieren. Und wenn die wasserlosen, sturmgepeitschten Wüsten des Mars ein rotes, aggressives Licht reflektieren, so sind wir nicht berechtigt, dies mit den Eigenschaften des griechischen Kriegsgottes gleichzusetzen – und das um so weniger, als heute niemand mehr an diese Götter glaubt. Dasselbe gilt auch für den Mond, dessen toter und verwüsteter Körper das Sonnenlicht ohne Farbe und Wärme reflektiert.

»Im alten China dagegen wurden diese auch dort erfahrenen Bewegungstendenzen nicht auf den Sternhimmel projiziert, sondern in der irdischen Lebenswelt belassen, wofür die sogenannte innerweltliche Ordnung des altchinesischen *Buches der Wandlungen* des I GING ein eindrucksvoller Beleg ist.«[22] »Mit Hilfe der Gedankengänge der innerweltlichen Ordnung des I GING kann die psychologische Bedeutung der einzelnen Tierkreiszeichen geradezu vom Kern her erfaßt werden. In archaischer Sprache vermittelt sie uns ohne jede astrologische Gedankenführung die sehr frühe Einsicht des Menschen, daß kosmische Vorgänge, wie der Wechsel von Licht und Dunkel in den Tages- und Jahreszeiten, sich in der Struktur der Psyche eingekörpert haben und daß sie in der Psyche ihr Wirksamkeitsfeld besitzen. Ein Kommentar des Kungtse lautet: ›Indem die heiligen Weisen die Ordnungen der Außenwelt bis zum Ende durchdachten und die Gesetze des eigenen Innern bis zum tiefsten Kern verfolgten, gelangten sie bis zum Verständnis des Schicksals. ... Sie betrachteten die Veränderungen im Dunkeln und Lichten und stellten danach die Zeichen fest.‹ ... Ein jedes dieser Zeichen gibt ein anderes Mischungsverhältnis zwischen dem Hellen und Dunklen an. ... Eine andere Ordnung drückt die unveränderlichen Polarisationen der Kräfte in der Welt aus.«[23]

Diese Polarisation findet ihren Ausdruck im System des Fu Hi, das die universellen Prinzipien darstellt. Es erscheint uns insofern statisch, als es die Einheit der Gegensätze aufzeigt, indem es die polaren Kräfte an den gegenüberliegenden Enden gleicher Achsen lokalisiert. In Wirklichkeit aber sind diese Kräfte nie vollständig ausbalanciert, wodurch jene Spannung des Lebens entsteht, die wir als den dynamischen Charakter der Welt erleben.

Dieser dynamische Charakter des Lebens ist in der zeitlichen Ordnung des Königs Wen Wang ausgedrückt. Wenn wir jedoch die transzendente Seite unseres zeitlich begrenzten Lebens betrachten wollen, d. h. jene ihm zugrunde liegende Realität jenseits von Zeit und Kausalität, dann müssen wir durch die zeitbedingten Spannungen und Konfigurationen hindurchschauen bis zu den urtümlichen und universellen Gesetzen des Fu Hi. Richard Wilhelm hatte recht, wenn er sagte: »Um völlig die innerweltliche (zeitliche) Ordnung zu verstehen, muß man sie sich als transparent vorstellen, so daß die urweltliche (abstrakte) Ordnung durchscheint.«[24] Aber was veranlaßte Richard Wilhelm zu dieser bedeutungsvollen Bemerkung? Offensichtlich die Anerkennung der weissagenden Funktion des I GING – nicht im Sinne eines primitiven Determinismus oder einer populären Wahrsagerei, sondern im Sinne des von Jung erkannten Synchronizitätsprinzips, dessen Anerkennung uns auch eine völlig neue Sicht der Astrologie eröffnen könnte. Anstatt die unhaltbare und vom Standpunkt einer fortschrittlichen Astronomie unlogische Theorie des psychischen Einflusses ferner Himmelskörper und Gestirnskonstellationen aufrechtzuerhalten, sollten wir diese Konstellationen lediglich als geometrische Örter oder geometrisch festliegende Formationen betrachten, um die Synchronizität gewisser Ereignisse festzulegen. Auf diese Weise würden wir zu dem Schluß gelangen, daß »die Gesetze der unbelebten Natur und die Gesetze der Seele miteinander verbunden sind, da beide einer Existenzordnung entsprangen, die beide umfaßt« (C. G. Jung). Es sei darum die Aufgabe der Astrologie, die von den Elementen einer mißverstandenen Vergangenheit befreit ist, »... die Ordnungselemente anzuerkennen, die in der Psyche inkorporiert sind und die auf einer allumfassenden Einheit begründet sind« (C. G. Jung). So kann Sigrid Strauss-Kloebe in ihrem Buch *Das kosmo-psychische Phänomen* feststellen: »Wie Jung gezeigt hat, sind Symbole auf dem archetypischen Bereich der Psyche begründet. Archetypen sind nach seiner Definition unsichtbare, aber konstante Elemente der unsichtbaren Psyche, d. h. autonome Elemente, die in der Praxis der Tiefenpsychologie entsprechend ihren bewußtseinsbestimmenden Auswirkungen erfahren werden können. Im Symbol werden sie durch Bilder sichtbar.«[25]

Jung definiert Astrologie deshalb mit folgenden Worten: »Astrologie besteht aus symbolischen Konfigurationen so wie das kollektive Unbewußte, mit dem sich die Psychologie beschäftigt. Die Planeten sind die ›Götter‹; sie sind Symbole der Kräfte des Unbewußten.« Bei der Erforschung von Ereignissen, bei deren Auftreten Synchronizität beobachtet wurde, »hat es sich gezeigt, daß Fakten der materiellen Welt und Fakten der innerpsychischen Welt unter ein und demselben Bedeutungsaspekt erscheinen können«. Somit wird deutlich, daß sich die Astrologie weitaus mehr mit den Archetypen der Psychologie des Altertums beschäftigt als mit der modernen exakten Wissenschaft der Astronomie. Die heute so populäre Vermischung der beiden machte aus der Astrologie eine Farce, wie wir aus Tageszeitungen und Magazinen ersehen können, die dem allgemeinen Geschmack und Aberglauben entgegenkommen. Astrologen, die sich kritischer und ernsthafter mit der Materie befaßten, und insbesondere diejenigen, die sich mit Tiefenpsychologie beschäftigten, sind sich der Bedeutung der Symbole und der inneren Wahrheit der Mythologie durchaus bewußt.

»Wer sich mit der Symbolik der Tierkreiszeichen beschäftigt, muß von dem Vorhandensein zweier Tierkreise – eines siderischen, an den Sternbildern orientierten, und eines tropischen, am Jahres-Sonnenlauf orientierten – Kenntnis nehmen.«[26] Der letztere ist in den Tieren des chinesischen bzw. tibetischen Zodiak dargestellt, wobei jedes dieser Tiere einen bestimmten Charakter symbolisiert, von denen jeder zur höchsten geistigen Entwicklung wie zum Absinken auf das niedrigste materielle Niveau fähig ist. Keines der Tiersymbole ist jedoch geringer oder höher einzuschätzen als das andere. Sie stellen Tendenzen dar, die verfeinert oder vernachlässigt und entstellt werden können, entsprechend dem Gebrauch, den das Individuum von ihnen macht. So wird hier die Idee der Willensfreiheit mit jener der zeitbedingten Neigungen oder charakterbedingten Tendenzen vereint.

Die Chinesen haben jedoch auch gleichzeitig eine Charakterologie geschaffen, die nicht von den traditionellen Konstellationen der Astrologie irgendeiner besonderen Kultur, Rasse oder Religion abhängt – Konstellationen, die sich mit dem Ablauf der Zeit, dem Wandel der Vorstellungen und anderer Faktoren menschlicher Beobachtung und Interpretationen ändern können –, sondern die sich auf die charakteristischen Eigenschaften bekannter Symboltiere bezieht, die durch die Jahrtausende die gleichen geblieben sind. »Die Tierkreiskonzeption, wie die Namen der meisten Tierkreiszeichen, sind aus altbabylonischer Zeit (2. Jahrtausend v. Chr.) bekannt. Es darf angenommen werden, daß die alt-babylonischen Astrologen in Unkenntnis der Verhältnisse unseres Sonnensystems glauben mußten, gewisse ›Einflüsse‹, die sie an die Tierkreiszeichen knüpften, kämen von jenen Sternen, die der Sonnenbahn entlang zu sehen waren.«[27] Diese Erklärung war damals noch möglich, weil die kreisförmige Bewegung um die Erdachse noch nicht entdeckt worden war. Nur Messungen des genauen Winkels des Eingangskorridors der Cheops-Pyramide, der ursprünglich auf den Polarstern ausgerichtet war, zeigten, daß selbst dieser Fixstern seine Position im Verlauf der Jahrtausende verändert hatte und daß daher die Erdachse keineswegs unveränderlich festliegt, sondern eine kreisende Bewegung ausführt, die erst nach vielen Jahrtausenden wahrgenommen werden kann. Entsprechend wurden auch die Gestirnskonstellationen im Laufe der Zeit verschoben. Und wenn heute Astrologen sich an ein System klammern, das vor Tausenden von Jahren Gültigkeit hatte, so gründen sich alle ihre Berechnungen auf falsche Prämissen. Deshalb hatte der griechische Dichter und Astrologe Aratos, der im 3. Jahrhundert vor unserer Zeitrechnung lebte, recht, wenn er sagte, »daß dem astrologischen Tierkreis keine Sterne zugrunde lägen, sondern nur natursymbolische Motive«.[28] Solange wir uns dessen bewußt sind, kann Astrologie als eine psychologische Disziplin bzw. als Charakterologie, basierend auf der Tiefenpsychologie und der Synchronizität universeller Ereignisse, ihre Bedeutung behalten.

Sigrid Strauss-Kloebe unterlegte den Symbolen des Tierkreises eine neue Wertigkeit, indem sie sie mit den Elementen des *Buches der Wandlungen* verglich. Sie setzte JEN, das Zeichen des siegenden Lichtes (der elektrischen Entladung), dem »Widder« gleich und LI, das Haftende, dem Symbol »Krebs«, dessen Scheren in gewisser Weise die Dinge festzuhalten versuchen. Das *Buch der Wandlungen* erklärt, daß der Mensch, indem er freiwillig Abhängigkeit in sich pflegt, Klarheit ohne Schärfe erlangt und seinen Platz in der Welt findet.

Zwischen JEN und LI finden wir in der innerweltlichen Ordnung des I GING SUN, das im abendländischen Tierkreis den Zeichen »Stier« und »Zwillinge« entspricht. Der »Stier« ist hier aber nicht das Sinnbild der Aggression, sondern der körperlichen Kraft durch Ernährung, während SUN hier, durch das Sinnbild des »Holzes« dargestellt, das Allesdurchdringende ist, dessen Wurzeln in die Tiefe dringen, wo sie alles Nährende in sich aufnehmen und dem Reich des Lichtes zuführen. Dieser Vorgang vollzieht sich unmerklich, und dennoch ist die Kraft der alles durchdringenden Wurzeln so stark, daß sie Felsen zu sprengen vermag. Es sei daran erinnert, daß der Buddha, der im Zeichen des »Stiers« geboren wurde, als erste Handlung nach seiner Erleuchtung die Erde berührte, die er damit zum Zeugen seiner geistigen Errungenschaften anrief – eine Geste, die typisch ist für alle Darstellungen des historischen Buddha und die seine enge Verbundenheit mit der Erde ausdrückt, auf der er seinen festen Stand nahm, bevor er das ganze Universum umfaßte. KUN, das in der zeitlichen Ordnung dem Zeichen LI folgt, kennzeichnet die Zeit der Ernte. »Die Erde dient dem Menschen mit ihren Früchten, und es ist der Menschen Pflicht, einander zu helfen.« KUN entspricht teilweise dem Zeichen »Löwe« und teilweise dem Zeichen »Jungfrau«, d. h. es ist einerseits ein Symbol der Stärke, andererseits ein Zeichen für den Dienst am Nächsten.

Auf KUN folgt DUI, ein Symbol, das für Heiterkeit steht, das jedoch auch eine Note der Trauer beinhaltet infolge der zunehmenden Dunkelheit bzw. des abnehmenden Lichtes in der Herbstzeit. Es ist gewissermaßen das Gleichgewicht zwischen Glückseligkeit und Trauer und entspricht damit dem Tierkreiszeichen »Waage«.

In der zeitgebundenen Ordnung des Königs Wang folgt auf DUI KIÄN. Nach der *Shuo Gua* ist KIÄN das Zeichen des schöpferischen Kampfes: »Es bedeutet, daß die Dunkelheit und das Licht einander erregen.« Mit anderen Worten: Das Göttliche öffnet sich nur nach innerem Kampf, wie dies im Tierkreis des Westens durch »Skorpion« und »Schütze« symbolisiert wird.

KAN, das Abgründige, mit seinem Sinnbild des »Wassers«, stellt die dunkelste Periode des Jahres dar und entspricht dem »Steinbock«, einem Tier, das »... die ausgesprochene Fähigkeit besitzt, die Schwierigkeiten, die ihm seine Umwelt bietet, zu überwinden«[29].

GEN schließlich ist die Zeit des Stillhaltens, der Meditation in der Dunkelheit und Ruhe des Erdreiches. Dieses entspricht den Zeichen »Wassermann« und »Fische«, den Symbolen eines neuen Lebens unter einer neugeborenen Sonne.

So weit sind wir den Beobachtungen einer westlichen Autorität gefolgt, die versuchte, das *Buch der Wandlungen* mit den Symbolen der westlichen Astrologie in Harmonie zu bringen. Wie weit ihr dies gelungen ist, möge der Leser selbst entscheiden. Auf jeden Fall enthält ihre Betrachtung viele wertvolle Hinweise, obwohl ihre Erklärungen manchmal etwas zu konstruiert erscheinen mögen. Auch kann sich der Leser fragen, warum in diesem Zusammenhang die Tiersymbole des chinesischen Zodiak von den Betrachtungen ausgeschlossen wurden, obwohl sie numerisch dem abendländischen Tierkreis entsprechen. Der Grund dafür ist nicht schwer zu finden: Der chinesische Tierkreis gründet sich nicht auf den Einfluß der Sterne und Planeten, noch auf den der Konstellationen, sondern entspricht den Charakteren der Tiere, die hier als Symbol bestimmter menschlicher Eigenschaften verwendet werden. Wir haben es daher hier nicht mit astrologischen Symbolen zu tun oder mit Einflüssen, die sich unseren Beobachtungen entziehen, sondern mit einem System der Charakterologie, die auf menschliche Erfahrung gegründet ist und sich in leicht verständlichen Symbolen ausdrückt. Dies erscheint mir ein sichererer Weg als der der Astrologie zu sein, der sich auf alte überholte Glaubensvorstellungen, gemischt mit wissenschaftlichen Elementen der Neuzeit, gründet. Das *Buch der Wandlungen* hat dagegen den Vorteil, weniger auf theoretischem Material aufgebaut zu sein und sich mehr auf direkte Erfahrung und Intuition zu stützen, wobei wir allerdings von den Spekulationen späterer Kommentatoren Abstand nehmen müssen.

Wenn wir uns heute einer adäquaten Annäherungsmethode bedienen wollen, können wir sie eher in der modernen Tiefenpsychologie finden als in der Astrologie und volkstümlichen Wahrsagerei. »Die Erfahrung hat gezeigt, daß die Beschäftigung mit den Bildern der Antike und mit den Tierkreiszeichen im Menschen schlummernde Kräfte weckt«, sagt Olga von Ungern-Sternberg im Vorwort zu einem ihrer Bücher[30] und stellt auf den folgenden Seiten fest: »Es ist Psychologie echter lebenswahrer Zusammenhänge, die sich hier darstellt.«[31] »... Wenn wir mit den Bildern des Mythos umgehen, insbesondere mit den Mythen der Sterne, entdecken wir, daß sie nicht etwa nur Vergangenheit schildern, sondern daß sich das Bild einer Seelen- und Geistesstruktur des Menschen darin verbirgt.«[32] »... Die Schicksale der Götter wirken als formative Kräfte in der Strukturierung menschlicher Erfahrung. ... Aber für uns Heutige hat dies alles nur dann einen wirklichen Wert, wenn wir es mit Bewußtsein durchdringen.«[33]

XIX

Zusammenfassung

> Indem man in den Wandel hineingeht, aber dabei
> im Wandel das Zentrum wahrt, ist es durchaus möglich,
> das Vergängliche ins Ewige zu erheben und ein Werk zu schaffen,
> das durch Evolution und nachfolgende Involution eine Spannung enthält,
> die zur Folge hat, daß mit dem Tode das Werk nicht zu Ende ist,
> sondern durch diese Spannung ein neuer Kreislauf entsteht[34].
>
> *Richard Wilhelm*

Wir sind nun am Ende unserer Betrachtungen angelangt, die uns zu einer neuen Auffassung über das Wesen des *Buches der Wandlungen* geführt haben. Aber unsere Untersuchungen bedeuten keineswegs das Ende weiterer Forschungsarbeit. Das monumentale Werk des *Buches der Wandlungen*, entstanden in der Morgendämmerung menschlicher Geschichte, wurde in einer Zeit geboren, in der Himmel und Erde noch nicht auseinandergerissen waren und in der sich der Mensch noch als Verkörperung universaler Kräfte unter irdischen Bedingungen empfand. In diesem Buch entdecken wir die Wurzeln unserer Existenz, die wir als unser Schicksal empfinden. Und wie immer auch diese Bedingungen geartet waren, sie wurden *sub speciae aeternitatis* verstanden und in ihrer Ganzheit gesehen, in der Mensch und Natur sich nicht feindlich gegenüberstanden, sondern zu einer höheren Einheit verschmolzen. Diese Einheit verleugnete nicht die Vielheit und Verschiedenheit der Gestaltungen, sondern erschuf einen »Tanz« ständig wechselnder Kräfte in unendlicher Bewegung und ewiger Harmonie. Die Chinesen nannten es TAO.

Diese Bewegung ist es, aus der alle Schöpfung, alles Wachstum, alles Leben entsteht. Sie ist es, die uns im Gleichgewicht hält. Wollten wir sie aufhalten, so würden wir uns selbst zum Tode verurteilen und in einen bodenlosen Abgrund stürzen. Gleichgewicht aber setzt Polarität voraus.

»Die Polarität ist eine das Leben bestimmende Grundform, deren Identifizierung mit der Dualität uns die Spaltung unseres Denkens und unseres Bewußtseins sowie die Zerschneidung und Zerstückelung unserer Wirklichkeit beschert hat. Polarität ist Ergänzung und ahnt noch um das Ganze; Dualität dagegen ist die von unserem Verstande gesetzte Gegensätzlichkeit und rechnet nur mit den Teilen; zudem sind Dualismen einander ausschließende und einander bekämpfende Größen. Der Verstand hat, seit er die Vernunft verlor, die noch heute um die Polarität weiß, sich zu bloßer Ratio erniedrigt; Ratio bedeutet in erster Linie ›Teil‹, später dann auch ›Denken‹, letztlich also ›teilendes Denken‹.«[35]

Polarität und Dualismus (oder »Dualität«, wie Gebser es nennt) sind also zwei gänzlich verschiedene Begriffe, die leider nur allzu häufig miteinander verwechselt werden, so z. B. wenn wir von einem »polaren Gegensatz« sprechen, um die absolute Verschiedenheit und Unversöhnlichkeit zweier Qualitäten auszudrücken. Der Taoismus hat aber den Menschen nie als Feind der Natur oder im Gegensatz zur Natur stehend betrachtet. Er begreift vielmehr den Menschen in der Natur und die Natur im Menschen. »Dieses Verschmelzen mit der Natur, das in seiner Raum- und Zeitlosigkeit auch eine bemerkenswerte Grenzenlosigkeit bedeutet, erklärt die wohlbegründeten Fähigkeiten des magischen Menschen [und somit die aus der Einheit geborene Weltauffassung des Fu Hi] – Fähigkeiten, die bis zum heutigen Tage in Form menschlicher Medien fortbestehen.

Telepathie ist heutzutage durch eine Unmenge unbestreitbarer Fakten wissenschaftlich anerkannt. Selbst der extremste Rationalist kann ihre Existenz nicht länger bestreiten. Sie wird teilweise als unbewußte Vorgänge erklärt, welche das Ich ausschalten oder verdunkeln, so daß es in die Raum- und Zeitlosigkeit ›unbewußter Teilhabe‹ an der Gruppenseele zurückfällt.«[36]

Die moderne Psychologie identifiziert Bewußtsein mehr oder weniger mit Selbstbewußtsein. Doch ist Bewußtsein nicht auf Ichzentriertheit beschränkt, sondern eines weitaus größeren Wahrnehmungsfeldes befähigt. Dieses Bewußtsein nimmt die Einheit der Welt wahr und ist befähigt, die Polarität der Kräfte ebenso wie die zweifache Natur des Menschen zwischen »Himmel« und »Erde«, zwischen dem Nicht-Faßbaren und dem Faßbaren, zwischen dem Immateriellen und Materiellen, zwischen dem Schöpferischen und dem Empfangenden zu verstehen.

Eben diese Doppelnatur des Menschen verleiht ihm die Freiheit der Entscheidung, und durch dieses grundlegende Prinzip unterscheidet sich das *Buch der Wandlungen* von allen populären Wahrsagebüchern und primitiven Orakelriten. Letztere mögen ihre Berechtigung zu einer Zeit gehabt haben, in der das Individuum noch nicht aus dem allgemeinen menschlichen Kollektiv herausgetreten war. Das *Buch der Wandlungen* wurzelt jedoch in einer fortgeschritteneren Entwicklung und setzt als besonderes Charakteristikum eine ethische Haltung voraus, nämlich Wahrhaftigkeit und Hingabe an die Arbeit zum Wohl anderer, so wie es schon in dem *Großen Kommentar* heißt: »Der Himmel hilft den Hingebenden; die Menschen helfen den Wahrhaftigen.«[37]

Dementsprechend operiert das *Buch der Wandlungen* auf zwei Ebenen: zum einen auf der Ebene der Kausalität (sofern es sich um Bedingungen unserer irdischen Welt handelt) und zum anderen auf der Ebene der Synchronizität, und zwar dort, wo die irdischen Bedingungen oder ihre Voraussagemöglichkeiten überstiegen werden. Denn im menschlichen Leben gibt es keine absolute Gewißheit (Determinismus), sondern nur Wahrscheinlichkeiten.

Das *Buch der Wandlungen* zeigt uns zwei Systeme bzw. Arten der Weltbetrachtung: ein universales, mehr oder weniger abstraktes oder prinzipielles, das des Fu Hi, und ein auf zeitlicher Aufeinanderfolge beruhendes System, geschaffen von König Wen Wang. Beide haben ihre Berechtigung. Das System des Fu Hi ist das ältere und allgemein anerkannte. Das System des Königs Wen Wang ist mit logischer Folgerichtigkeit aus dem System des Fu Hi unter Einbeziehung der Zeit abgeleitet. Es ist offensichtlich von der chinesischen Tradition beiseitegeschoben worden, und zwar unter dem Vorwand, daß nur Götter imstande seien, dieses System zu verstehen.[38] Viele westliche Kommentatoren schlossen sich dieser Ansicht an, indem sie das System des Königs Wen Wang als Verirrung einer späteren Zeit betrachteten, ohne den inneren Zusammenhang beider Systeme zu ahnen. Das System des Fu Hi hingegen wurde zwar wegen seines ehrwürdigen Alters respektiert, aber meist nur als ein Talisman verwendet.

Wenn wir jedoch die jeweilige Bedeutung und ursprüngliche Symbolik der beiden Systeme verstehen wollen, müssen wir Fu His Diagramm axial oder radial lesen, um die Paare sich ergänzender Kräfte zu erfassen, während wir das Diagramm des Königs Wen Wang als eine zeitliche Aufeinanderfolge der gleichen Faktoren »peripherisch« (im Sinne einer kreisförmigen Oberflächenbewegung) lesen müssen. Nur so können wir die jeweilige Bedeutung verstehen und ihre ursprüngliche Symbolik wiederentdecken. Daß eine solche vorliegt, erweist sich aus der folgerichtigen Verwandlung der Zeichen nach einem eindeutigen geometrischen Plan und der Multidimensionalität der Symbole selbst, deren charakterologische Tendenzen den zwölf Zeichen des chinesischen Tierkreises entsprechen (der mit dem abendländischen in keiner Weise zu vergleichen ist). Gleichzeitig werden wir an die Periodizität und Wiederkehr aller Bewegung erinnert, die wir an den Himmelskörpern (Sternen und Planeten), den materiellen Formen und anderen wahrnehmbaren Phänomenen (seien es Elemente, Aggregatzustände, leblose Dinge oder lebendige Organismen) beobachten können. Sie alle besitzen eine nicht sichtbare Art der Stabilität, eine klar bestimmbare Tendenz, nach der sie sich verwandeln. Sie erscheinen und verschwinden nach festen Gesetzen und entstehen wieder und wieder auf dieselbe Weise und kehren alle zu ihrer Wurzel zurück. Darum sagt Laotse im *Tao Te King:* »Rückkehr ist eine Bewegung des TAO.« (40) »Es fließt, weil es groß ist. Es fließt in die Ferne. Nachdem es in die Ferne geflossen ist, kehrt es zurück.« (25) – »Die zehntausend Dinge blühen, kommen zur Reife und kehren zurück zu ihrer Quelle. Rückkehr zum Ursprung ist Stille. Das ist der Weg der Natur.« (16)

Eine Bewegung, die in sich selbst zurückkehrt, dreht sich entweder um ihre eigene Achse oder bewegt sich wie die Planeten um die Sonne oder um einen unsichtbaren Punkt im Raum bzw. um beide zusammen. Aber selbst im Falle einer Drehung um die eigene Achse wird sich die Bewegung nie am gleichen Ort des Weltraumes vollziehen, vielmehr wird aus der kreisförmigen Bewegung eine spiralförmige werden. Wir haben es hier also mit Periodizität, nicht aber mit einer mechanischen Wiederholung gleicher Ereignisse zu tun. »Man kann nicht zweimal in den gleichen Fluß steigen!«[39] Menschen, die von einer ewigen Wiederkehr des Gleichen sprechen, sehen im Universum einen bloßen Mechanismus von mathematischer Präzision statt einen lebendigen Organismus. So kommt ihr Denken nicht über einen eng begrenzten Intellektualismus hinaus.

Wenn wir die Periodizität alles Lebendigen, ja aller Bewegung im Universum und auf der Erde beobachten (so die Systole und Diastole des Herzens, den Kreislauf des Blutes, die Ein- und Ausatmung, die menstrualen Rhythmen weiblicher Organismen oder in der äußeren Natur die wechselnden Perioden von Tag und Nacht, von sich ablösenden Jahreszeiten und den Lebenszyklen der Menschen, Tiere und Pflanzen), kommen wir immer mehr zu der Überzeugung, daß die Periodizität das Grundgesetz allen Lebens im Universum und auf der Erde ist.

So ist das Gesetz der Periodizität auch die Grundlage des *Buches der Wandlungen* und stellt sich im Symbolismus des Tierkreises, dem immer erneuten Wiederauftauchen bestimmter Charaktere (symbolisiert durch die typischen, stabileren Eigenschaften bekannter Tiere) genauso dar wie in der rhythmischen Abfolge der Jahreszeiten und dem sich ständig wiederholenden Verhalten der Elemente unter gleichen Bedingungen. Indem wir diese Naturgesetze und das Zusammentreffen gewisser Phänomene beobachten, kommen wir zu dem Schluß, daß es eine feste, der Beobachtung zugängliche Synchronizität des Geschehens geben muß, die augenscheinlich unabhängig von Zeit, Raum und Kausalität ist.

Dementsprechend haben die Chinesen einen Zyklus von sechzig Jahren angenommen, einen Zyklus, welcher der durchschnittlichen Lebensspanne des menschlichen Individuums entspricht und ebenso einer Permutation der Charaktere, wie sie in den Tiersymbolen des chinesischen Tierkreises zum Ausdruck kommen. Die Tibeter folgen dem gleichen System, ihren klimatischen Bedingungen angepaßt, indem sie ihren Jahreszyklus etwa einen Monat später als die Chinesen beginnen, und zwar im Einklang mit der jeweiligen Phase des Mondumlaufs. Die tibetischen Jahreszeiten entsprechen mehr oder weniger denen Nordeuropas, so daß Hase, Tiger und Drache in der sinotibetischen Jahrestabelle dem Frühjahr entsprechen, Schlange, Pferd und Schaf dem Sommer, Affe, Vogel und Hund dem Herbst und Eber, Maus und Stier dem Winter.

Die Identifizierung der sogenannten »Elemente« geht auf die früheste chinesische Tradition zurück, ja aller Wahrscheinlichkeit nach auf das Erwachen der ersten menschlichen Zivilisation. Wir wissen zwar nicht, wie die Chinesen zur Identifikation der Jahreszyklen mit den fünf Elementen und den zwölf Tiersymbolen gelangten, können aber feststellen, daß sie eine, wie es scheint, effektive Periodizität entdeckten, deren Wirksamkeit noch heute durch Erfahrung bestätigt werden kann.

Eine Charakterologie, die auf etwa vierzigjähriger persönlicher Erfahrung, objektiver Beobachtung sowie auf zielgerichteten Experimenten beruht, hat zu positiven und psychologisch bedeutsamen Resultaten geführt. Sieht man von momentanen Entscheidungen ab, so haben das Jahr und der Monat, in dem man geboren ist (d. h. dieser bestimmte Punkt in der Zeit, an dem wir ins Leben treten und der unser Dasein in einer gewissen Weise regelt und uns auch in dieser Funktion bewußt wird), einen entscheidenden Einfluß auf unseren Charakter, obwohl es der Entscheidung des Individuums überlassen bleibt, in welcher Weise es die ihm angeborenen Eigenschaften verwendet.

Jeder Zeit-Augenblick reflektiert eine besondere Konstellation von Kräften. Das bedeutet aber nicht, daß die Himmelskörper für größere oder kleinere Einflüsse auf das irdische Leben verantwortlich sind. (Die meisten von ihnen – mit Ausnahme von Sonne und Mond – sind zu unbedeutend und werden von Gegenkräften, die sich unserer Beobachtung entziehen, aufgehoben oder von den Einwirkungen der Sonne und des Mondes überschattet.) Vielmehr dienen die von uns beobachteten Konstellationen als »geometrische Örter«, d. h. Anhaltspunkte für die Bestimmung eines Ereignisses in der Zeit. Und selbst hier haben wir vorsichtig zu sein: Selbst wenn es uns gelingt, einen gewissen Zeitpunkt exakt festzulegen, so kann doch niemand wagen zu bestimmen, welcher Augenblick in der Entwicklung einer Lebensform der wichtigste ist. Ist es der der Empfängnis oder der der Geburt? Die Tibeter sind der Meinung (und ich glaube, auch die meisten der fernöstlichen Kulturen), daß die Zeit, die ein Individuum im Mutterleib verbringt, einen integralen Teil seines Lebens darstellt. Das Kind wird daher bei seiner Geburt als einjährig betrachtet. Ein Mensch, der nach westlicher Rechnung 39 Jahre alt ist, würde im Osten als Vierzigjähriger betrachtet werden. Aber die Frage des Alters spielt im Osten sowieso keine wesentliche Rolle. Die Frage ist: Welches war der entscheidende Augenblick, in dem wir unser Leben als selbständige individuelle Organismen begannen? Dies gibt dem Augenblick der Geburt seine entscheidende Bedeutung. Der Tibeter ist daher nicht am Alter eines Menschen interessiert, sondern an der Kräftekonstellation bei seiner Geburt, oder anders ausgedrückt, an der Beantwortung der Frage nach seinem Lebenszyklus. Menschen, die zusammen auf eine längere Reise oder Pilgerschaft gehen, fragen einander daher nicht nach Alter und Herkunft, sondern nach ihrer Zugehörigkeit zu Elementen und Tiersymbolen. So wird sich auch ein geistiger Lehrer, bevor er einen Schüler annimmt, nach dessen Lebenszyklus erkundigen, um ihn besser beurteilen zu können; denn die Charaktertendenzen eines Menschen sind wichtiger als Name, Familie, Beruf oder Geburtsort. Diese Charaktertendenzen haben auch nichts zu tun mit höherer oder niederer Entwicklung. Auch ist es gleichgültig, ob sich jemand im ersten oder zweiten Lebenszyklus befindet (also das sechzigste Lebensjahr überschritten hat); denn jedes Symbol des Lebenszyklus kann sowohl Höheres wie Niederes beinhalten. Doch drückt es immer eine bestimmte Tendenz zu gewissen Handlungen aus, gleichgültig, ob wir zu der Kategorie »Holz-Hase«, »Feuer–Affe«, »Erd–Schaf« oder dergleichen gehören. Die Geburtskonstellationen weisen nur auf unsere innere Disposition hin, fügen uns in die universelle Ordnung der Dinge ein und bestimmen so unseren Platz in der menschlichen Gesellschaft. Das jedoch nicht in dem Sinne, daß dies uns mit Rang und Privilegien ausstattet, sondern allein im Sinne besseren Harmonierens mit anderen. Denn wenn wir die Eigenschaften anderer respektieren – gleichgültig, ob sie uns passen oder nicht, ob sie uns ergänzen, uns bestärken oder uns zuwiderlaufen –, sind wir imstande (sobald wir uns ihrer bewußt sind und sie als Gegebenheiten anerkennen), mit ihnen auszukommen, ohne dabei unseren eigenen Standpunkt aufzugeben oder unsere persönlichen Eigenschaften zu verleugnen. Auf diese Weise machen wir das Zusammenleben mit anderen nicht nur angenehmer, sondern zugleich sinnvoller und nutzbringender.

Diese Erkenntnisse waren es, die mich dazu anregten, meine Charakterstudien nach den alten Symbolen des *Buches der Wandlungen* in bildhafter Form darzustellen und jedes Individuum als ein organisches Ganzes zu betrachten: als eine Komplexität psychischer Kräfte, die ineinanderfließen wie die zahllosen Einzelheiten einer Landschaft. Die aus diesen Studien gewonnenen Bilder sind gewissermaßen Landschaften der menschlichen Seele. Aber so wie jede Landschaft in den Augen verschiedener Menschen unterschiedlich erscheint, so sind auch diese Bilder nur die subjektiven Eindrücke einer objektiven Wirklichkeit mittels traditioneller Symbole. Diese Art der Beurteilung ermöglicht eine tiefere Einsicht als die der Beurteilung der Menschen nur nach ihrem Gesicht – eine Methode, die ebenso irreführend wie aufschlußreich sein kann.

Der Vorgang der Geburt ist nun trotz der Tatsache, daß das Leben bereits im embryonalen Zustand beginnt, deshalb von so überragender Bedeutung, weil durch sie nicht nur Leben offenbar wird, sondern weil sich mit diesem Augenblick ein vom mütterlichen Organismus losgelöster, klar zu unterscheidender individueller Charakter entwickelt. Dieser drückt sich in einem dem Individuum eigenen Willen und einem entsprechenden »Schicksal« aus, das von eben diesem Willen und der Einwirkung äußerer Umstände beherrscht wird. Inwieweit dieser Wille nun tatsächlich als frei bezeichnet werden kann, hängt von dem Grad der Erkenntnis, von der Einsicht oder dem Verständnis ab, welche dieses bestimmte Individuum zu erwerben fähig ist. Denn E r k e n n t n i s ist der Schlüssel zur Freiheit, da nur auf der Basis unvoreingenommenen Wissens vernünftige Entscheidungen getroffen werden können – Entscheidungen, die sich als Konsequenz aus der Vorausschau zweier unterschiedlicher Handlungen oder Situationen ergeben und zu einem willentlichen Entschluß führen. Der Durchschnittsmensch wird von seinen Wünschen und Neigungen, seinen unterbewußten Trieben, unkontrollierten Gefühlen und Launen beherrscht. Doch alle Menschen sind imstande zu lernen, wie man seine Fähigkeiten entwickelt, um sich am Ende von den Fesseln der Ichheit zu befreien. Dies ist das Ziel des Taoismus und zugleich der Beginn einer neuen Kultur, die aus der Verschmelzung von Taoismus und Buddhismus entstand und die später als *Ch'an-* oder *Zen-*Buddhismus bekannt wurde und als solcher bis zum heutigen Tage besteht.

Gleichgültig, welches astrologische System wir auf unsere Geburtsstunde anwenden, das *Buch der Wandlungen* zeigt uns die wahrscheinlichste Entwicklung, die sich aus dieser vorgegebenen Situation ergibt, wobei vorausgesetzt wird, daß wir unsere ursprüngliche Haltung und die daraus resultierende Handlungsweise inzwischen nicht geändert haben. Die Hauptfunktion des I Ging besteht darin, uns die jeweilige Situation so klar wie möglich vor Augen zu halten, so daß wir das Resultat unserer Handlungen und deren Auswirkungen auf die Zukunft unvoreingenommen sehen können. Die meisten Probleme des Lebens entstehen aus dem Nichterkennen unserer wahren Motive bzw. der Situation, in der wir uns befinden. Deshalb ist vor allem eine klare Beobachtung unserer selbst und der augenblicklichen Umstände notwendig. Wir benötigen daher immer wieder Zeiten ruhiger Betrachtung, in denen unser Tiefenbewußtsein die Möglichkeit hat, sich auszudrücken. Und diese Möglichkeit bietet uns das Ritual der Gruppierung und Teilung der Schafgarbenstengel (oder was immer wir an deren Stelle verwenden). Unser Handeln folgt dabei den Gesetzen der Natur, wie sie sich in der Wiederkehr und rhythmischen Folge der vier Jahreszeiten zeigen, wobei wir unserem Tiefenbewußtsein Zeit geben, sich zu äußern.

Um jedoch unser Tiefenbewußtsein auf unser Problem zu konzentrieren, muß unsere Frage in so eindeutiger Weise formuliert werden, daß darauf nur e i n e Antwort möglich ist. Damit wir sicher sein können, daß wir unsere Frage klar formuliert haben, so daß keinerlei Zweideutigkeiten oder unterschiedliche Interpretationen möglich sind, ist es zweckmäßig, unsere Frage niederzuschreiben und das Papier gefaltet an einem sicheren Ort zu verwahren.

John Blofeld sagt in seinem Vorwort zum *Buch der Wandlungen:* »Kann ein vernünftiger Mensch sich dieses Universum als ein bloßes Chaos vorstellen? Die Interrelationen aller Dinge, seien sie groß oder klein – von den Himmelskörpern im Weltall bis zu den kleinsten Atomteilen –, scheinen auf ein allgemein gültiges Bewegungsmuster hinzuweisen, das von einem konstanten Gesetz des Wandels beherrscht wird.« Und Blofeld empfiehlt deshalb, daß wir das Buch mit Bescheidenheit und Achtung behandeln sollten, so wie die Chinesen es im Verlauf ihrer langen Geschichte taten, um jene inneren Kräfte zu erwecken, die durch das Ritual angesprochen werden sollen. Menschen, die vorgeben, keine Zeit zu haben, um durch die rituellen Bewegungen der Abzählung und Neuordnung der Stäbchen zu gehen oder um sich Klarheit über die Symbole des I GING zu verschaffen, können keine ernst zu nehmenden Resultate erwarten. Deshalb ist das Werfen von Münzen oder Würfeln nicht empfehlenswert, denn es läßt weder Zeit zur Besinnung noch zur Konzentration. So berauben sich Ungeduldige und solche, die es eilig haben, selber einer aus der Tiefe aufsteigenden Aussage: Was sie erhalten, ist eine Antwort, die ebenso oberflächlich ist wie ihre Frage. Eine klar formulierte Frage jedoch enthält bereits für gewöhnlich die Antwort oder stimuliert zumindest die in uns schlummernden Kräfte eines tieferen Bewußtseins. So ist sie ein psychologisches Hilfsmittel zur Selbsterkenntnis.

Das Orakel ist in uns selbst.

Aus diesem Grunde ist das *Buch der Wandlungen* für mich das tiefgründigste charakterologische System, das die Welt je gesehen hat. Je mehr wir es in diesem Lichte betrachten, desto mehr kann es uns helfen.

Indem wir uns der vierundsechzig Bewegungen des I GING bewußt werden und der Tatsache, daß diese Bewegungen, wenn wir sie grafisch darstellen und dabei aufeinander projizieren, einem 32facettigen Diamanten gleichen, sehen wir, daß sich die scheinbar so komplizierte Struktur des I GING zu einem einfachen Kristallkörper zusammenschließt, der die Einfachheit des Natürlichen und die Exaktheit einer mathematischen Formel besitzt. Er deutet in eine höhere Dimension, in der Zeit, Raum und Kausalität aufgehoben sind. Um jedoch diesen Bereich zu verwirklichen, müssen wir alle Mittel des Verstandes, mit denen uns unsere dreidimensionale Welt ausgestattet hat, ausgeschöpft haben. Nur wer die Grenzen des Verstandes ausgeschritten hat, hat das Recht, sie zu überschreiten. Der Mensch steht zwischen Himmel und Erde, aber bevor wir unsere irdische Aufgabe nicht erfüllt haben, können wir das Jenseitige – den »Himmel« – nicht erreichen. Aber indem wir unsere Pflicht in diesem Leben erfüllen, können wir so handeln, als ob wir im Himmel wurzelten. »Durch Gelassenheit und Einfachheit erkennt man die Gesetze der ganzen Welt. Wenn man die Gesetze der Welt verstanden hat, erreicht man Vollendung.« *(Da Juan I)*

Während unserer Bemühungen, die Struktur des *Buches der Wandlungen* klar herauszuarbeiten, entdeckten wir beiläufig gewisse Unregelmäßigkeiten, die uns eine Bemerkung Richard Wilhelms ins Gedächtnis riefen, in der er darauf hinwies, daß in grauer Vorzeit einige Blätter des ursprünglich ungebundenen Buches versehentlich vertauscht wurden. Das, was in der geometrischen Struktur des Buches auf der einen Seite fehlte, erschien auf der anderen Seite als Zusatz: Ohne die traditionelle Ordnung zerstören zu wollen, müssen wir es dem Leser überlassen zu entscheiden, welcher Ordnung er zu folgen wünscht. Vielleicht ist es mehr eine Frage der Intuition als des Verstandes, und das um so mehr, als nur wenige Fälle von der Neuordnung betroffen würden. Wichtig ist allein, den dynamischen Charakter des *Buches der Wandlungen* trotz der stabilen Grundform, die aus den vierundsechzig Einzelbewegungen zusammengesetzt ist, zu verstehen. Dies ist der Schlüssel zum Mysterium des *Buches der Wandlungen*.

XX

Charakterologische Studien

> Archetypen sind ... autonome, unanschauliche,
> aber in ihrer Seinsweise konstante Elemente der unbewußten Psyche ...
> Im Symbol werden sie bildhaft.
>
> *Sigrid Strauss-Kloebe*

1. DIE FEUER-SCHLANGE

2. DER HOLZ-DRACHE

3. DER EISEN-STIER

4. DER FEUER-AFFE

5. DAS FEUER-PFERD

6. DER LÖWE TIBETS

Die Auslegungen dieses Kapitels folgen teilweise Richard Wilhelms Fassung des I GING und dem *Kommentar der Linien* im *Buch der Wandlungen*.

Die Feuer-Schlange

1
Die Feuer-Schlange

Das Element »Feuer« ist der irdische Exponent der »himmlischen« Kraft des Lichtes. Während das Trigramm für »Himmel« oder das schöpferische Prinzip drei starke (ungebrochene) Linien enthält ☰, besteht die zentrale Linie des »Feuers« aus einer weichen (gebrochenen), d. h. dunklen oder rezeptiven Linie, die andeutet, daß die Kraft des »Himmels« beim Eintritt in die Sphäre der Stofflichkeit modifiziert wurde ☲. Dabei wird Licht in »Feuer« verwandelt, das die gleiche Dynamik, aber nicht die Stetigkeit seiner kosmischen Entsprechung besitzt. Die Klarheit des Lichtes, vereint mit der Widerstandskraft der Materie, gebiert die Welt der sichtbaren Dinge, und zwar in der Weise, daß mit der Klarheit auch das Haften und Hängen an materiellen Dingen entsteht. Andererseits ist es gerade die Hitze des Feuers, die das Element, von dem es sich nährt, aufzehrt und somit vernichtet. Es gebiert Verhaftung und führt auch zur Vernichtung der Verhaftung: Läuterung im Feuer der Leidenschaften.

Die Qualität und Dauer eines Feuers hängen von dem Material ab, von dem es sich nährt. Je reiner das Material, desto klarer und beständiger ist die Flamme. Das Feuer der Leidenschaft erhitzt zwar, gibt aber wenig Licht; die Flamme intellektueller Tätigkeit erhellt zwar ihr Umfeld, aber erzeugt wenig Wärme; das Strohfeuer kurzlebiger Begeisterung erlischt schnell, und das Feuer unterdrückten Verlangens schwelt lange. In welcher Form Feuer auch immer erscheint, es ist stets dynamisch: sei es auf der materiellen, intellektuellen oder emotionalen Ebene, sei es als Bewegung, Licht oder Hitze oder in deren verschiedenen Kombinationen. Die »Schlange«, als ein Symbol des chinesischen Tierkreises, wird mit dem Element »Feuer« assoziiert. Ihre Eigentümlichkeit besteht darin, daß sie in gleicher Weise mit den Kräften der Tiefe der Erde und des Wassers gleichgesetzt wurde.

In der indischen und besonders in der buddhistischen Mythologie ist die Schlange, in Gestalt der Kobra, der Hüter verborgener Schätze, und zwar physischer wie geistiger Art, die beide als Exponenten des Lichts angesehen wurden und, im Innern der Erde und in den Tiefen der Meere verborgen, ihrer Entdeckung harren.

»Wasser« ist der »Erde« verwandt so wie »Feuer« dem »Himmel«. Während aber das »Feuer« durch ein Trigramm mit einer dunklen (gebrochenen) Linie in der Mitte dargestellt wird (dem dunklen Kern der Flamme vergleichbar) ☲, wird »Wasser« als Exponent des rezeptiven Prinzips der »Erde« durch zwei dunkle (gebrochenen) Linien symbolisiert, in deren Mitte eine helle (ungebrochene) Linie die Lichtdurchlässigkeit oder Transparenz des »Wassers« andeutet ☵. Das »Wasser« ist somit die beste Modifikation oder Dynamisierung der Materie durch die schöpferische Kraft des »Himmels«, wie sie sich in der Regenwolke darstellt. Das Trigramm selbst drückt nicht nur die Lichtdurchlässigkeit, sondern auch jene dynamische Natur des »Wassers« aus, die der des »Feuers« entgegengesetzt ist. Während sich das »Feuer« aufwärts bewegt, bewegt sich das »Wasser« nach unten. Es wird darum mit der Idee abgründiger Tiefe und Gefahr verbunden.

Im sino-tibetischen Tierkreis geht der »Drache« der »Schlange« voraus. (Wenn wir den Übergang von einem Zeichen zum anderen darstellen wollen, kann der »Drache« im Prozeß des Verschwindens dargestellt werden.) Der »Drache« wie auch der »Berg« gehören dem zentralen Element »Erde« an, das gelb dargestellt wird. Der »Drache« ist der stimulierende Impuls, der die belebenden Kräfte der Erde, wie auch den lebenspendenden Regen aus der Gewitterwolke freisetzt.

In der Pinselzeichnung zu Beginn dieses Kapitels wird der »Drache« im Prozeß des Dahinschwindens dargestellt, da das Jahr des Drachens bereits im Schwinden war und einem neuen Jahreszyklus Platz machte.

Im chinesischen *Buch der Wandlungen,* das die Prinzipien der Natur aufzeigt, finden wir ein Zeichen, das alle soeben beschriebenen Elemente enthält. Es heißt »Bi«, was »Anmut« bedeutet, und besteht aus zwei Trigrammen, nämlich »Berg« ☶ oben und »Feuer« ☲ unten, so daß wir folgendes Hexagramm erhalten:

☶
☲

Dieses Hexagramm enthält nun zwei innere einander überschneidende Zeichen, nämlich das des erregenden »Donners« (»Drache«) ☳ und das des »Wassers« ☵ . Das *Buch der Wandlungen* beschreibt die Situation, die in den zwei Trigrammen dargestellt ist, folgendermaßen: »Unten am Berg ist das Feuer: das Bild der Anmut. So verfährt der Edle bei der Klarstellung der laufenden Angelegenheiten; aber er wagt es nicht, danach große Streitfragen zu entscheiden.«

Das »Feuer« kann dem »Berg« nichts anhaben, aber es erleuchtet und verschönt seine Form und bestimmt den Standpunkt des Betrachters. Das »Feuer« ist nicht imstande, Felsen zu sprengen oder Abgründe auszufüllen, aber es kann uns zeigen, wie wir sie umgehen können. Es zeigt uns die Möglichkeit unseres Weges entsprechend unseren Fähigkeiten. Daher sagt das Orakel der Alten: »Anmut hat Gelingen. Im Kleinen ist es fördernd, etwas zu unternehmen.« Der *Große Kommentar* fügt hinzu: »Das Weiche kommt und formt das Feste, darum: Gelingen. Ein abgelöstes Festes steigt empor und formt das Weiche, darum: Im Kleinen ist es fördernd, etwas zu unternehmen.« Langsam, Schritt für Schritt, überwinden wir die kleinen Probleme auf unserem Wege und werden schließlich auch Herr der größeren Probleme, ohne diese direkt anzugreifen, bevor wir ihre Natur kennen. »Das ist die Form des ›Himmels‹.« *(Da Chuan)*

Das weiche, nachgiebige Prinzip, welches dem Harten Form gibt, ist in der mittleren Linie des unteren Trigramms »Feuer« dargestellt, das seine Natur verändert und seinen Charakter bestimmt. Das harte Prinzip, das im Aufsteigen seine Starre verliert und vom Weichen geformt wird, ist die oberste Linie, die das Rückgrat des Trigramms »Berg« bildet und somit den zwei unteren weichen Linien Kraft verleiht. So erhalten wir wechselnde Kombinationen des Harten und des Weichen.

Die Bedeutung der verschiedenen Linien[40]
(nach dem Kommentar und den Erklärungen Richard Wilhelms)

Die unterste Linie ——: Er macht seine Zehen anmutig, verläßt den Wagen und geht.

Die unterste Linie stellt den Anfangszustand dar und entspricht den Zehen, dem untersten Teil des Körpers. Der unterste Platz erfordert Bescheidenheit. Selbst wenn man sich einen Wagen leisten könnte, sollte man auf eigenen Füßen stehen, statt sich der Hilfe anderer zu bedienen. Bescheidenheit ist Anmut im Verhalten.

Die zweite Linie — —: Er machte seinen Kinnbart anmutig.

Der Bart ist nichts Wesentliches, sondern bloß Dekoration. Wer seine Pflege zu ernst nimmt, hat mehr Eitelkeit als Kultur.

Die dritte Linie ——: Anmutig und feucht. Dauernde Beharrlichkeit bringt Heil.

Dies ist die Mittellinie des Trigramms »Wasser«. Seine Anmut ist gefährlich, denn sie führt in die Tiefe, zum Abgrund. Wer aber sein geistiges Gleichgewicht gefunden hat, steht auf sicherem Grund und wird vom Wasser nicht seines Haltes beraubt und in den Abgrund getrieben. Er wird die Anmut des fließenden Wassers, der Wasserfälle und der sprudelnden Bäche genießen und erfrischt zum Gipfel des Berges weiterwandern.

Die vierte Linie — —: Anmut oder Einfalt? Ein weißes Pferd kommt wie geflogen.
Nicht Räuber er ist, will freien zur Frist.

Anmut oder Einfachheit? Sobald wir diese Frage stellen, haben wir schon die Antwort gefunden. Einfachheit ist bereits Anmut in einem tieferen Sinne. Sie ist mehr als äußere Anmut. Sobald wir dies begriffen haben, öffnet sich eine neue Welt vor unseren Augen, und mit ihr entsteht eine neue Lebenshaltung. Weiß ist die Farbe der Einfachheit, die Farbe des noch nicht differenzierten Lichtes. Das Pferd hingegen ist das Symbol der Schnelligkeit und des impulsiven Handelns, mittels derer unser Geist die Unendlichkeit von Raum und Zeit durchqueren kann. Diese neue Fähigkeit mag uns im ersten Augenblick verwirren und ängstigen wie ein Räuber in der Nacht. Aber bald werden wir sie willkommen heißen wie eine Braut oder einen Bräutigam.

Die fünfte Linie — —: Anmut in Hügeln und Gärten.
Das Seidenbündel ist ärmlich und klein.
Beschämung, doch schließlich Heil.

Nur ein kontemplativer Geist ist imstande, die Anmut von Hügeln und Gärten zu bewundern. Je mehr wir uns von uns selbst und von den kleinen Dingen des Alltags losgelöst haben, desto mehr sind wir fähig, die stille Stimme der Natur zu verstehen. Wir sind hier an jenem Punkt angelangt, wo wir das Leben des Tieflandes mit seinen Annehmlichkeiten und ehrgeizigen Zielsetzungen verlassen müssen, um uns in die Einsamkeiten höherer Regionen zurückzuziehen. Aber ohne Führung ist es schwer, den richtigen Weg zu finden. Man braucht die geistige Hilfe und Freundschaft eines Menschen, zu dem man mit Vertrauen emporblicken kann. Man fühlt sich jedoch beschämt, weil man so wenig zu bieten hat. Jedoch wird die Aufrichtigkeit dieser Haltung, die zeigt, daß man seinen Stolz besiegt hat, uns zu jenem Menschen führen, der uns zur Verwirklichung des höchsten Zieles und zum inneren Frieden verhilft.

Die sechste Linie ——: Schlichte Anmut! Kein Makel.

Die höchste Form der Anmut ist durch die Verwirklichung der Einfachheit im Leben erreicht. Ihre Schönheit übersteigt die sichtbare Welt und ist jenseits aller Worte. Es ist der Übergang vom Persönlichen, Individuellen zum Universellen, vom Sichtbaren zum Unsichtbaren, vom formhaft Irdischen zur »Form des Himmels«. Beide sind in unserem Hexagramm enthalten: Die irdische Form im Trigramm »Feuer« und die himmlische oder richtiger zum Himmel weisende Form im Symbol des »Berges«, der – obwohl aus Erde geboren – sich zum Himmel erhebt und Individualität mit Ruhe, der »Form des Himmels«, verbindet. Und wenn wir alle vier Zeichen unseres Hexagramms betrachten, so führen sie zu einer kosmischen Interpretation. »Feuer« ist der irdische Exponent der Sonne; »Wasser« der irdische Exponent des Mondes; »Donner« (wenn wir die inneren Zeichen in Betracht ziehen) stellt das Prinzip himmlisch bewegender Kräfte dar, und der »Berg« gleicht in seiner Beständigkeit dem Polarstern. Durch die Bewegungen von Sonne und Mond können wir die Stunden, Tage und Monate unterscheiden; durch die Bewegungen der Konstellationen der Sterne unterscheiden wir die Jahre. Aber ohne die Beständigkeit des Polarsterns wären die Bewegungen der Konstellationen für uns ohne Sinn. Jede dieser Bewegungen stellt einen Rhythmus dar, wobei jeweils der folgende größer ist als der vorangegangene. Der letzte ist schließlich so groß, daß er über menschliches Fassungsvermögen hinausgeht und uns daher als beharrend erscheint. Aber in dieser Welt steht nichts still. TAO ist ewige Bewegung. Der Rhythmus des Lebens wird immer größer, und je größer er wird, desto ruhiger wird seine Bewegung. Sein Fluß wird stiller und stiller und zuletzt unhörbar und ist dann jeder Wahrnehmung entzogen – wie das, was wir Materie nennen. Für den unentwickelten Geist ist Materie tot und bewegungslos, leer aller wahrnehmbaren Eigenschaften. Für den Erleuchteten aber ist sie Quelle alles Geschehens – ist *Śūnyatā*, die als Leere erscheinende Fülle unsichtbarer Potentialität. Hier sind alle Worte aufgehoben: »Nur die saitenlose Harfe kann die tiefsten Bewegungen des Herzens ausdrücken.«[41]

DER HOLZ-DRACHE

2
DER HOLZ-DRACHE

Der »Drache« wohnt in der »Gewitterwolke«. Er ist die erregende, stimulierende, vitale Kraft, die aus der Tiefe der Erde und der Höhe des Himmels hervorbricht. Er symbolisiert jene schöpferische Kraft, die wir in der Natur und im Menschen wiederfinden. In der Natur tritt sie als Bewegung und Wachstum und im Menschen als Wille und Schaffensdrang in Erscheinung. Wenn diese dynamische Kraft von einem rezeptiven Element in die richtigen Geleise gebracht und absorbiert wird, ist die sonst bedrohte Harmonie wiederhergestellt.

Solch ein harmonisierendes Element wird durch »Holz« symbolisiert, dem Element des Organischen, das von der Luft, die in der Natur als Wind in Erscheinung tritt, durchdrungen ist, die im menschlichen Bereich als bewußter Atem und in allen anderen Organismen als eine lebensspendende universelle Kraft wirkt. Das Aufdämmern des Bewußtseins äußert sich zunächst als Empfindung. Beim Menschen bedeutet dieses Erwachen des Bewußtseins nicht nur die Befähigung zur Rezeptivität und Assimilation, sondern zugleich das Entstehen von Intuition und Gefühl.

Die Trigramme »Drache« und »Holz« gehören zur gleichen Kategorie von GUAS, die einander nicht nur ergänzen, sondern sich auch gegenseitig fördern, so daß sie imstande sind, einen Zustand vollkommener Harmonie zu erzeugen. Eine solche Harmonie ist jedoch nur selten verwirklicht, da für gewöhnlich das eine oder das andere der beiden Elemente vorherrscht. Wenn der »Drache« die Oberhand gewinnt, so resultieren daraus äußere Aktivität, Aggressivität und Reizbarkeit. Wenn das Element »Holz« vorherrscht, entstehen eine außergewöhnliche Empfindlichkeit, Weichheit und ein großer Gefühlsüberschwang. Der »Drache« gehört zur aktiven, männlichen *Yang*-Seite, das Element »Holz« oder »Wind« (Luft) hingegen ist als Symbol alles Organischen rezeptiv und gehört der weiblichen *Yin*-Seite an. *Yang* und *Yin* gehören zu den Grundprinzipien der Welt, wie Licht und Schatten, das Formlose und die Form, das Unendliche und das Endliche. Die alten Chinesen betrachten das Männliche nicht als dem Weiblichen überlegen, was sich auch im *Tao te King* widerspiegelt, wo es heißt: »Der Geist des Tales stirbt nie. Er heißt das ›Geheimnisvoll-Weibliche‹. Die Pforte des Geheimnisvoll-Weiblichen ist die Wurzel von Himmel und Erde.« Und weiter, »das Weiche überwindet das Harte« und »die Frau ist die Urmutter«.

In den acht Grundsymbolen (GUAS) ist *Yang* durch eine ungebrochene horizontale Linie ——— angedeutet, *Yin* hingegen durch eine gebrochene horizontale Linie — —. Das Trigramm für das Element »Holz« besteht aus zwei *Yang*-Linien und einer darunterliegenden gebrochenen *Yin*-Linie ☴ ; das Trigramm für »Donner« hingegen besteht aus zwei gebrochenen *Yin*-Linien und einer als Basis darunterliegenden *Yang*-Linie ☳ . Da die unterste Linie den Charakter des Trigramms bestimmt, gehört das Zeichen für »Holz« zur *Yin*-Seite, seiner zwei starken Linien ungeachtet, während das Trigramm »Drache« trotz seiner zwei gebrochenen Linien zur *Yang*-Seite gehört.

Wie wir jedoch aus der Anordnung der Linien ersehen können, verbirgt sich hinter der äußeren Weichheit und Eindrucksfähigkeit – charakterisiert durch die oberen Strichelemente des Trigramms »Donner« – eine große Reserve latenter Kraft, die nur darauf wartet, von dem ihm polaren *Yang*-Prinzip stimuliert zu werden. Der »Donner-Drache« würde trotz seiner anfänglichen Energieentladung völlig unwirksam sein, wäre er nicht mit einem ebenso starken, aber rezeptiven Element kombiniert. »Blitz« und »Donner« würden ihre Energie in einem bloßen Schallphänomen erschöpfen, wenn sie nicht auf Luft, Wasser, Pflanzen und alle lebenden Wesen erfrischend und belebend wirkten: Die Luft kommt in Bewegung, das Wasser wird aufgerührt, und die Pflanzen verwandeln den strömenden Regen in lebenspendende Säfte. »Donner« und »Wind« stehen in inniger Beziehung. Die Chinesen sehen in dieser Kombination das Bild einer idealen Partnerschaft, die Dauer und Erfolg verspricht. Dementsprechend heißt es im *Buch der Wandlungen* (Kapitel 32):

Donner und Wind: das Bild der Dauer.
So steht der Edle fest und wandelt seine Richtung nicht.

Die Natur von »Donner« und »Wind« ist Bewegung, die augenscheinlich das Gegenteil der Dauer ist. Aber das Erscheinen und Verschwinden dieser Naturereignisse unterliegt festen Gesetzen. So ist auch die Unabhängigkeit des vollendeten Menschen keineswegs durch Starre und Bewegungslosigkeit charakterisiert, sondern durch seine Anpassungsfähigkeit: Er bewegt sich mit den Zeiten und wandelt sich mit ihnen. Seine innere Beständigkeit beruht auf der Festigkeit seines Charakters, dem innersten Gesetz seines Wesens, das alle seine Handlungen bestimmt.

Dauer ist eine Bewegungsart, die sich nicht an Hindernissen erschöpft. Sie ist kein Ruhezustand im Sinne eines bloßen Stillstandes; denn Stillstand bedeutet Rückschritt. Dauer ist dagegen eine selbstgenügsame, sich selbst erneuernde, konstante Bewegung einer organisch gebildeten Ganzheit, in der alles Erreichte zu einem neuen Anfang wird. Dauer ist das immer erneute Vollziehen einer inneren Bewegung, die gleich der Einatmung ein Sich-Sammeln, eine Art konzentrischer, ja konzentrierender Bewegung ist, die sich langsam in eine nach außen gerichtete Bewegung verwandelt, in der das Gesammelte, Absorbierte wieder zerstreut wird, um erneut im Weltall aufzugehen. Dies ist der Ausatmung, der Diastole und der Expansion vergleichbar. In gleicher Weise haben Himmelskörper ihre festliegenden Bahnen und leuchten deshalb permanent. Der Aufeinanderfolge und dem Wechsel der Jahreszeiten liegt eine unveränderliche Gesetzmäßigkeit zugrunde, die es ihnen ermöglicht, dauernd auf die Welt einzuwirken. Ebenso hat der vollendete Mensch eine immerwährende Bedeutung, durch die die Welt aufrechterhalten und geformt wird.

Urteil
Gelingen. Kein Makel. Fördernd ist Beharrlichkeit. Fördernd ist zu haben, wohin man gehe.

Die sanfte Kraft des Durchwachsens und Durchdringens

Das Weiche ist erfolgreich in kleinen Dingen. Es ist günstig, etwas zu haben, wohin man geht. Es ist nützlich, einen Menschen edler Art zum Führer zu haben!

Ruhig überwindet das durchdringende Licht die unbewegliche Finsternis. Der Wind vertreibt die dunklen Wolken und macht den Himmel wieder klar und freundlich. Im menschlichen Bereich beseitigt die allesdurchdringende Urteilskraft eines klaren Geistes alle dunklen und furchterregenden Gedanken. Ständige und durchdringende Weichheit schafft, obwohl langsam und unsichtbar, Wirkungen, die vollkommener und dauerhafter sind als jene, die wir durch plötzliche gewaltsame Aktionen erreichen. Doch um fähig zu werden, so ruhig durchdringend zu handeln, muß man ein klares Ziel haben; denn man kann nur etwas erreichen, wenn man seinen Einfluß in einer klar erkannten Richtung ausübt. Ein Mensch sanften Charakters kann nur erfolgreich sein, wenn er sich jemandem anschließt, der die Fähigkeit hat, ihn zu stimulieren, und der ihn lehrt, seine guten Anlagen richtig einzusetzen, und der dadurch Ordnung in seinem Leben schafft.

Sanftheit des Charakters führt manchmal zu Unentschlossenheit. Man hat nicht den Mut, festentschlossen voranzuschreiten. Tausende von Erwägungen und Zweifeln entstehen, doch ist man dennoch nicht geneigt, sich zurückzuziehen oder zu verzichten. Man ist hin- und hergerissen und findet keinen Ausweg. In solch einem Falle benötigt man die Disziplin eines Kriegers, das geistige Wissen eines Priesters und die Konzentrationsfähigkeit eines Yogi.

DER EISEN-STIER

3
DER EISEN-STIER

Das Element »Eisen« verbindet Härte mit Geschmeidigkeit. Unter dem Einfluß von Feuer schmilzt es und wird flüssig wie Wasser und ist dann in der Lage, jede Form anzunehmen. Nur wenn es hart ist und wenn gleichzeitig seine Oberfläche eben und poliert ist, kann es alle Dinge widerspiegeln, ohne von ihnen beeinflußt zu werden und ohne seinen Charakter zu ändern. Dann kann es nicht nur ein vollkommenes Abbild der es umgebenden Welt widerspiegeln, sondern auch das Licht des Himmels reflektieren. Diese reflektierenden und Licht gebenden Eigenschaften lassen uns das »Eisen« mit einem klaren reflektierenden Intellekt assoziieren. Ein solcher Intellekt hat die Leichtigkeit und Heiterkeit eines wolkenlosen Herbsttages oder einer friedlichen Abendstimmung, die einem Tag harter Arbeit folgt und in der alle Erfahrungen zu einer einheitlichen intuitiven Vision verschmelzen.

Diese Eigenschaften vergleicht man auch mit der Heiterkeit eines stillen Bergsees: Er belebt die Landschaft, obwohl er selbst bewegungslos zu verharren scheint. Er spiegelt das Licht des Himmels wider, obwohl seine Tiefe in geheimnisvolles Dunkel gehüllt ist. Seine Stille gibt dem Gesang der Vögel Raum und erfüllt des Menschen Herz mit Frieden, indem er ihn für die geringsten wie für die höchsten Dinge zugänglich macht und ihn befähigt, diese Welt durch die transparent gewordene Oberfläche ihrer äußeren Erscheinungen hindurch in ihrer Tiefe zu durchschauen.

Das ideale Gegenstück zum »See« ist der »Berg«, der Stetigkeit, Widerstandskraft, Festigkeit, Geduld, Gleichmut und Stärke verkörpert. Er versinnbildlicht die Entschlossenheit eines starken Charakters, der zwar nachgiebig sein kann, aber andererseits auch fähig ist, alles konsequent zurückzuweisen, was seiner Natur widerspricht. Der »Berg« symbolisiert die Macht der Konzentration, ohne die die Fähigkeit zur Reflexion sich in einem bloßen Spiel intellektuellen oder ästhetischen Vergnügens erschöpfen würde. Der »Berg« ist das Rückgrat und die Mitte einer Landschaft und ergänzt die heitere Lieblichkeit des »Sees« durch seine Majestät und Größe. In gleicher Weise geben Entschlossenheit und Konzentration des Geistes dem menschlichen Charakter Festigkeit und Würde.

Das Symbol des »Stieres« entspricht im sino-tibetischen Kalender dem Element »Erde«, wie es sich im »Berg« darstellt. Die Eigenschaften des »Stieres« sind Stärke und Mut, die in Angriffslust mündeten, würden sie nicht durch eine gewisse Schwere und Langsamkeit des Temperaments gedämpft. Ist aber einmal das Temperament des Stiers geweckt, geht er mit unbeirrbarer Entschlossenheit auf sein Ziel zu. Die Zähigkeit dieser Energie hat in der Unerschütterlichkeit und Festigkeit des »Berges« ihr Gegenstück.

Aber trotz dieser Festigkeit und Unerschütterlichkeit wird der »Berg« immer wieder mit anderen Kräften zusammenwirken. Die hochsommerliche Sonne wird nicht nur vom See reflektiert, sondern verwandelt einen Teil seines Wassers in Wolken, die den Gipfel des Berges umgeben. Und hier vollzieht sich das Wunder, daß diese scheinbar unsubstantiellen Wolkengebilde, die sich aus dem Dunst des Sees gebildet haben, den harten Fels mit einem Mantel grünen Lebens bedecken, das sich in Moosen und Farnen, Gräsern und Büschen, Bäumen und Wäldern sichtbaren Ausdruck verschafft. Je mehr aber dieser lebendige Mantel wächst, desto mehr Wolken werden angezogen und desto mehr lebenspendendes Wasser sammelt sich um und in dem Berg, bis es in klaren

Quellen hervorbricht und in Bächen zu Tal stürzt, um den See am Fuße des Berges zu speisen. So erfüllt sich der ewig währende Zyklus des Lebens.

Wir sehen hier, wie sich die Kräfte des »Sees« und des »Berges« gegenseitig ergänzen, indem jeder von ihnen etwas von der ihm eigenen Substanz zugunsten des anderen aufgibt. Wenn wir in gleicher Weise die niederen Kräfte unseres Wesens zugunsten der höheren eindämmen oder verwandeln, gewinnen wir das größere Leben, indem das Licht der Weisheit und das Licht der Inspiration zu innerer Harmonie verschmelzen.

Wäre der »Berg« aller Beziehungen zu seiner Umgebung beraubt, so böte er ein Bild starrer Kraft, die sich im blinden Wüten bloßer Selbstbehauptung austobt. Der »See« würde unter ähnlichen Bedingungen der Isolation ein Bild oberflächlicher Heiterkeit bieten und unter seiner Oberfläche nur niederste Leidenschaften entwickeln, die, auf Kosten der essentiellen Lebenskräfte anwachsend, zu deren Vernichtung führen würden. Darum ist ein gegenseitiges Eindämmen naturgegebener Kräfte notwendig: Zorn muß durch Gleichmut bemeistert werden und Leidenschaft durch Einsicht. Darum heißt es im *Buch der Wandlungen:*

> Unten am Berg ist der See: das Bild der Minderung.
> So bändigt der Edle seinen Zorn und hemmt seine Triebe.

Und deshalb erklärt das Orakel der Alten (Kapitel 41):

> Minderung, verbunden mit Wahrhaftigkeit,
> wirkt erhabenes Heil ohne Makel.
> Man kann darin beharrlich sein.
> Fördernd ist es, etwas zu unternehmen.
> Wie übt man das aus?
> Zwei kleine Schalen mag man beim Opfer benützen.

Wenn eine innere Wahrheit durch kleine Dinge ausgedrückt wird, braucht man sich ihrer Einfachheit nicht zu schämen. Es ist gerade die Einfachheit, welche d i e innere Stärke hervorbringt, durch die unsere Handlung von Erfolg gekrönt ist. Die Reinheit unserer geistigen Haltung ist wichtiger als die Schönheit äußerer Handlung oder die Mannigfaltigkeit religiöser Rituale oder die Regeln einer geheiligten Tradition. Selbst die einfachste Geste und die kleinste Gabe können die tiefsten Gefühle unseres Herzens ausdrücken.

☷☴

Die Bedeutung der verschiedenen Linien

Die unterste Linie ——:   Wenn die Geschäfte fertig sind, rasch gehen.
                                            Ist kein Makel.
                                            Doch muß man überlegen,
                                            Wie weit man andere mindern darf.

Es ist gut und selbstlos, anderen zu helfen, nachdem man seine eigenen Pflichten erfüllt hat. Aber wenn man von anderen Hilfe erhält, muß man wissen, wieviel man annehmen kann, ohne die anderen zu schädigen und ohne ihnen Schwierigkeiten zu bereiten. Nur unter diesen Bedingungen sollte man geben oder ohne Zögern annehmen.

Die zweite Linie ——:   Fördernd ist Beharrlichkeit.
                                              Etwas zu unternehmen, ist Unheil.
                                            Ohne sich selbst zu mindern,
                                            vermag man die anderen zu mehren.

Wenn man anderen helfen möchte, muß man Selbstachtung sowie Ernst und Ausdauer besitzen. Wenn man sich selbst wegwirft, selbst im Dienste derer, die man schätzt, so beschränkt und erniedrigt man seine eigene Würde, ohne anderen auf die Dauer wirklich zu helfen. Dienen ohne Erniedrigung ist wahrer Dienst und von bleibendem Wert.

Die dritte Linie —— —:   Wenn drei Menschen miteinander wandern,
                                              so vermindern sie sich um einen Menschen.
                                              Wenn ein Mensch allein wandert,
                                              so findet er seinen Gefährten.

Die vierte Linie —— —:   Wenn man seine Mängel mindert,
                                              macht man, daß der andere eilig kommt
                                              und Freude hat. Kein Makel.

Die fünfte Linie —— —:   Es scheint, als ob er durch jemand vervollständigt wäre.
                                              Zehn Paar Schildkröten können dem nicht widerstreben.
                                              Erhabenes Heil!

Die oberste Linie —— —:   Wenn man ohne Minderung der anderen gemehrt wird,
                                              so ist das kein Makel. Beharrlichkeit bringt Heil.
                                              Fördernd ist es, etwas zu unternehmen.
                                              Man bekommt Gehilfen,
                                              aber hat kein besonderes Heim mehr.

Man ist überall in der Welt zu Hause, ohne ein Heim sein eigen zu nennen oder dergleichen als seinen Besitz zu betrachten. Man hat sich vom Haften an den Dingen befreit und genießt, was einem freiwillig gegeben wird: Die Menschen dienen ihm, wie er allen Menschen dient.

DER FEUER-AFFE

4
DER FEUER-AFFE

Wechsel und Friede oder harmonische Wandlung

Das Element »Feuer« hat drei unterschiedliche Eigenschaften: Es bringt Licht, Wärme und Bewegung hervor. Übertragen wir diese Symbolik in den psychologischen Bereich, so können wir diese drei Eigenschaften interpretieren als Klarheit oder die Fähigkeit der Unterscheidung, Wärme oder Tiefe des Gefühls (Zuneigung und Anhänglichkeit) und Tatbereitschaft, die eine gewisse Beweglichkeit voraussetzt. Der »Affe« (eines der zwölf Symbole des sino-tibetischen Tierkreises) ist gekennzeichnet durch eine wache Beobachtungsgabe, ein rasches Auffassungsvermögen und ein heiteres Temperament, das ihn die Menschen und Dinge vorurteilsfrei betrachten läßt.

In der chinesischen Psychologie des *Buches der Wandlungen* wird diese intellektuelle Haltung mit der schimmernden Oberfläche eines Sees verglichen, in der sich alle Objekte spiegeln und verschönen.

Die Kombination der Symbole »Feuer« und »See« und ihr gegenseitiges Verhältnis (als unteres bzw. oberes Trigramm) deuten ihre Funktionen an: das eine Symbol ist dem bewußten Intellekt, das andere hingegen überwiegend dem Unterbewußten oder dem »Temperament« zuzuordnen. Sie werden daher im Hexagramm als »Feuer« ☲ unter dem »See« ☱ dargestellt, so daß sich folgende Kombination ergibt: ䷰. Das »Feuer« unten und der »See« oben halten einander im Gleichgewicht; denn wenn sie sich nicht gegenseitig beschränkten, würden sie sich bekämpfen. In gleicher Weise stellt der Lauf der Jahreszeiten wie auch der Lauf des menschlichen Lebens einen dauernden Kampf zwischen den Kräften des Lichtes und der Finsternis dar, ohne jedoch zur Disharmonie zu führen.

Deshalb heißt es im *Buch der Wandlungen,* in dem die Prinzipien der Natur und des menschlichen Schicksals beschrieben werden:

> Feuer unter dem See: das Bild der Umwälzung.
> So ordnet der Edle die Zeitrechnung
> Und macht die Zeiten klar.

Dieses regulative Prinzip zeigt sich im inneren Zeichen ☰ (KIÄN), das den spirituellen Charakter andeutet. Dieser ist nicht an der Oberfläche sichtbar, sondern verbirgt sich in religiösem Gefühl und einem ausgesprochenen Sinn für ethische Werte. KIÄN ist hier mit dem Zeichen SUN verbunden, in dem Sensitivität, Empfänglichkeit für alles Schöne und damit eine Neigung für Musik und Kunst im allgemeinen beschlossen liegen. Eine gewisse Spontaneität des Herzens, Intuition und Zärtlichkeit sind hiermit verbunden. In unserem Bilde ist KIÄN durch die Sonne angedeutet und SUN durch den Baum, durch den das Licht scheint.

Die dynamische Natur der verschiedenen Zeichen mit ihrer Betonung des Wechsels und der Bewegung, die leicht zu einer unkontrollierbaren Emotionalität führen könnte, wird durch die Konstellation der Sonne – kurz vor dem Frühlingsäquinoktium – harmonisiert. Diese Periode steht unter dem Zeichen TAI ䷊, das die schöpferische Harmonie und das Gleichgewicht einander stimulierender Kräfte darstellt. Es ist das Zeichen des friedlichen Zusammenwirkens gegensätzlicher Kräfte: die schöpferischen Kräfte des Himmels ☰ (KIÄN) sind zur Erde ☷ (KUN) herabgestiegen und im Begriff, sich wieder zu neuem Leben zu entfalten.

In dem Kommentar *Tuan Juang* heißt es erklärend:

> Auf diese Weise vereinigen sich Himmel und Erde,
> und alle Wesen kommen in Verbindung.
> Obere und untere vereinigen sich,
> und ihr Wille ist gemeinsam.
> Innen ist das Lichte, außen das Schattige,
> innen Stärke und außen Hingebung,
> innen der Edle und außen der Gemeine.
> Der Weg des Edlen ist im Wachsen,
> der Weg des Gemeinen im Abnehmen.

Und das heilige Orakel der Alten spricht (Kapitel 49):

> Die Umwälzung.
> Am eigenen Tag findest du Glauben.
> Erhabenes Gelingen, fördernd durch Beharrlichkeit.
> Die Reue schwindet.

DAS FEUER-PFERD

5
DAS FEUER-PFERD

Im »Feuer-Pferd« stellt sich das Element »Feuer« in zweifacher Weise dar, da das Pferd diesem Element zugeordnet wird. »Feuer« hat die Eigenschaft des Haftens, die hier in verstärkter Form auftritt. Dies wird durch ein Hexagramm zum Ausdruck gebracht, das Li sowohl oben wie unten enthält ☲. Es ist das Hexagramm eines starken Charakters, wie die beiden ungebrochenen Mittellinien andeuten. Ebenso wichtig jedoch sind die beiden gebrochenen oder rezeptiven Linien, die jeweils das Zentrum der zwei Trigramme bilden, aus denen sich das Hexagramm zusammensetzt. Ihre Bedeutung wird klar, wenn wir die zwei inneren Trigramme betrachten, welche den unterbewußten Charakter der in Frage kommenden Person darstellen. Hinter diesem starken Charakter verbirgt sich die Empfindsamkeit und Rezeptivität des beobachtenden Künstlers, der sich jeder Einzelheit aller Objekte, die in seinen Gesichtskreis treten, klar bewußt ist.

»Feuer« ist das Symbol des Haftens, weil Feuer abhängig ist von dem Material, von dem es sich nährt und an dem es daher haftet. Wenn das Material rein ist und weder Asche noch unverbrannte Reste zurückläßt, bringt es eine klare Flamme ohne Rauch hervor, eine Flamme, die ihre Umgebung erleuchtet und weithin sichtbar ist. Wenn sich das Feuer aber von einem Material nährt, das entweder wenig substantiell und extrem trocken ist wie Stroh oder sehr kompakt und naß ist wie frisches Holz, dann wird es entweder nur kurz aufflammen oder langsam schwelen, ohne anhaltende Wärme oder stetiges Licht zu verbreiten. Wenn sich aber das »Feuer« im Temperament und in der Schnelligkeit eines edlen Pferdes darstellt, so sind mit dieser Eigenschaft auch große Empfindlichkeit und Reizbarkeit verbunden.

Die Flamme hat keine feste Form, macht aber andere Formen sichtbar. Sie befindet sich in einer dauernden Aufwärtsbewegung. Am Dunklen haftend, bringt sie Licht hervor. Darum heißt es im Urteil des *Buches der Wandlungen* (Kapitel 30):

> Das Haftende. Fördernd ist Beharrlichkeit.
> Sie bringt Gelingen. Pflege der Kuh bringt Heil.

Wenn die rastlose Bewegung der Flamme durch Geduld gemildert wird, so ist der Erfolg sicher. Diese Milderung oder Beherrschung der Rastlosigkeit wird mit der Geduld der Kuh verglichen, die wiederum das ausgleichende Element »Erde« darstellt. All dies weist auf eine religiöse Einstellung hin oder auf ein Streben nach höheren Werten. »Es ist ein merkwürdiges Zusammentreffen«, sagt Richard Wilhelm in einer Bemerkung zu diesem Urteil, »das der Beachtung wert ist, daß hier, ebenso wie in der parsischen Religion, das Feuer und die Pflege der Kuh miteinander verbunden sind.« Noch überraschender ist die Tatsache, daß die hier in Frage kommende Person der Parsi-Religion angehörte.

DER LÖWE TIBETS

GÖTTIN DES BERGES CHOMOLHARI!
O DORJE PHAGMO: GÖTTIN ALLEN LICHTES!
DEIN HOHER THRON – EIN UNTERPFAND DER FREIHEIT:
EIN LEUCHTTURM IN DER DUNKLEN NACHT.
DER LÖWE TIBETS SCHREITET VORWÄRTS,
STOLZ, OHNE FURCHT DIE WASSER ÜBERQUEREND,
DIE WASSER, DIE GEGENWART UND ZUKUNFT TRENNEN:
DIE WASSER DES »WASSER-TIGER«-JAHRES.

6
DER LÖWE TIBETS

So wie die Vereinigten Staaten von Amerika durch einen Adler symbolisiert werden, England durch einen Löwen, Frankreich durch einen Hahn und Rußland durch einen Bären, wird in gleicher Weise Tibet durch den mythischen Schneelöwen mit weißem Fell und grüner Mähne repräsentiert. Er erscheint im Siegel des Dalai Lama und auf der Flagge Tibets. Die Abbildung links ist darüber hinaus ein Symbol für ein besonderes Jahr, nämlich für das Jahr 1962, nach dem tibetischen Kalender das Wasser-Tiger-Jahr, in dem wir in das Wassermann-Zeitalter eintraten.

Zwölf Jahre davor, im Eisen-Tiger-Jahr, brachen über Tibet große Gefahren herein. Tibet ging durch eine Zeit größter Unruhen und kriegerischer Ereignisse, in deren Verlauf seine tausendjährige alte Kultur durch die chinesische Invasion wie eine Kerze ausgelöscht schien. Zur Zeit Srongtsen Gampos im 8. Jahrhundert mußte China Tibet Tribut zahlen. Später wurde es Tibets mächtigster Nachbar, blieb aber zeitweise unter dessen geistiger Führung. Doch nichts ist von Dauer. Und obwohl Tibet seine politische Unabhängigkeit verloren hat, hat sich seine geistige Botschaft weit über seine Grenzen ausgebreitet. Die religiöse Kultur, die sich auf die Traditionen des *Buddha-Dharma* gründete und die man ängstlich erhielt und vor äußeren Einflüssen bewahrte, wurde Teil des kulturellen Erbes der Menschheit.

Deshalb schreitet der Löwe Tibets vorwärts in eine neue Zukunft, in der die Errungenschaften der Vergangenheit der ganzen Welt ohne Unterschied von Glaube und Farbe zugute kommen.

Der Chomolhari ist einer der heiligsten Berge Tibets, der als Sitz der *Dorje Phagmo (Vajravārāhī)* betrachtet wird, die die Welt wie die aufgehende Sonne erleuchtet und eine der Schutzgottheiten Tibets ist.

Nachwort

Taoismus und Buddhismus

Nachdem ich die Arbeiten zu meinem Buch *Die innere Struktur des I Ging* abgeschlossen hatte, wurde ich wiederholt nach dem geistigen Zusammenhang zwischen Taoismus und Buddhismus gefragt. Ich hatte es bewußt vermieden, bisher auf dieses Thema einzugehen und Parallelen zwischen diesen beiden Weltanschauungen aufzuzeigen. Nur so war es möglich, einerseits das ohnehin schwierige Thema nicht noch mehr zu komplizieren und andererseits den Eindruck zu vermeiden, als wolle ich das I Ging im Lichte buddhistischer Philosophie interpretieren.

In der Vergangenheit gibt es verschiedene Versuche abendländischer Gelehrter, die Weltanschauung des I Ging und die des Taoismus im Lichte des Christentums zu betrachten, ja, es gab sogar einige Forscher, die den Versuch unternahmen, das I Ging auf die Bibel zurückzuführen bzw. Laotse und sein *Tao te King* als Vorläufer des Christentums zu betrachten. Diese uns heute absurd erscheinenden Gedankenverbindungen erklären sich aus der Tatsache, daß das Studium des Chinesischen zunächst von Theologen und insbesondere von Missionaren aufgenommen wurde, die oft große Gelehrte und auch hervorragende Philologen und Historiker waren, aber als überzeugte Christen sich kaum vorstellen konnten, daß sich außerhalb ihrer eigenen Religion eine hohe Ethik und überragende Geisteshaltung entwickelt haben könnten.

Die Vergleichende Religionswissenschaft zeigt aber eine erstaunliche Übereinstimmung ethischer Prinzipien in den unterschiedlichsten Religionen. Da diese sich zeitlich parallel in räumlich weit getrennten Kulturkreisen entwickelten, kann dies nicht auf gegenseitige Beeinflussung zurückzuführen sein, sondern muß auf allgemein menschlichen psychisch-sozialen Tendenzen beruhen. Dieses allgemein Menschliche der Ethik darf uns aber nicht zu dem Irrtum verführen, daß alle Religionen dasselbe Ziel hätten, denn dies wäre eine naive Nivellierung der Wirklichkeit, die von der Annahme ausgeht, daß es eine absolute Wahrheit gäbe. Was wir jedoch Wahrheit nennen, ist immer eine Beziehungsgröße, die nie »an sich« bestehen kann, sondern einzig und allein als Beziehung zwischen einem individuellen Subjekt und einer gegenständlichen oder zuständlichen Auffassung von einem Wahrnehmungsobjekt. Jede Wahrnehmung jedoch ist abhängig vom Standpunkt des Beobachtenden bzw. vom Blickwinkel, aus dem wir den betreffenden Gegenstand betrachten. Selbst wenn es möglich wäre, sich außerhalb des Universums einen Standort zu schaffen, würde das Resultat unserer Beobachtung nicht nur von unserem jeweiligen Standpunkt abhängen, sondern ebenso von unseren Wahrnehmungsfähigkeiten und dem, was wir als wesentlich erachten. Was aber ist das Wesentliche dieses Universums? Sind es seine materiellen Erscheinungsformen, seine Bewegungen oder die Gesetze, denen diese unterworfen sind? Sind es die Daseinselemente oder die mikroskopischen Strukturen des Universums, die Strahlungseigenschaften der Materie oder die organischen Formkräfte? Selbst wenn wir alle diese Eigenschaften auf einen Nenner bringen könnten, so bliebe doch die Vielfältigkeit der Erscheinungsformen, die durch Sinneswahrnehmungen und geistige Schlußfolgerungen in unserem Geist hervorgebracht werden, wo sie wiederum ihren eigenen Gesetzen unterworfen sind, die uns Ganzheit und Einheit erahnen lassen, aber von jeder Gleichheit weit entfernt sind.

Um dem I Ging gerecht zu werden, müssen wir daher von allen Versuchen, es unseren jeweiligen Denkformen anzugleichen oder es von den Denkformen anderer Generationen bzw. Kulturen abhängig zu machen, abstehen und es im Rahmen seiner eigenen Voraussetzungen und Strukturen betrachten. Ich habe mich bemüht, an dieses Werk ohne eine vorgefaßte Meinung heranzugehen, um seine ihm zugrunde liegenden Strukturen aufzufinden und darzustellen. Dabei enthüllte sich mir die Folgerichtigkeit der darin enthaltenen Gedankengänge und Bilder, die oft meinen ursprünglichen Erwartungen völlig entgegengesetzt waren. Um nur ein Beispiel zu geben: Ich war zunächst davon überzeugt, daß König Wen Wang durch Einführungen des Zeitprinzips und durch die Betonung des individuellen Schicksals das maßgebliche strukturell einheitliche System geschaffen hatte. Ich spielte alle nur möglichen geometrischen Darstellungsformen durch und mußte am Ende erkennen, daß sie nicht wie erhofft zu einem allgemein anwendbaren und einheitlichen System führten, durch das alle vierundsechzig Hexagramme auf einen gemeinsamen Nenner gebracht werden konnten. Schließlich stellte ich fest, daß das System des Fu Hi als allgemeiner Hintergrund für die Koordinierung der verschiedenen I Ging-Bewegungen in Betracht kam. Es erwies sich, daß dieses System allen Permutationen zugrunde lag und ein einheitliches Koordinatensystem für die Gesamtdarstellung erbrachte, wodurch es möglich wurde, die Bewegung sämtlicher Hexagramme anschaulich zu demonstrieren. Dabei zeigte sich, daß das *Buch der Wandlungen* weder auf vorgefaßten Ideen noch auf definierten und damit festgelegten Begriffen beruht, sondern auf sichtbarer Wahrnehmung, deren Realität in Bildern und Diagrammen dargestellt werden kann. Auf diese Weise enthüllte sich der methodisch richtige Weg zum Verstehen des I Ging durch die Negativerfahrung eines anfänglich falschen Ansatzes.

Kommen wir jedoch auf unsere anfänglich gestellte Frage zurück: In welcher Weise entsprechen die Ideen des I Ging denen des Buddhismus? – Ich habe bereits auf den historischen Zusammenhang von Taoismus und Buddhismus hingewiesen, aus dem eine der attraktivsten Schulen des fernöstlichen Buddhismus hervorging, nämlich die *Ch'an*-Schule in China, aus der sich dann in Japan die Schulen des *Zen* entwickelten. Das Hauptverdienst dieser Schulen besteht darin, daß sie die Aufmerksamkeit der Welt auf die Bedeutung der Meditation und der geistigen Erweckung durch Erleben und innere Erfahrung lenkten und die Spontaneität des frühen Taoismus, der seine Wurzeln im I Ging hatte, wiederbelebte. – Ich wurde gefragt, wie es überhaupt möglich war, daß China in so kurzer Zeit und offenbar ohne nennenswerten Widerstand den Buddhismus übernahm. Ich bin davon überzeugt, daß China durch die Lehren des I Ging und des frühen Taoismus weitgehend darauf vorbereitet war, denn beide betonen Barmherzigkeit und Selbstverantwortung, Dienst am Menschen, Nachgiebigkeit, Streitlosigkeit, geistiges Gleichgewicht, inneres Schauen, Meditation und die Erleuchtungsfähigkeit des menschlichen Bewußtseins. Doch all das vollzieht sich auf dem Hintergrund eines dynamischen Weltgeschehens, eines ewigen Wandels aller Erscheinungen, der nach den ehernen Gesetzen des Universums abläuft. Nur wer diese Gesetzmäßigkeit *(dharma)* anerkennt, kann sein Leben harmonisch gestalten. Wer sich ihr aber entgegenstemmt, schafft sich selbst Leiden. Alle diese Ideen sind in Laotses *Tao te King* in prägnantester Form und vollendeter Sprache dargestellt. In ihm sind die Ideale des Buddhismus, vor allem das Bodhisattva-Ideal des Mahāyāna, mehr als 500 Jahre vor der Einführung des Buddhismus in China, ausgedrückt, wie aus folgenden Zitaten aus dem *Tao te King* ersichtlich ist:

Darum der Weise: er ist beständig tüchtig im Hüten der Menschen, weil er keinen Menschen verwirft. Er ist beständig tüchtig im Hüten der Wesen, weil er kein Wesen verwirft: dies ist zweifache Erleuchtung. (27)

Zur Förderung des Menschen, zur Entwicklung des Geistigen ist das Lassen das höchste Mittel. (59)

Denn Erbarmen führt zum Sieg im Angriff und ist unverwundbar in der Verteidigung. (67)

Sei demütig in deiner Hingabe, und man wird dir das Wohl aller Wesen anvertrauen. Liebe die Welt wie dein eigenes Selbst, dann kannst du wirklich allen Dingen dienen. (13)

Wer an den Dingen hängt, wird viel leiden. (44)

Darum der Weise: er wünscht, wunschlos zu sein und schätzt nicht schwer zu erlangende Güter. (64)

Kein größeres Elend als das Nichtwissen vom Sich-Genügen. (46)

Offenbare Einfachheit. Hege Sicherheit. Verringere die Selbstsucht und vermindere die Begierden. (19)

Wenn viele Buddhisten die Vergänglichkeit als Ursache des Leidens betrachten, so vergessen sie, daß der Buddha die Nichtdauer *(anitya)* der Dinge keinesfalls als die Wurzel des Leidens ansah, obwohl er zugab, daß die meisten Menschen an der Vergänglichkeit leiden. Die Wurzelursache *(hetu)* der Leidenserfahrung sah er vielmehr in unserem Haften an den Dingen, in unserem Begehren und Festhalten-Wollen und letztlich in unserem Nichtwissen um die grundlegenden Daseinsgesetze, die uns die Wandelbarkeit und Vergänglichkeit aller Dinge und Zustände wie die Ichlosigkeit *(anattā)* aller Daseinselemente offenkundig machen. Der Buddha lehrte, daß alle Dinge von Ursachen abhängig sind, ferner daß in dieser Welt nichts ohne zureichenden Grund in Erscheinung tritt und daß der wahre Grund all unserer Leiden in unserer Unwissenheit *(avidyā)*, d.h. dem Ignorieren der Wirklichkeit, besteht. Dies machte er unmißverständlich in seiner zwölfgliedrigen Formel des bedingten und gleichzeitigen Entstehens *(pratītyasamutpāda)*, dem Kernstück seiner Lehre, immer wieder klar. Das in dieser Formel beschriebene Haften an den Dingen ist Ursache von Begehren und Haß. Obwohl der Buddha die psychologische und philosophische Verkettung der Glieder aufzeigte, verlangte er nie eine strikte Aufeinanderfolge der einzelnen Kettenglieder. Er zeigte vielmehr, daß diese unterschiedlichste Kombinationen eingehen können, wobei jedes dieser Glieder mit irgendeinem anderen gepaart sein kann, und daß es auch nicht immer aller zwölf Glieder bedarf, um die Entstehung von Ursache und Wirkung zu beschreiben. Auf diese Weise hat der Buddha die Lehre von der Relativität der Zeit vorweggenommen bzw. den Zeitfaktor als unwesentliche zufällige Erscheinung betrachtet. Was also, bis auf zwölf Glieder verteilt, analytisch dargestellt werden konnte, um die logische Gedankenfolge zu befriedigen, konnte ebensowohl in einem einzigen zeitlosen Augenblick geschehen. Aus diesem Grunde sprach er vom »gleichzeitigen Entstehen« der Dinge *(sam-utpāda)*. Denn in Wirklichkeit hat nichts in dieser Welt nur e i n e Ursache. Und wenn wir von Kausalität sprechen, wählen wir willkürlich eine der vielen Ursachen aus, die für uns auffälligste oder die zeitlich nächstliegende. Den *pratītyasamutpāda* als »Kausalnexus« zu interpretieren, wie dies unter dem Einfluß linearen westlichen Denkens von den meisten Übersetzern getan wurde, ist eine einseitig intellektuelle Mißinterpretation. Es wäre weitaus richtiger, von einem Konditionalnexus zu sprechen. Die

Auffassung des Buddha ging weitaus tiefer als unser Kausalitätsbegriff und beruhte auf einer Wirklichkeitserfahrung, welche die zweidimensionale Logik und jene einseitige Perspektive (die beide vom Axiom eines illusorischen Ichs abhängen) überschritt. Die Logik des Buddha umfaßte sowohl das Kausalitätsprinzip als auch das, was wir mit »Synchronizität« bezeichnen. Erstmalig wurde diese Auffassung von dem großen buddhistischen Philosophen *Nāgārjuna* (2. Jh. n. u. Ztr.) in seiner berühmten *Mūla-madhyāmika-Kārikā* ausgesprochen, die die Basis seiner Philosophie darstellt:

> Ohne Entstehen und ohne Vergehen,
> Nicht ewig und nicht abgeschnitten,
> Nicht eines und auch nicht verschieden,
> Ohne Kommen und ohne Gehen:
>
> Wer so das in Abhängigkeit gleichzeitige Entstehen lehren kann,
> Das friedliche Erlöschen der Entfaltung [aller Argumente],
> Vor ihm, dem Erleuchteten, dem besten aller Lehrer,
> Verneige ich mein Haupt in tiefster Ehrfurcht.[42]

Der Buddha selbst wies auf diese tiefere Bedeutung hin, indem er *Ānanda* zurechtwies, der den *pratītyasamutpāda* als leicht verständlich bezeichnete, weil er meinte, daß er nur intellektuell zu verstehen sei. Er ermahnte ihn, nicht leichtfertig über den *pratītyasamutpāda* zu sprechen, da dieser »tief, geheimnisvoll *(gambhīr)* und nur den Weisen verständlich« sei.

Hier haben wir eine weitere Parallele zum I GING, in dem augenscheinlich Kausalität und Synchronizität ebenso vereint sind, so daß sie auch hier nicht als sich gegenseitig ausschließende Extreme betrachtet werden, sondern als die beiden Pole der Wirklichkeit, die sich gegenseitig ergänzen.

Daß der *pratītyasamutpāda* als die Quintessenz der Buddhalehre angesehen wurde, geht aus der Antwort *Aśvajits* (Pāli: *Assaji*), einem der frühesten Jünger des Buddha, hervor, der, nach der Botschaft des Buddha befragt, antwortete: »Ich bin noch neu und kann dir die Lehre im einzelnen nicht ausführlich darlegen. Aber ich will dir kurz ihren Hauptinhalt sagen: Von allen Dingen, die aus Ursachen entstanden sind, hat der Erhabene die Ursache erklärt und auch ihre Aufhebung. Dies ist die Lehre des großen *Śramana*.«[43] Diese Formel des *Aśvajit* wurde so berühmt, daß alle kommenden Generationen und späteren Schulen des Buddhismus sie als eine Art Credo übernahmen.

Auch das I GING befaßt sich mit nichts anderem als der Erforschung der Ursachen bzw. Bedingungen, die unser Schicksal bestimmen. Wer die Ursachen durchschaut oder die »Keime« erkennt, kann die Zukunft lenken, die sonst als unabänderliches Schicksal empfunden würde. Darum heißt es im *Großen Kommentar* (*Da Chuan* X,6): »Nur durch das Erkennen der Keime kann man alle Sachen auf Erden vollenden. Nur durch das Erkennen des Göttlichen kann man ohne Hast eilen und, ohne zu gehen, ans Ziel kommen.« Solange sich die Dinge noch nicht verfestigt haben und noch in der Ausformung begriffen sind, nur solange sie noch schwach und formbar sind, können wir sie beherrschen, so wie Holz, das noch lebendig ist und wächst, gebogen werden kann, aber nicht mehr formbar ist, sobald es abgestorben und starr ist.

Das Studium des I GING erhellt aber auch noch einen anderen Punkt: »Himmel« und »Erde« ergänzen einander, denn sie bilden gewissermaßen eine Achse zwischen zwei gleichwertigen Polen (von denen keiner dominiert). In gleicher Weise ergänzen sich Mann und Weib, die beide – wenn auch auf verschiedenen Gebieten – von gleicher Stärke und Bedeutung sind. Sie sind dem positiven und dem negativen Pol des elektrischen Stromes (bzw. eines elektrischen oder magnetischen

Kraftfeldes) vergleichbar, ohne deren Zusammenwirken keine Energie fließen könnte bzw. keine Kraftwirkung zustande käme. Darum heißt es im *Tao te King*:

> Zu wissen um seine Mannheit
> und sich behüten seine Weibheit,
> das wirkt der Welt als Strombett. (28)

> Das Weiche und Schwache überwindet das
> Harte und Starke. (36)

> Festigkeit und Härte sind des Todes Gefährten.
> Nachgiebigkeit und Zartheit sind des Lebens
> Gefährten. (76)

Entgegen allen landläufigen, traditionell bedingten Vorurteilen und Hindernissen war der Buddha der erste, der Frauen den Eintritt in einen religiösen Orden gestattete, obwohl die von Männern beherrschte Welt den Frauen die Gleichberechtigung absprach und ihnen einen solchen Ehrenplatz verweigern wollte.

In gleicher Weise war in China Laotse gezwungen, gegen den Strom zu schwimmen, als er – die Lehren des I GING vertretend – den Frauen einen ebenbürtigen Platz zusicherte. Doch blieb sein Bemühen ohne Erfolg, und selbst später im b u d d h i s t i s c h e n China waren die Gleichberechtigung und Gleichwertigkeit von Mann und Frau nicht durchsetzbar. Ja, man erklärte – entgegen der direkten Feststellung des Buddha auf die Frage Ānandas[44] –, die Erleuchtung sei allein dem männlichen Geschlecht vorbehalten und Frauen müßten sich erst durch religiöse Verdienste eine Wiedergeburt als Mann verdienen, um dann Erleuchtung erlangen zu können. Dieses, durch keine Aussage des Buddha gerechtfertigte Vorurteil besteht in den meisten buddhistischen Ländern Asiens leider heute noch.

Das höchste Ziel im Taoismus wie im Buddhismus besteht darin, Erleuchtung zu erlangen – nach der Lehre des Buddha jene Befreiung, die durch die Überwindung von Haß, Gier und Nichtwissen erlangt wird. Nichtwissen aber ist hier nicht mit Dummheit oder Mangel an Tatsachenwissen gleichzusetzen, sondern ist vielmehr jene Blindheit bzw. jenes Ignorieren all dessen, was uns unbequem und unserem Wunschdenken entgegengesetzt ist. So klammern wir uns an unseren jetzigen Daseinszustand, an unser kleines Ich, an unsere Individualität (und damit an unsere Begrenzung) und möchten all das verewigen. Darum sträuben wir uns gegen jeden Wechsel, statt zu erkennen, daß Wachsen, die Hauptfunktion des Lebens, allein durch Wandel überhaupt erst möglich wird. Auch unseren physischen Tod hat man uns immer nur als Verneinung des Lebens dargestellt, anstatt ihn als ein Übergangsstadium in eine andere Existenzform zu begreifen und damit als den notwendigen Gegenpol zu unserer sichtbaren Existenz. »Die Menschen, die ihr Schicksal dem Geiste in sich [dem TAO] überantwortet haben, stehen unter geistigem Gesetz. Sie sind mündig gesprochen von der Vormundschaft der Erde. ... Was ihnen im Äußeren noch zustößt, bekommt einen vorwärtstreibenden Sinn: Alles, was mit ihnen geschieht, geschieht so, daß es keinen Augenblick besser geschehen könnte.«[45] »Die da wähnen, das Leben beginne mit der Geburt und ende mit dem Tod – freilich, die sehen den Kreis nicht; wie sollten sie ihn durchbrechen?«[46]

Viele westliche Gelehrte haben dem Buddhismus eine pessimistische Haltung zugeschrieben, und das trotz der lebensbejahenden Einstellung seiner Anhänger in den Ländern des Ostens. Dabei wurde die Tatsache übersehen, daß man erst mit einer Therapie beginnen kann, nachdem man das bestehende Leiden diagnostiziert hat und die Menschen über dessen Natur aufgeklärt hat. Auch die medizinische Wissenschaft befaßt sich überwiegend mit der Vorbeugung oder mit der Minderung von Leiden, ohne daß die Ärzte notwendigerweise Pessimisten wären. Nach der Auffassung sowohl des I Ging wie auch des Buddhismus ist die Welt weder gut noch schlecht. Vielmehr wird sie durch unsere eigene Einstellung zu dem einen oder anderen gemacht, indem wir unsere Moralbegriffe auf die Natur übertragen. Dadurch aber sind wir nicht mehr in der Lage, die Dinge unvoreingenommen zu sehen. Wir sind durch unsere eigenen Ansichten so verblendet, daß wir nicht mehr fähig sind, die Dinge zu sehen, wie sie wirklich sind *(yathā bhutaṃ* – wie es der Buddha nannte). Wir sollten ethische Grundsätze nur dort zum Maßstab erheben, wo ihre Anwendung gerechtfertigt ist: bei uns selbst.

Aus den gegebenen Beispielen wird ersichtlich, daß Taoismus und Buddhismus gleiche Ziele verfolgen. Wir haben hier ein seltenes Beispiel dafür, daß die Begegnung zweier kultureller Bewegungen nicht zur Zerstörung der einen führen muß (wie dies bei der Begegnung des Christentums mit anderen Religionen in der Geschichte wiederholt geschah), sondern zu einer gegenseitigen Bereicherung und Befruchtung führen kann, wie beispielsweise im Falle des *Ch'an* und des *Zen,* dem lebendigen Buddhismus Chinas und Japans. Die gemeinsame Grundeinstellung der Taoisten und *Ch'an*-Meister wurde von einem Kunstschriftsteller des alten China treffend charakterisiert, der vor vielen Jahrhunderten erklärte: »Der Künstler ergreift mit souveräner Macht die Natur und transformiert sie. Doch tut er dies nicht, weil er meint, sie verbessern zu können, noch weil er sie nachzuahmen wünscht, sondern weil er mit ihr einswerden will. Auf diese Weise erschafft er im Geiste der Natur etwas nie zuvor Gesehenes.«[47]

Der »Geist der Natur« ist es, der im I Ging als »göttlich« bezeichnet wurde. Doch dieses »Göttliche« bezieht sich nicht auf einen persönlich gedachten Schöpfergott, der die Welt und die Geschicke der Menschen lenkt. Das Göttliche ist im Buddhismus und Taoismus dem Universum inhärent, und da alle empfindenden Wesen – nicht nur die Menschen – an ihm teilhaben, sind sie imstande, das Göttliche zu verkörpern, sobald ihr Bewußtsein zur Reife gekommen ist.

Während sich die theistischen Religionen auf Autorität und Dogma gründen, betonen die nichttheistischen Religionen wie Buddhismus und Taoismus die Universalität und Selbstverantwortlichkeit des Menschen. Wir finden das höchste Gut auch an den niedrigsten Orten. Darum wird es oft mit dem Wasser verglichen. So wie das Wasser zu den niedrigsten Stellen strömt und sie erfüllt und dabei alle Hindernisse überwindet, so sollen auch wir in Demut nach dem Höchsten streben.

»Die höchste Vortrefflichkeit gleicht dem Wasser. Das Wasser nützt den zehntausend Dingen und wetteifert nicht mit ihnen. Es verweilt an niederen Orten, die alle verachten – darin kommt es dem Tao nahe.« (8) Vom Tao aber heißt es:

> Man schaut es an, doch sieht man es nicht.
> Darum nennt man es das Unsichtbare.
> Man lauscht ihm und hört es nicht.
> Darum nennt man es das Unhörbare.
> Man greift nach ihm und kann es doch nicht berühren.
> Darum nennt man es das Unberührbare.
> Diese drei entziehen sich all unserem Forschen,
> fließen zusammen und werden eins. (14)[48]

Worte vermögen es nicht auszudrücken: Nur in der Sprache der Kunst und durch unser reines Wirken können wir uns ihm nähern. Denn ein Bild sagt mehr als zehntausend Worte.

Anhang

ANMERKUNGEN

1 Basierend auf der von Kaiser Kang Hsi etwa um 1715 veröffentlichten Ausgabe (also Tausende von Jahren nach der Urschrift des I GING).
2 Nur statt des bei Wilhelm üblichen »DSCH« habe ich das heute allgemein übliche »J« gesetzt, das wie »J« in englischer Sprache in *journey* zu sprechen ist. Entgegen dem internationalen Brauch wurde der chinesische Titel des *Buches der Wandlungen* nicht mit der heute üblichen englischen Schreibweise *I Ching* wiedergegeben, sondern in der alten Wilhelmschen Transkription mit *I Ging,* da diese dem deutschen Leser geläufiger sein dürfte.
3 Zitiert nach der englischen Ausgabe von Dwight Goddard (Übersetzer): *Laotzu's Tao and Wu Wei* (New York 1919).
4 Thomas L. O'Brien, S.J. in: *Main Currents of Modern Thought,* Bd. 20, Nr. 3. New York 1964.
5 Lin Yutang: *The Importance of Living,* New York 1937.
6 Donald Hatch Andrews: *Symphony of Life.*
7 Alan Watts: *The Meaning of Happiness.* New York 1970, S. 161.
8 Robert Reininger: *Metaphysik der Wirklichkeit,* 1931. Bd. II, S. 206.
9 Ira Progoff: *The Symbolic and the Real,* New York 1963.
10 Lobsang Lalungpa: *The Life of Milarepa,* New York 1977, S. XVII.
11 Das Symbol »Berg« steht hier für das Element »Erde« und damit im Gegensatz zu »Wasser«, »Feuer«, »Luft« und der unbelebten Materie, dem Anorganischen oder Metallischen.
12 Karlfried Graf Dürckheim: *Hara, the Vital Centre of Man,* London 1962, S. 83 (zitiert nach der englischen Ausgabe).
13 Marc Edmund Jones, in: *Pythagorean Astrology,* Maitreya Nr. 1, 1970.
14 G. Creel: *Confucious and the Chinese Way,* New York 1969, S. 146.
15 Zehn Kommentare, die sich besonderer Wertschätzung erfreuen.
16 Die auf der Grundlage tibetischer Farbdrucke angefertigten Darstellungen des Tierkreises auf den Seiten 83 bis 85 enthalten einige untypisch gestellte Trigramme. Vgl. die Darstellung des Systems des Königs Wen Wang auf Seite 42.
17 C. G. Jung: *The Undiscovered Self,* New York 1958, S. 16.
18 C. G. Jung: *The Undiscovered Self,* New York 1958, S. 17.
19 Gia-Fu Feng: *Tai Chi and I Ching,* New York 1970.
20 Nach Goethe: »Das Gesetz, nach dem wir angetreten.«
21 C. G. Jung: »Zum Gedächtnis Richard Wilhelms« in: *Das Geheimnis der Goldenen Blüte,* S. XI f.
22 Sigrid Strauss-Kloebe: *Das kosmo-psychische Phänomen.* Olten / Freiburg i. Br. 1977, S. 86.
23 op. cit., S. 91 f.
24 Richard Wilhelm: *Der Mensch und das Sein.* Jena 1929, S. 166 ff.
25 Sigrid Strauss-Kloebe: op. cit., S. 16.
26 op. cit., S. 87.
27 op. cit., S. 87 f.
28 op. cit., S. 88.
29 op. cit., S. 118.
30 Olga von Ungern-Sternberg: *Grundlagen kosmischen Ichbewußtseins.* Freiburg i. Br. 1977, S. 7.
31 op. cit., S. 9.
32 op. cit., S. 11.
33 op. cit., S. 13.
34 Richard Wilhelm: op. cit., S. 176 f.
35 Jean Gebser: *Gesamtausgabe,* Bde. V/II, Schaffhausen 1977, S. 126 f.
36 op. cit., S. 178.

37 *Hi Tsi Juan*, XII.
38 Nach John Blofeld: *The Book of Change*, S. 218.
39 Herakleitos
40 Alle Hexagramme sind von unten nach oben zu lesen, obwohl die Titel erst das obere Trigramm und dann das untere erwähnen.
41 Tao Yuan Ming.
42 *Anirodham anutpadam*
Anucchedam aśaśvatam
Anekārtam anānārtham
Anāgamam anirgamam
Yah pratītyasamutpādam
Prapāncopaṣamaṃ śivaṃ
Deśayāmāsa sambuddhas
Taṃ vande vadātaṃ varaṃ .
43 *Ye dhammā hetuppabhavā tesam hetu tathāgato āha.*
Tesaṃ ca yo nirodho evaṃ vadi mahāsamaṇo.
(Dīgha nikāya, Mahānidānasutta)
44 *Cullavagga*, X, 1–3: Der Buddha erklärte dort, daß Frauen sehr wohl fähig seien, Erleuchtung zu erlangen.
45 Gustav Meyrink: *Das Grüne Gesicht*. Freiburg 1967, S. 205.
46 op. cit., S. 127.
47 B. D. Conlan in seiner Monographie *Nikolaus Roerich*.
48 *Tao te King*.

Abkürzungen:
DC: Da Chuan (Der große Kommentar)
SG: Shuo Gua (Besprechung der Zeichen)

Die Ausführungen des Autors zum I GING basieren auf der Übersetzung von Richard Wilhelm: *I Ging – Das Buch der Wandlungen*, Jena 1939.

Die Motti zu Beginn der Kapitel sind folgenden Ausgaben entnommen:

Jean Gebser: *Gesamtausgabe*. Novalis Verlag, Schaffhausen 1979.
Wilhelm Nestle: *Die Vorsokratiker*. Eugen Diederichs Verlag, Köln 1956.
Susanne Schmida: *Perspektiven des Seins*. Ernst Reinhardt Verlag, München / Basel 1973.
Otger Steggink / Brigitte Kleyn-Altenburger: *Der Sonnengesang des heiligen Franz von Assisi*. Aurum Verlag, Freiburg i. Br. 1979.
Sigrid Strauss-Kloebe: *Das kosmo-psychische Phänomen*. Walter-Verlag, Olten / Freiburg i. Br. 1977.
Olga v. Ungern-Sternberg: *Grundlagen kosmischen Ichbewußtseins*. Aurum Verlag, Freiburg i. Br. 1977.

Das Foto von Lama Anagarika Govinda auf Seite 2 stammt von Steven Krolik »Satyavān«.

Transkriptionstabelle

In diesem Buch wird durchgehend die Transkription Richard Wilhelms verwendet. Lediglich das von Wilhelm benutzte »DSCH« wurde durch das heute international übliche »J« ersetzt (gesprochen wie im Englischen das »J« in journey. Ebenso steht für das deutsche »SCH« das »SH« und für das »TSCH« das »CH«.

Für Leser, die den Text mit der englischen Übersetzung von Cary F. Baynes vergleichen wollen, geben wir die von ihm gebrauchte Wade-Transkription zum Vergleich wieder. Dieses System wurde bisher von westlichen Sinologen am meisten benutzt. Richard Wilhelms System weist gegenüber dem Wade-System eine weitgehende Übereinstimmung mit dem neuen Transkriptionssystem auf, das von der gegenwärtigen chinesischen Regierung eingeführt wurde.

Die acht Trigramme	Wilhelms Transkription	Baynes' Transkription	Wort-Symbole	Abkürzungen	Chinesische Ideogramme
☰	KIÄN	CH'IEN	HIMMEL	○	乾
☷	KUN	K'UN	ERDE	□	坤
☳	JEN	CHÊN	DONNER	∪	震
☴	SUN	SUN	WIND/HOLZ	⊼	巽
☲	LI	LI	FEUER	△	離
☵	KAN	K'AN	WASSER	▽	坎
☱	DUI	TUI	SEE	⊻	兌
☶	GEN	KÊN	BERG	∩	艮

andere Termini:

Wilhelms	Baynes'
I-GING	I-CHING
SHUO GUA	SHUO KUA
GUA	KUA
FU HI	FU HSI
KANG HI	K'ANG HSI
DA CHUAN	TA CHUAN

DIE KAPITEL DES BUCHES DER WANDLUNGEN ENTSPRECHEND IHRER TRADITIONELLEN ORDNUNG (1–64)

Die linke Kolumne gibt die chinesischen Namen der Zeichen in der Transkripition Richard Wilhelms wieder sowie dessen deutsche Übersetzungen. Die rechte Kolumne verzeichnet die Baynes-Umschrift der chinesischen Namen und seine englische Übersetzung, in der er R. Wilhelms deutscher Übertragung weitgehend folgte.

Nach Richard Wilhelm

1. KIÄN: Das Schöpferische
2. KUN: Das Empfangende
3. JUN: Die Anfangsschwierigkeit
4. MONG: Die Jugendtorheit
5. SÜ: Das Warten
6. SUNG: Der Streit
7. SHI: Das Heer
8. BI: Das Zusammenhalten
9. SIAU CHU: Des Kleinen Zähmungskraft
10. LÜ: Das Auftreten
11. TAI: Der Friede
12. PI: Die Stockung
13. TUNG YEN: Gemeinschaft mit Menschen
14. DA YUN Der Besitz von Großem
15. KIÄN: Die Bescheidenheit
16. YÜ: Die Begeisterung
17. SUI: Die Nachfolge
18. GU: Die Arbeit am Verdorbenen
19. LIN: Die Annäherung
20. GUAN: Die Betrachtung (der Anblick)
21. SHI HO: Das Durchbeißen
22. BI: Die Anmut
23. BO: Die Zersplitterung
24. FU: Die Wiederkehr (die Wendezeit)
25. WU WANG: Die Unschuld (das Unerwartete)
26. DA CHU: Des Großen Zähmungskraft
27. I: Die Mundwinkel (die Ernährung)
28. DA GO: Des Großen Übergewicht
29. KAN: Das Abgründige (das Wasser)
30. LI: Das Haftende (das Feuer)
31. HIÄN: Die Einwirkung (die Werbung)
32. HONG: Die Dauer
33. DUN: Der Rückzug
34. DA JUANG: Des Großen Macht
35. DSIN: Der Fortschritt
36. MING I: Die Verfinsterung des Lichts
37. GIA YEN: Die Sippe
38. KUI: Der Gegensatz
39. GIÄN: Das Hemmnis
40. HIÄ: Die Befreiung
41. SUN: Die Minderung
42. I: Die Mehrung
43. GUAI: Der Durchbruch (die Entschlossenheit)
44. GOU: Das Entgegenkommen
45. TSUI: Die Sammlung
46. SHONG: Das Empordringen

Nach Baynes' englischer Version

1. CH'IEN: The Crative
2. K'UN: The Receptive
3. CHUN: Difficulty at the Beginning
4. MÊNG: Youthful Folly
5. HSÜ: Waiting (Nourishment)
6. SUNG: Conflict
7. SHIH: The Army
8. PI: Holding Together (Union)
9. HSIAO CH'U: The Taming Power of the Small
10. LÜ: Treading (Conduct)
11. T'AI: Peace
12. P'I: Standstill (Stagnation)
13. T'UNG JÊN: Fellowship with Men
14. TA YU: Possession in Great Measure
15. CH'IEN: Modesty
16. YÜ: Enthusiasm
17. SUI: Following
18. KU: Work That has been Spoiled (Decay)
19. LIN: Approach
20. KUAN: Contemplation (View)
21. SHIH HO: Biting Through
22. PI: Grace
23. PO: Splitting Apart
24. FU: Return (The Turning Point)
25. WU WANG: Innocence (The Unexpected)
26. TA CH'U: The Taming Power of the Great
27. I: The Corners of the Mouth (Nourishment)
28. TA KUO: Preponderance of the Great
29. K'AN: The Abysmal (Water)
30. LI: The Clinging (Fire)
31. HSIEN: Influence (Wooing)
32. HÊNG: Duration
33. TUN: Retreat
34. TA CUANG: The Power of the Great
35. CHIN: Progress
36. MING I: Darkening of the Light
37. CHIA JEN: The Family (The Clan)
38. K'UEI: Opposition
39. CHIEN: Obstruction
40. HSIEH: Deliverance
41. SUN: Decrease
42. I: Increase
43. KUAI: Break-Through (Resoluteness)
44. KOU: Coming to Meet
45. TS'UI: Gathering Together (Massing)
46. SHENG: Pushing Upward

Nach Richard Wilhelm	Nach Baynes' englischer Version
47. KUN: Die Bedrängnis (die Erschöpfung)	47. K'UN: Oppression (Exhaustion)
48. DSING: Der Brunnen	48. CHING: The Well
49. GO: Die Umwälzung (die Mauserung)	49. KO: Revolution (Molting)
50. DING: Der Tiegel	50. TING: The Caldron
51. JEN: Das Erregende (das Erschüttern, der Donner)	51. CHÊN: The Arousing (Shock, Thunder)
52. GEN: Das Stillehalten, der Berg	52. KÊN: Keeping Still, Mountain
53. DSIÄN: Die Entwicklung (allmählicher Fortschritt)	53. CHIEN: Development (Gradual Progress)
54. GUI ME: Das heiratende Mädchen	54. KUEI MEI: The Marrying Maiden
55. FONG: Die Fülle	55. FÊNG: Abundance (Fullness)
56. LÜ: Der Wanderer	56. LÜ: The Wanderer
57. SUN: Das Sanfte (das Eindringliche, der Wind)	57. SUN: (The Penetrating, Wind) The Gentle
58. DUI: Das Heitere, der See	58. TUI: The Joyous, Lake
59. HUAN: Die Auflösung	59. HUAN: Dispersion (Dissolution)
60. DSIÄ: Die Beschränkung	60. CHIEH: Limitation
61. JUNG FU: Innere Wahrheit	61. CHUNG FU: Inner Truth
62. SIAU GO: Des Kleinen Übergewicht	62. HSIAO KUO: Preponderance of the Small
63. GI DSI: Nach der Vollendung	63. CHI CHI: After Completion
64. WE DSI: Vor der Vollendung	64. WEI CHI: Before Completion

Die Kapitel des Buches der Wandlungen geordnet nach der alphabetischen Folge seiner Kapitelnamen

Nach Richard Wilhelm	Nach Baynes' englischer Version
8. Bi: Das Zusammenhalten	8. Pi: Holding Together (Union)
22. Bi: Die Anmut	22. Pi: Grace
23. Bo: Die Zersplitterung	23. Po: Splitting Apart
26. Da Chu: Des Großen Zähmungskraft	26. Ta Ch'u: The Taming Power of the Great
28. Da Go: Des Großen Übergewicht	28. Ta Kuo: Preponderance of the Great
34. Da Juang: Des Großen Macht	34. Ta Chuang: The Pover of the Great
14. Da Yu: Der Besitz von Großem	14. Ta Yu: Possession in Great Measure
50. Ding: Der Tiegel	50. Ting: The Caldron
60. Dsiä: Die Beschränkung	60. Chieh: Limitation
53. Dsiän: Die Entwicklung (allmählicher Fortschritt)	53. Chien: Development (Gradual Progress)
35. Dsin: Der Fortschritt	35. Chin: Progress
48. Dsing: Der Brunnen	48. Ching: The Well
33. Dun: Der Rückzug	33. Tun: Retreat
55. Fong: Die Fülle	55. Fêng: Abundance (Fullness)
24. Fu: Die Wiederkehr (die Wendezeit)	24. Fu: Return (The Turning Point)
39. Giän: Das Hemmnis	39. Chien: Obstruction
37. Gia Yen: Die Sippe	37. Chia Jên: The Family (The Clan)
63. Gi Dsi: Nach der Vollendung	63. Chi Chi: After Completion
49. Go: Die Umwälzung (die Mauserung)	49. Ko: Revolution (Molting)
44. Gou: Das Entgegenkommen	44. Kou: Coming to Meet
18. Gu: Die Arbeit am Verdorbenen	18. Ku: Work on What Has Been Spoiled (Decay)
43. Guai: Der Durchbruch (die Entschlossenheit)	43. Kuai: Break-Through (Resoluteness)
20. Guan: Die Betrachtung (der Anblick)	20. Kuan: Contemplation (View)
54. Gui Me: Das heiratende Mädchen	54. Kuei Mei: The Marrying Maiden
40. Hiä: Die Befreiung	40. Hsieh: Deliverance
31. Hiän: Die Einwirkung (die Werbung)	31. Hsien: Influence (Wooing)
32. Hong: Die Dauer	32. Hêng: Duration
59. Huan: Die Auflösung	59. Huan: Dispersion (Dissolution)
27. I: Die Mundwinkel (die Ernährung)	27. I: The Corners of the Mouth (Nourishment)
42. I: Die Mehrung	42. I: Increase
3. Jun: Die Anfangsschwierigkeit	3. Chun: Difficulty at the Beginning
61. Jung Fu: Innere Wahrheit	61. Chung Fu: Inner Truth
15. Kiän: Die Bescheidenheit	15. Ch'ien: Modesty
38. Kui: Der Gegensatz	38. K'uei: Opposition
47. Kun: Die Bedrängnis (die Erschöpfung)	47. K'un: Oppression (Exhaustion)
19. Lin: Die Annäherung	19. Lin: Approach
56. Lü: Der Wanderer	56. Lü: The Wanderer
10. Lü: Das Auftreten	10. Lü: Treading (Conduct)
36. Ming I: Die Verfinsterung des Lichts	36. Ming I: Darkening of the Light
4. Mong: Die Jugendtorheit	4. Mêng: Youthful Folly
12. Pi: Die Stockung	12. P'i: Standstill (Stagnation)
7. Shi: Das Heer	7. Shih: The Army
21. Shï Ho: Das Durchbeißen	21. Shih Ho: Biting Through
46. Shong: Das Empordringen	46. Shêng: Pushing Upward
9. Siau Chu: Des Kleinen Zähmungskraft	9. Hsiao Chu: The Taming Power of the Small
62. Siau Go: Des Kleinen Übergewicht	62. Hsiao Kuo: Preponderance of the Small
5. Sü: Das Warten	5. Hsü: Waiting (Nourishment)
17. Sui: Die Nachfolge	17. Sui: Following
41. Sun: Die Minderung	41. Sun: Decrease
6. Sung: Der Streit	6. Sung: Conflict

Nach Richard Wilhelm	Nach Baynes' englischer Version
11. Tai: Der Friede	11. T'ai: Peace
45. Tsui: Die Sammlung	45. Ts'ui: Gathering Together (Massing)
13. Tung Yen: Gemeinschaft mit Menschen	13. T'ung Jen: Fellowship with Men
64. We Dsi: Vor der Vollendung	64. Wei Chi: Before Completion
25. Wu Wang: Die Unschuld (das Unerwartete)	25. Wu Wang: Innocence (The Unexpected)
16. Yü: Die Begeisterung	16. Yü: Enthusiasm

Tabelle der Kapitelnummern
Schlüssel zur Identifizierung der Hexagramme

(entsprechend der Kapiteleinteilung von Richard Wilhelm in seiner Übersetzung des *Buches der Wandlungen* und basierend auf dem abstrakten System des Fu Hi)

Oberes Trigramm ⇨ Unteres Trigramm ⇩	KIÄN (Ch'ien)	KUN (K'un)	JEN (Chên)	SUN (Sun)	LI (Li)	KAN (K'an)	DUI (Tui)	GEN (Kên)
KIÄN (Ch'ien)	1	11	34	9	14	5	43	26
KUN (K'un)	12	2	16	20	35	8	45	23
JEN (Chên)	25	24	51	42	21	3	17	27
SUN (Sun)	44	46	32	57	50	48	28	18
LI (Li)	13	36	55	37	30	63	49	22
KAN (K'an)	6	7	40	59	64	29	47	4
DUI (Tui)	10	19	54	61	38	60	58	41
GEN (Kên)	33	15	62	53	56	39	31	52

Da die vorweltliche oder abstrakte Ordnung des Fu Hi die Grundlage der inneren Struktur des *Buches der Wandlungen* ist, folgen wir hier den polar angeordneten Gegensatzpaaren und nicht der peripherischen Reihenfolge entsprechend der zeitlichen Ordnung des Wen Wang. Um die Hexagramme in der Wilhelm'schen Übersetzung schneller auffinden zu können, haben wir in der vorstehenden Tabelle die jeweiligen Kapitelnummern angegeben.
Die Namen der Trigramme entsprechend der Wilhelm'schen Transkription wurden in Großbuchstaben wiedergegeben, in Klammern fügten wir die im englischen Sprachgebrauch übliche Transkription von C. F. Baynes bei.

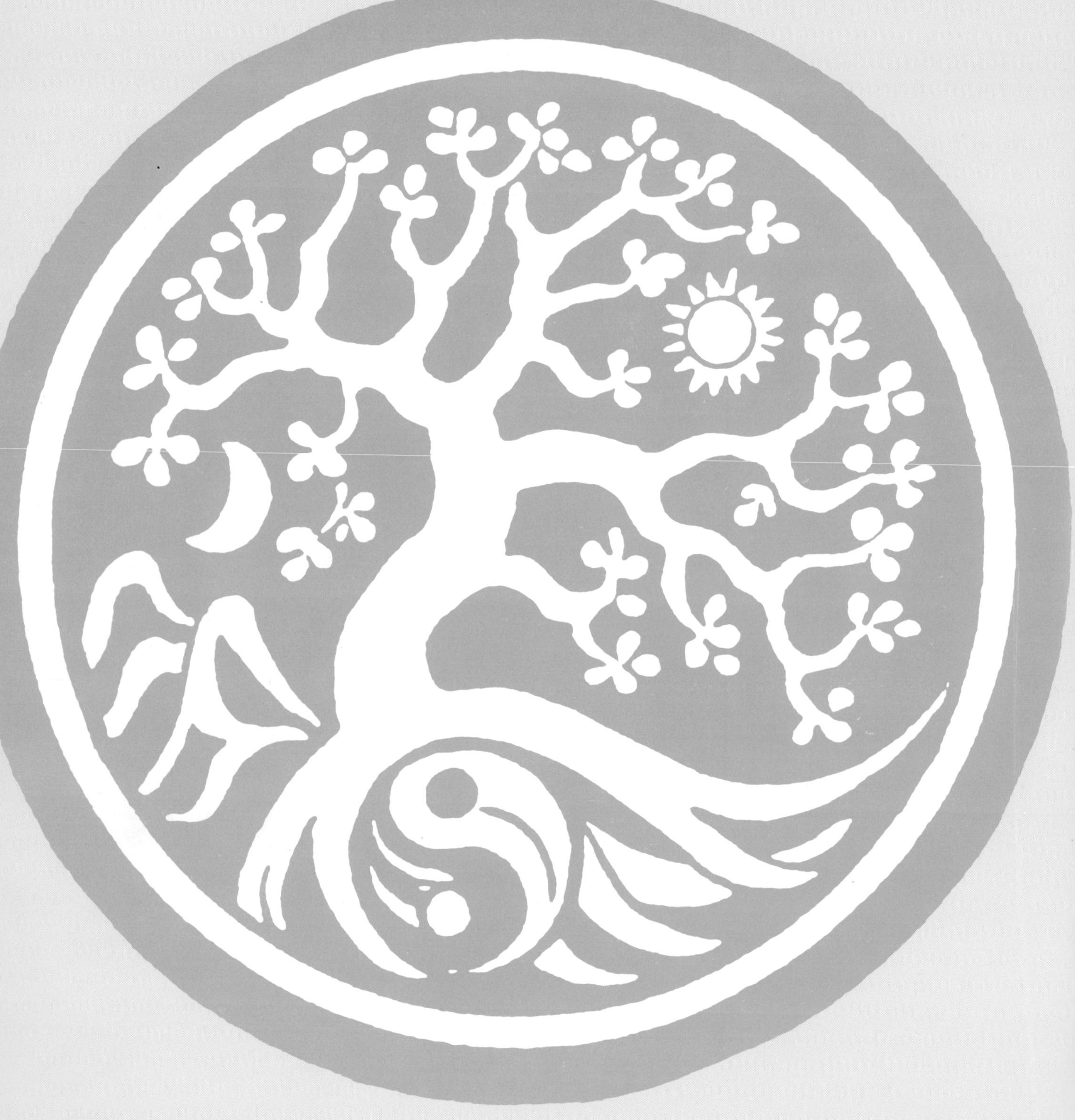